DAS GROSSE BUCH VOM

Käse

DAS GROSSE BUCH VOM

Käse

Wissen, Information und Know-how, Küchenpraxis und Rezepte

Odette Teubner
Dr. Heinrich Mair-Waldburg (Beratung)
Marco Müller
Wolfgang Müller
Ralf Zacherl

Inhalt

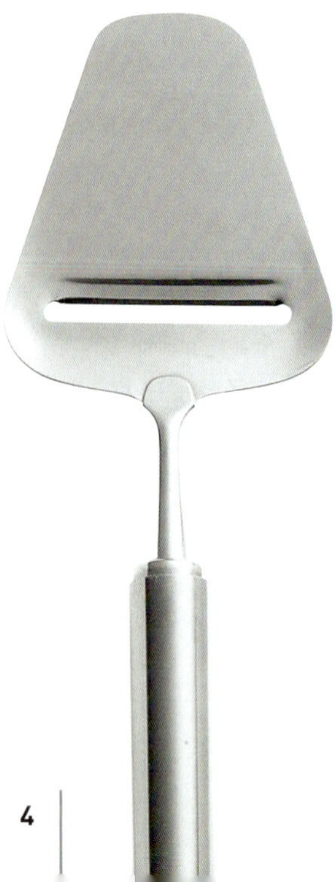

Wenn nicht anders angegeben, sind die Rezepte grundsätzlich für 4 Portionen berechnet.

Käse
Geschichte & Einführung

Käse kannte man schon im antiken Rom und sogar noch früher. Die genauen Anfänge liegen allerdings im Dunkeln. Nicht so die Grundzüge der Käse-Herstellung: Kurz gefasst das Wichtigste zur Produktion von Hart-, Schnitt- und Weichkäse. Zudem eine Einführung in Käse-Qualität, Fachbegriffe wie Fett in der Trockenmasse, Ernährungsphysiologie und Verpackung von Käse.

Käse – Lebensmittel mit langer Geschichte

Milchgewinnung und ihre Weiterverarbeitung zu Butter und Käse ist in vielen Gegenden der Erde seit Jahrtausenden ein fester Bestandteil der Nahrungsmittelproduktion.

Wie Käse im 16. Jahrhundert hergestellt wurde, dokumentiert dieser Holzschnitt aus der »Schweizer Chronik« des Johannes Stumpf aus dem Jahre 1548. Hier sieht man, wie die Molke aus der Form abläuft.

Ziegen- und Schafmilch wurde schon früh zur Käseherstellung genutzt, wie historische Quellen belegen.

So weit die archäologischen Funde auch zurückreichen – darüber, wann und wie der erste Käse entstand, können nur Vermutungen angestellt werden. Fest steht jedenfalls, dass schon in vorgeschichtlicher Zeit Käse gegessen wurde. Und dass die Herstellung dieses von uns so geschätzten Nahrungsmittels, das uns heute in schier grenzenloser Vielfalt zur Verfügung steht, auf drei grundlegenden »Erfindungen« beruht, die schon vor vielen tausend Jahren gemacht wurden, doch bis auf den heutigen Tag unverändert gültig sind.

Da ist zuerst die Gewinnung der Milch. Seit mehr als zehntausend Jahren benutzt sie der Mensch als Bestandteil seiner Nahrung, seit er auf die »Idee« kam, Tiere nicht nur zu jagen, sondern zu zähmen und für sich zu nutzen, sie zu melken, um ihre Milch zu trinken, und sie zu schlachten, wenn er Fleisch benötigte. Noch viel älter ist die Kenntnis der Menschen über das Verhalten, die Eigenschaften der Milch. So haben sie möglicherweise Milch als Opfergabe für ihre Gottheiten aufgestellt und dann beobachtet, dass sie nach einiger Zeit dick wurde – Milchsäurebakterien gab es schon immer und überall. Auch der Einfluss der Temperatur bei diesem Prozess wird ihnen nicht lange verborgen geblieben sein: In der wärmenden Höhle, neben dem Feuer, auch in der wärmeren Jahreszeit gerann die Milch schneller als in der Kälte – eine erste käsereitechnische Erkenntnis sozusagen, zu der bald eine weitere kam. Wenn die geronnene Milch stehen blieb, setzte sich Flüssigkeit ab, das Geronnene wurde fester. Später hat man diesen Prozess gefördert, indem man die gestockte Milch in geflochtene Körbe oder andere, mit Löchern versehene Behältnisse füllte und die Molke ablaufen ließ. So entstand eine feste, weiße Masse: der erste milchsaure Käse, der heute noch nach genau dem gleichen Prinzip hergestellt wird.

Mittelalterliche Marktszene. Dieser Holzschnitt aus »Hortus Sanitatis«, im 15. Jahrhundert in Mainz erschienen, zeigt einen Käseverkäufer auf einem deutschen Markt.

Die dritte »Erfindung« in Sachen Käse ist das Lab. Vielleicht hat ein frühgeschichtlicher Jäger im Magen eines erlegten Jungtiers, das vorher bei der Mutter gesäugt hatte, eine weißliche Masse vorgefunden, also nichts anderes, als eine durch Säure und Lab geronnene Milch. Damit war die gerinnende Wirkung des Mageninhalts »entdeckt«, und sicher dauerte es nicht lange, bis sich der Mensch auch diese zufällige Beobachtung zunutze machte.

Bis auf den heutigen Tag ist es bei diesem optimalen Gerinnungsmittel geblieben, der Mensch hat bisher kein besseres erfunden. Wenn auch die ganz frühe Geschichte des Käses auf Vermutungen beruht, die ersten bildlichen Zeugnisse stammen immerhin aus dem 3. Jahrtausend vor unserer Zeitrechnung. Die älteste Abbildung über die Gewinnung und Verarbeitung von Milch ist der Fries von El'Obeid am Tempel der großen Lebensgöttin Ninchursag in Mesopotamien.

Die ersten literarischen Zeugnisse gibt es dann in der griechischen und römischen Zeit. In Homer's Ilias ist die Rede davon, dass die »Milch schnell vom Feigenlabe« gerinnt (woraus ersichtlich wird, dass auch die gerinnende Wirkung mancher Pflanzen, wie der Säfte des Feigenbaums, von Labkraut und einiger Distelarten, schon früh genutzt wurde), Euripides lässt in seinem Satyrspiel »Der Zyklop« die Milch mit Feigensaft dick werden.

In der Odyssee füllte Polyphem, der einäugige Riese, in seiner Höhle die »gelabte Milch in geflochtene Körbchen«. An anderer Stelle »sorgte die hehre Aphrodite mit Käse und süßem Honig für Odysseus und seine Gefährten.« Der griechische Satiriker Aristophanes lässt 400 v. Chr. in Athen einen Sohn aufbegehrend zum Vater sagen: »... nichts hast Du davon, als einzig den Quark von Gerichtssold, den man Dir zumisst«. Und Aristoteles wusste um 350 v. Chr. zu berichten, dass man in die Schafmilch Ziegenmilch mischt, »auf Sizilien oder wo sie sonst noch sehr fett ist.«

Für den verfeinerten Geschmack altrömischer Gourmets spricht Martial; geräucherter Käse schmecke nur gut, wenn er aus dem Velabrum, dem Delikatessen-Viertel am Aventin, stamme: »im Rauche des Velabrums geräuchert.« Welchen besonderen Rang »caseus« im alten Rom einnahm, ist auch bei dem Komödiendichter Plautus nachzulesen; bei ihm ist das Wort Käse Bestandteil von so schmeichelnden Kosenamen wie »dulciculus caseus« (süßes Käslein) oder »meus molliculus caseus« (mein zärtlicher Käse).

In Rom blühte auch bereits der Handel mit Käse. Aus allen Provinzen des Reiches wurde er in die Hauptstadt gebracht, aus dem gesamten italischen Raum, aber auch aus so fernen Gegenden wie der des heutigen Nimes und Savoyens ebenso wie aus Dalmatien. Aus Raethien, dem Gebiet der heutigen Schweiz und des Allgäus, wurde der caseus alpinus nach Rom »exportiert.«

Über den langen Weg des Käses und der Käserei durch die Jahrhunderte hindurch, von der Antike über das Mittelalter bis in die Neuzeit hinein, wäre noch sehr viel und überaus Interessantes zu sagen; das würde dann allerdings den Rahmen dieses Buches sprengen.

Darum soll im Folgenden der Raum warenkundlichen Informationen vorbehalten bleiben, die zum besseren Verständnis des so vielgestaltigen Themas Käse in der Neuzeit beitragen können.

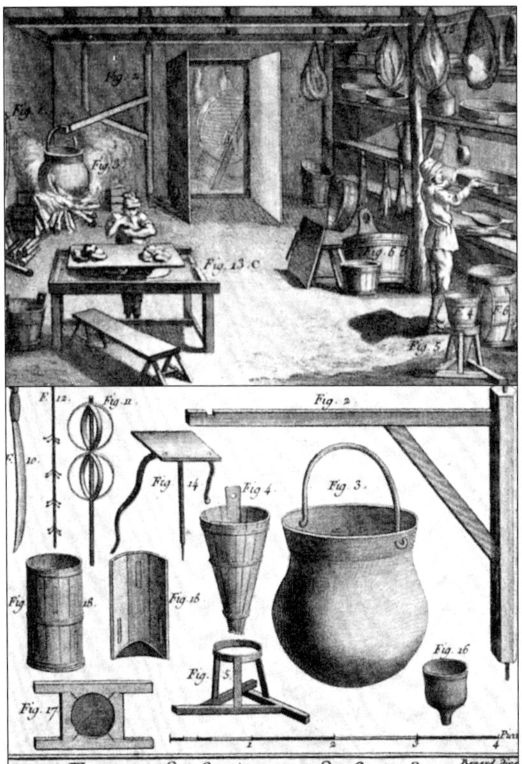

Eine Käserei mit Gerätschaften aus der 2. Hälfte des 18. Jh. Hier wurden Gruyère und Gérardmer produziert. Die Darstellung entstammt der berühmten Enzyklopädie von Diderot und d'Alembert (um 1770).

Maschine zum Pikieren von Blauschimmelkäse. Hier ein altes Exemplar, das Roquefort-Laibe mit jeweils 30 Stichen versah.

→ Die Gerätschaften

bei der handwerklichen Herstellung von Käse sind heutzutage im Großen und Ganzen noch immer dieselben wie vor Hunderten von Jahren. An den Grundprinzipen der Käseherstellung hat sich wenig geändert. Anders sieht es dagegen bei der modernen Käseproduktion aus: Hier werden Produktion und Verpackung inzwischen weitgehend maschinell gesteuert.

Der Stoff, aus dem die Käse sind: Milch

Eigentlich selbstverständlich und doch erstaunlich: Das Ausgangsprodukt für Hunderte verschiedener Käsesorten ist immer dasselbe: Milch.

Milch setzt sich meist aus etwa 85 % Wasser sowie Milchzucker, Fett, Eiweiß- und Mineralstoffen (wie Calcium und Phosphor), verschiedenen Spurenelementen, Vitaminen und Enzymen zusammen. Und Milch hat bestimmte naturbedingte Aufgaben: Sie muss die leistungsfähige Übertragung der wichtigsten Milchinhaltsstoffe, die der Ernährung und dem Wachstum dienen, sichern und die angeborene, aber begrenzte Immunität des Neugeborenen gegenüber der neuen Umwelt unterstützen. Es besteht eine direkte Beziehung zwischen dem Gehalt an Eiweißstoffen in der Muttermilch und der Zeitspanne, die zur Verdoppelung des Geburtsgewichts benötigt wird.

Ziegen sind ein wichtiger Milchlieferant für die Käseherstellung. Ihre jährliche Milchleistung schwankt zwischen 500 und 900 kg pro Tier.

In der Zusammensetzung der Milch gibt es allerdings bei den verschiedenen Tierarten entscheidende Unterschiede. Diese wichtigen artspezifischen Eigenschaften wie auch andere natürliche Merkmale (Rasse, Laktationsstadium, Alter und Gesundheitszustand des Muttertiers) sowie Haltungs-, Fütterungs- oder Umweltfaktoren oder Jahreszeit und Klimabedingungen tragen zu der großen Vielfalt von Milcharten und zu den Qualitätsschwankungen bei, die für die Käseherstellung von ganz entscheidender Bedeutung sind.

Alle Milcharten enthalten jedoch Inhaltsstoffe, die sich zu gleichen Stoffgruppen zusammenfassen lassen. Es schwanken stattdessen zum einen die Mengenanteile; zum anderen kann die Zusammensetzung der einzelnen Bestandteile (wie Fett, Eiweiß oder Salze) differieren. In der Tabelle auf der übernächsten Seite ist die durchschnittliche Zusammensetzung einiger Milcharten, die für die Käseherstellung genutzt werden, dargestellt. Im Vergleich dazu weist die menschliche Muttermilch einen vergleichsweise niedrigen Gehalt an Gesamteiweiß (0,9 %) und halb so viel Caseine wie Molkenproteine auf (0,3 oder 0,6 %, Verhältnis 0,5).

Der Vorgang des Melkens ist seit Jahrhunderten der gleiche: Vor allem in bäuerlichen Kleinbetrieben werden die Tiere auch heute noch von Hand gemolken.

Wirtschaftliche Bedeutung für die Verarbeitung zu Käse besitzt die Milch von Kühen, Schafen, Ziegen und Büffelkühen. Der biologisch bedingte Laktationszyklus begrenzt die Verfügbarkeit der einzelnen Milcharten auf die jeweilige Laktationszeit, die sich im Allgemeinen auf einen Zeitraum von 300 Tagen bei Kühen, 240 Tagen bei Ziegen und 150 Tagen bei Schafen erstreckt. Es gibt aber regionale jahreszeitliche Unterschiede, die besonders bei der Schaf- und Ziegenmilchproduktion anzutreffen sind. Die Milchleistungen dieser Tierarten tragen entscheidend zu ihrem Anteil an der Käseherstellung bei. Allerdings gibt es heute auch Verfahren, mit denen man Milch aufbewahren kann, um Käse ganzjährig produzieren zu können.

Von einer ausgewachsenen Kuh erwartet man eine jährliche Milchmenge, die mindestens das Zehnfache des Körpergewichts betragen soll. Je nach Rasse liegt die Jahresleistung zwischen 5.000 und 7.000 kg Milch. Bei Ziegen schwanken diese Mengen gewöhnlich zwischen 500 und 900 kg und bei Schafen zwischen 400 und 500 kg Milch. Die Milchinhaltsstoffe sind für die Käseherstellung von unterschiedlicher Bedeutung. Laktose, deren Aufbau bei allen Säugetieren gleich ist, ist der einzige Zucker, der in Milch in größeren Mengen vorkommt und der zu ihrem leicht süßlichen Geschmack beiträgt. Obwohl der Anteil von Laktose an der Trockenmasse bei den Milcharten von Kuh, Schaf und Ziege 37, 25 oder 40 % beträgt, ist ihr Beitrag zur Käseausbeute sehr begrenzt. Denn der Großteil des Milchzuckers wird während der Fabrikation zusammen mit der Molke abgeführt. Die Laktose dient als wichtige Stoffwechsel-Energiequelle für die Käsereikulturen. Ihre technologische Bedeutung liegt für viele Käse-Erzeugnisse in der Erreichung der angestrebten Säuerung, durch die das Rohprodukt Käsereimilch auf ganz natürliche Weise haltbarer gemacht wird. Denn das wichtigste Abbauprodukt am Ende einer langen Kette biochemischer Umwandlungen ist die Milchsäure.

Das Futter *der Kühe spielt für Qualität und Geschmack von Käse eine entscheidende Rolle. Würzige Gräser und Kräuter, wie sie die Almweiden bieten, sind Garant für beste Qualität. Viele Käsereien und Käse-Hersteller arbeiten aus diesem Grund ausschließlich mit silofreier Milch.*

Von grundlegender Bedeutung ist die Stoffgruppe der Milchproteine. Hier spielen zwei Hauptgruppen eine wichtige Rolle: die Caseine und die Molkenproteine. Sie unterscheiden sich in Aufbau und Eigenschaften sehr deutlich voneinander. Bei Ersteren handelt es sich um den »Käsestoff«, der auch prozentual den Großteil an dem Gesamtmilcheiweiß ausmacht, und zwar im Durchschnitt 80 % bei Kuhmilch, 84 % bei Schafmilch und 79 % bei Ziegenmilch. Dies wiederum ist ein Hinweis auf die spätere Käseausbeute. Caseine stellen die Proteinfraktion dar, die unter Einwirkung von Lab und/oder Säure zum Gerinnen gebracht werden kann und dabei das »Gerüst« bildet, in dem alle anderen Milchinhaltsstoffe eingeschlossen sind. Sie enthalten auch den an das Eiweiß gebundenen Teil wichtiger Mineralstoffe organischer und anorganischer Natur (wie Calcium und Phosphor).

Molkenproteine werden durch die übliche Säuerung und Labwirkung nicht in den Ausflockungszustand überführt. Dadurch verbleiben sie bei den gewöhnlich praktizierten Käseherstellungsverfahren in Lösung und werden nur in geringen Mengen im Käse zurückgehalten. Ihre besondere Hitzeempfindlichkeit, die eine Ausfällung möglich macht, setzt den Temperaturen bei der Wärmebehandlung der Milch Grenzen.

Die Farbe ist für die Nahrungsmittel ein Qualitätsmerkmal. Das milchigweiße Aussehen der vielen kleinen Eiweißteilchen verleiht der Milch ihre typische Farbe. Milchfett wird ausschließlich für die Ernährung des neugeborenen Säugetiers in der Milchdrüse gebildet. Das Fett-Leistungsvermögen und die Zusammensetzung des Milchfetts werden von den verschiedenartigen Fütterungsbedingungen beeinflusst, so dass sie starken Schwankungen ausgesetzt sind. In frischer Milch kommt das Fett in Form kleiner Kügelchen vor, die aus einem Fettkern bestehen, der von einer Schutzhülle umgeben ist. Der Großteil des Milchfetts besteht aus den so genannten Triglyceriden, deren Grundbausteine je drei Fettsäuren sind. Gegenüber anderen tierischen und pflanzlichen Fetten enthält das Milchfett der Wiederkäuer einen hohen Anteil an kurzkettigen und mittellangen Fettsäuren, die in ihrer Kette weniger als 20 Kohlenstoffatome enthalten. Bei Kuhmilch ist jede zehnte Fettsäure eine Buttersäure. Schaf- und Ziegenmilch enthalten gegenüber Kuhmilch einen höheren Anteil dieser Fettsäuren, die eine besondere Rolle bei der typischen Aroma- und Geschmacksbildung spielen. Dieser Aufbau ermöglicht auch einen leichten Abbau durch fettreifende Enzyme.

Wichtige Begleitstoffe des Milchfetts sind die im Fett löslichen Bestandteile der Milch. Sie sind mengenmäßig sehr gering, haben aber eine große Bedeutung aufgrund ihrer Wirkung als Vitamine oder deren Vorstufen; unter ihnen sind die Vitamine A, D, E und K sowie Carotin. Letzteres ist jedoch immer pflanzlichen Ursprungs.

Die Höhe des Gehalts an dem natürlichen Farbstoff Carotin ist von der Zufuhr durch die Nahrung abhängig. Deshalb ist Kuhmilch im Sommer etwas gelblicher als im Winter. Weil aber Carotin bei Schaf- und Ziegenmilch fehlt, sind diese Milcharten und die daraus hergestellten Käse rein weiß. Als wichtige Vitaminquelle enthält Milch auch eine Reihe wasserlöslicher Vitamine, zum Beispiel Vitamin B_1, B_2, B_6, B_{12} und andere; der Vitamin-C-Gehalt ist sehr gering.

→Rohstoff Milch

Bei der Käseherstellung wird großen Wert auf rückstandsfreie Rohstoffe gelegt. Milch gehört zu den am besten untersuchten Nahrungsmitteln. Rückstände von Schwermetallen und Pflanzenschutzmitteln sind daher im Käse – wenn überhaupt nachweisbar – nur in sehr geringen Konzentrationen, weit unterhalb der zulässigen Höchstmengen, vorhanden.

Säugetierart	Wassergehalt %	Trockenmasse %	Fettgehalt %	Gesamteiweiß %	Caseine %	Molkenproteine %	Caseine : Molkenproteine	Milchzucker %	Asche %
Kuh	87,3	12,7	3,7	3,4	2,8	0,6	4,7	4,7	0,7
Schaf	80,7	19,3	7,4	5,5	4,6	0,9	5,1	4,8	1,5
Ziege	88,7	11,3	3,5	3,4	2,7	0,7	3,8	4,5	0,8
Büffelkuh	82,5	17,5	7,6	4,2	3,6	0,6	6,0	4,8	0,9
Kamel	86,2	13,8	4,5	3,6	2,7	0,9	3,0	5,0	0,7
Lama	83,5	16,5	2,4	7,3	6,2	1,1	5,6	6,0	0,8
Yak	82,1	17,9	6,5	5,8	-	-	-	4,6	1,0
Rentier	66,9	33,1	16,9	11,5	-	-	-	2,8	-

Milch enthält als natürliche Nebenbestandteile ein komplexes Gemisch an Salzen. Aus ernährungsphysiologischer Sicht sind sie sehr wichtig für die Versorgung des Menschen mit Calcium, Phosphor und Magnesium sowie mit Spurenelementen (wie Zink, Eisen und Kupfer), die am Aufbau von körpereigenen Enzymen und Hormonen beteiligt sind. In frischer Milch ist Calcium zum überwiegenden Teil an die Caseinpartikel gebunden, nur etwa ein Drittel liegt in gelöster Form vor. Calcium spielt deshalb auch bei der Gerinnung der Milch eine bedeutende Rolle. Es ist an der Vernetzung der Caseinteilchen untereinander beteiligt, die zur Ausbildung der Gallerte führt. Mit voranschreitender Säuerung wird das Calcium aus dem Eiweiß abgelöst und geht in die Molke über. Deshalb haben Sauermilchkäse einen sehr niedrigen, Labkäse einen hohen Calciumgehalt. Das Vorhandensein von Citrat in der Milch ermöglicht die Bildung einiger wichtiger Aromastoffe durch bestimmte Milchsäurebakterien. Diese spezifischen Eigenschaften der Milch müssen bei der Käseherstellung berücksichtigt werden. Gelegentlich werden für die Käseproduktion aus wirtschaftlichen oder technologischen Gründen außer Rohmilch auch Milchpulver-Milch, Sahne, Buttermilch oder Molke verwendet.

Die Herstellung von Käse

Käse sind frische oder in verschiedenen Graden der Reifung befindliche Erzeugnisse, die aus dickgelegter Käsereimilch hergestellt sind. Die Grundzüge der Herstellung von Käse beruhen bis heute auf dem schrittweisen, mehr oder weniger weitgehenden Abtrennen fester Milchinhaltsstoffe von dem Wasser, in dem sie vor dem Dicklegen in gelöster oder feinstverteilter Form vorliegen. Der abgetrennte feste Teil enthält noch Wasser und der flüssige Teil (Molke) noch feste Bestandteile. Vereinfacht stellt sich das Grundprinzip der Käseherstellung als folgender Ablauf dar:

Milch + Koagulans ⟶ Käse + Molke
(Lab und/oder Säure)

Die Rohmilchvorbereitung für die Käseherstellung dient der Erhaltung und sogar der Verbesserung ihrer Käsereitauglichkeit. Dabei müssen folgende Gesichtspunkte berücksichtigt werden: Die Milch wird ungereift oder gereift verkäst, je nach Sorte oder regionaler Tradition. Bei einigen Käsen wird sie bald nach dem Melken verarbeitet, also noch warm. Sie kann aber auch einige Zeit stehen und reift bei Umgebungstemperatur bis zur Verarbeitung mehr oder weniger weiter. Manchmal lässt man die abends ermolkene Milch (Abendmilch) über Nacht stehen und mischt sie, oft abgerahmt, mit der frisch ermolkenen Morgenmilch.

Beim Stehen rahmt die Milch auf. Wird der Rahm nicht wieder verrührt, sondern abgeschöpft, verringert sich der Fettgehalt der Milch. Da das Abschöpfen des aufgerahmten Fettes nicht gleichmäßig ist, führt dies zu unterschiedlichen Fettgehalten der Milch. Man unterscheidet zwischen Vollmilch, teilentrahmter oder aufgefetteter Milch

Die Grundzüge der Käse-Herstellung

(Rahmzugabe) beziehungsweise Magermilch, die nur noch einen geringen Restfettgehalt aufweist. Heutzutage wird, um die gesetzlichen Vorschriften einzuhalten, der Fettgehalt der Käsereimilch eingestellt (standardisiert), und dadurch auch der des daraus hergestellten Käses vorgegeben. In modernen Käsereien wird die Rohmilch über Reinigungsseparatoren einem mechanischen Reinigungsschritt unterzogen. Wird die Käsereimilch nicht als Rohmilch zu Käse verarbeitet, erfolgt eine anschließende Wärmebehandlung (Thermisierung und/oder Pasteurisierung). Sie soll den unbedenklichen mikrobiologisch-hygienischen Zustand der Käsereimilch sichern. Dabei erhitzt man die angelieferte Rohmilch auf 62 bis 65 °C oder auf 72 bis 75 °C für kurze Zeit (15 bis 30 Sekunden).

Reifung mit Milchsäurebakterien

Nach der Wärmebehandlung kann eine kontrollierte Reifung der Milch vorgenommen werden. Man versetzt die auf etwa 6 bis 12 °C gekühlte Milch mit wenig Milchsäurebakterien (etwa 0,05 bis 0,5 %), die dann zu der gewünschten Reifung führen. Sie stellt auch eine zeitlich begrenzte Anpassungsphase für die Milchsäurebakterien an die Käsereimilch dar und dient der Vorbereitung für das Dicklegen durch eine zum Teil schon leichte Säuerung. Zusätzlich können noch Säuerungskulturen (Starterkulturen, englisch: »starter cultures«) eingesetzt werden, durch die der Säuerungsprozess weiter aktiviert wird; je nach Käsetyp sind 0,5 bis 2,5 % üblich. Bei den Milchsäurebakterien unterscheidet man zwei große Gruppen: »mesophile«, die bei mittleren Temperaturen, also bei 20 bis 30 °C, und »thermophile«, die bei 35 bis 45 °C bevorzugt wachsen und beim Abbau des Milchzuckers hauptsächlich Milchsäure und deren Salze bilden können. Die Zusammensetzung der Milchsäurebakterien-Kulturen und die eingesetzten Mengen sind genau abgestimmt auf den erforderlichen Säuerungsvorgang sowie ihre Reifungsaktivitäten, durch die die erwünschten Stoffwechselprodukte gebildet werden, die zum Entstehen der typischen Qualitätsmerkmale einer Käsesorte führen. Die Verweilzeit bis zum Dicklegen ist auf den optimalen Reifegrad der Käsereimilch abgestimmt und schwankt allgemein zwischen 10 und 120 Minuten oder mehr.

Frische Milch ist nicht gleichbedeutend mit Käsereimilch. Je nach Käsesorte wird sie vorgereift, entrahmt oder aufgefettet, also mit Rahm angereichert.

Labenzyme helfen beim Dicklegen der Milch

Säure und Labenzyme besitzen eine ausgeprägte gerinnende Wirkung auf die Milcheiweißstoffe. Genau wie im Magen eines säugenden Jungtiers erfolgt die Dicklegung der Käsereimilch gewöhnlich durch ein ausgewogenes Säuerungs-Lab-Verhältnis. Die Wirkung des Labs steigt mit zunehmender Säuerung der Milch. Eine Eiweißfällung kann aber auch nur durch Säuernlassen mit Hilfe von Milchsäurebakterien zustande kommen. Es ist ein saures Dicklegen der Milch. Diesen Vorgang kann man beobachten, wenn Milch steht und sauer, eben dick wird. Auf diese Art werden manche Sauermilchkäse hergestellt. Dies kann aber auch durch das Zusammenwirken von Säure und Hitze (wie bei Ricotta) stattfinden. Manche Ziegen- und Weichkäse werden durch saures Dicklegen mit sehr wenig Lab hergestellt. Bei anderen Käsen (wie bei dem spanischen Labfrischkäse »Burgos«) erfolgt das Dicklegen nur mit Labenzymen.

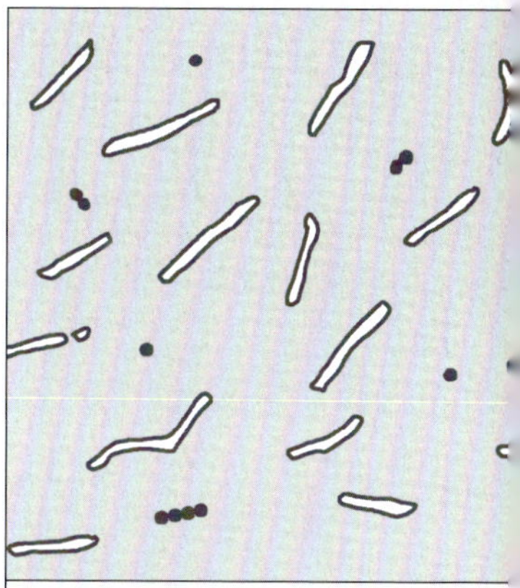

Milchsäurebakterien lassen die Milch reifen. Sie verwandeln den Milchzucker in Milchsäure.

→ **Zugesetzte Milchsäurebakterien**

führen teilweise schon eine leichte Säuerung der Milch herbei. Ein Vorgang, der als Vorbereitung für das folgende Dicklegen der Milch erwünscht ist.

Wie Käse entsteht
Gallerte & Käsebruch

Man hat schon früh die gerinnende Wirkung des Mageninhalts junger Tiere – des Labs – erkannt und zum rascheren Dicklegen der Milch genutzt. Im Fachhandel ist Lab heute häufig als Paste erhältlich. Diese Labpasten, verwendet wird dafür hauptsächlich Lämmer- und Zickleinlab, weisen starke eiweiß- und fettreifende Eigenschaften auf. Lab von Kälbermagen steht flüssig oder als Pulver zur Verfügung und wird der Milch in verdünnter Form zugefügt. Das darin enthaltene Enzym Chymosin wirkt beim Dicklegen auf das Casein und ist auch an der Käsereifung beteiligt, wobei es weiter Eiweiß abbauend wirkt. Das Kälbermagenlab des Handels besteht nicht nur aus Chymosin, es enthält auch mehr oder weniger große Mengen an Pepsin. Letzteres kann von Rindern, Schweinen oder anderen Tieren stammen und wirkt stärker Eiweiß reifend als Chymosin.

Für eine Reihe von Käsen werden auch andere Labe, so genannte Labaustauschstoffe, verwendet. Dazu zählen das mikrobielle Lab, dessen gerinnungs- und eiweißabbauende Enzyme von verschiedenen Schimmel- und Bakterienarten produziert werden. Daneben gibt es außerdem Labaustauschstoffe rein pflanzlicher Herkunft (wie zum Beispiel Säfte des Feigenbaums, Labkraut und Distel), die jedoch einen begrenzten Einsatz finden. Käse, die mit rein pflanzlichen Labaustauschstoffen hergestellt werden, bezeichnet man auch als »vegetarische« Käse.

Mit der Lablösung können der Milch – je nach Sorte – zusätzlich auch andere Reifungskulturen (wie Edelschimmel, Käserotflora oder Hefen) zugegeben werden. Um den Dicklegungsvorgang der Käsereimilch und die Stoffwechselaktivitäten der Säuerungskulturen zu fördern, werden üblicherweise, je nach Käsetyp, Temperaturen zwischen 26 und 40 °C angewandt. Bei den meisten Käsen liegt dieser Temperaturbereich zwischen 30 und 35 °C. Eine Anzahl von Käsen, insbesondere Ziegenkäse, werden bei 20 bis 25 °C dickgelegt, einige Pecorini und Butterkäse bei 35 bis 40 °C. Berücksichtigt man nun die Dicklegungsweise der Käsereimilch, lassen sich drei Käse-Hauptgruppen unterscheiden: die Sauermilchkäse, die Sauermilch-Labkäse und die Labkäse. Wird die Milch während der Zeit des Dicklegens nicht bewegt, erhält man eine glatte, gallertige Masse, die in der Fachsprache auch als Gallerte (»Koagulum«) oder als »Dickete« bezeichnet wird.

Handgeschöpft werden auch heute noch viele Käse. Üblich ist das Ausschöpfen von Hand beim traditionellen Formen, wie bei Brie, Ziegenkäse oder Romadur.

Rührt man die Milch beim Dicklegen um, entsteht eine Art Gerinnsel aus Eiweiß-Fett-Flocken, die nur noch einen Teil der Molke einschließen. Damit ist der durch das Dicklegen der Milch ermöglichte Trennvorgang von festen und flüssigen Bestandteilen (Molkeabscheidung) eingeleitet. Über eine weitere Bearbeitung kann dieser Vorgang unterstützt werden, wobei eine stufenweise höhere Konzentration der wichtigen Milchinhaltsstoffe Caseineiweiß und Fett erreicht wird.

Handgeschöpft

Ein einfacher Arbeitsschritt, der direkt Käse zum Ergebnis hat, ist das Ausschöpfen: Man schöpft mit einem großen Löffel oder einer Kelle die Gallerte in die Formen. Dabei scheidet sich sofort Molke in ähnlicher Weise ab, wie man es beobachten kann, wenn man mit einem Löffel in Sauermilch oder Joghurt sticht. Diese Technik des Ausschöpfens ist heute noch üblich bei einigen traditionellen Käsen wie beim »Brie de Meaux«, bei Camembert oder Ziegenkäse (zum Beispiel »Selles-sur-Cher«). Einfach bearbeitet wird die Gallerte teilweise auch durch das Verrühren von Hand oder mit Zweigen. In den meisten Fällen aber wird die Gallerte für die Käse-Herstelllung systematisch zerkleinert, indem man durch Rühren und Schneiden Bruchstücke (»Würfel«) in der gewünschten Größe herstellt. Dafür wird die Gallerte dann mit einem Messer, einem Säbel oder auch mit einer so genannten Harfe längs und quer zerteilt.

Je kleiner der Bruch, um so fester der Käse

Für die Herstellung von weicheren Käsen bereitet man einen größeren Bruch, der etwa Walnussgröße hat; bei festeren Käsen einen mittleren Bruch in der Größe einer Haselnuss oder eines Maiskorns; für Hartkäse einen kleinen Bruch, von Reis- oder Hirsekorngröße. Der Grund dafür liegt darin, dass größerer Käsebruch wasserreicher ist als kleiner. Durch Größe und Festigkeit des Käsebruchs lässt sich also der Gehalt der Käse an Trockenmasse beziehungsweise Wasser steuern. Es ist eine Kunst, zur rechten Zeit die Gallerte auszuschöpfen oder zu zerteilen und den Bruch zu bereiten. Auf diese Weise beeinflusst man die Beschaffenheit des Bruchs, das heißt, ob er weich oder fest, elastisch oder »kurz« wird.

Bei vielen Käsearten wird zuerst ein mittlerer Bruch bereitet, der dann unter Rühren und Anwärmen weiter Molke abgibt (Flüssigkeitsaustritt, Molkeabsonderung). Kleiner wird der Bruch zum einen durch die manuelle oder mechanische Zerteilung, zum anderen schrumpfen die Bruchkörner auch durch ein von der voranschreitenden Säuerung (Bruchsäuerung) gefördertes Zusammenziehen (in der Fachsprache: Synerese). Eine zusätzliche, vorsichtige Temperaturanhebung des Gemischs aus zerteilter Gallerte und Molke (Bruch-Molke-Gemisch) oder eine Zugabe von heißem Wasser nach teilweisem Molkeabzug führt zu einer verstärkten Synerese und damit zu einem deutlichen Schrumpfen der Bruchkörner.

Die angewandten Temperaturen beim leichten Nachwärmen liegen einige Grade über der Labtemperatur, bei mittlerem Nachwärmen um 10 bis 15 °C und bei starkem Nachwärmen (»Brennen« oder »Kochen«) sogar um 20 bis 25 °C über der Labtemperatur. Im Allgemeinen gilt: Je fester ein Käse sein soll, um so stärker wird nachgewärmt werden und um so kleiner muss der Bruch sein. Es gibt aber auch Hartkäse, die ohne Nachwärmen des Bruchs hergestellt werden (»pasta cruda«). Dies wird erreicht durch die Bereitung eines sehr kleinen Bruchs, was einen festen Käse ergibt und in Verbindung mit einem erhöhten Wasserverlust während einer längeren Reifung und Lagerung zu Hart- und Reibkäse (wie »Fiore sardo«) führt.

Den Bruch ausheben

Am Ende der beschriebenen Bruchbehandlung kann der Bruch entweder direkt oder stufenweise in die Käseformen gebracht werden. Oder aber es folgen weitere, sehr unterschiedliche Bearbeitungszwischenschritte. Beiden Varianten gemeinsam ist zunächst das Abtrennen der Molke vom Bruch. Der direkte Weg besteht darin, den Bruch mit Hilfe eines Tuchs aus dem Kessel zu heben, wie das bei Parmesan, Asiago, Bergkäse und teilweise auch noch bei Emmentaler geschieht. Bei der zweiten Variante lässt man das Bruch-Molke-Gemisch in Formen fließen, in die schon ein Teil der Molke abgelaufen ist (wie bei Emmentaler). Auf diese Weise entsteht dann in jeder Form ein Käselaib. Man kann das Bruch-Molke-Gemisch aber auch in

Nachwärmen nennt der Käser das Erwärmen des Bruch-Molke-Gemischs auf eine genau festgelegte Temperatur.

Rotierende »Käseharfen« zerschneiden die dickgelegte Milch, die Gallerte, in – je nach Käsesorte kleinere oder größere – »Körner«, den so genannten Bruch.

Emmentaler-Bruch wird bis auf 52 °C erhitzt. Durch dieses Nachwärmen (in der Fachsprache »Brennen«) schrumpfen die einzelnen Körner und werden fester.

Unterschiedliche Bruchbearbeitung

Vorgepresster Bruch wird hier in formgerechte Stücke zerteilt und zum weiteren Pressen in eine Form gelegt. Diese Methode wird beispielsweise bei Gouda angewendet.

große rechteckige Wannen ablassen. Die darin entstandenen Blocks werden gepresst, dann in kleinere Stücke geschnitten und gesalzen. Anschließend werden die Blocks wie üblich weiterbehandelt und gereift. Diese technische Variante ist bei der Produktion des Swiss (US-Hartkäse nach Emmentaler Art) eingeführt worden.

Gouda – vorgepresster Bruch

Das Formen des Bruchs zu Rohkäse in zwei Stufen praktiziert man bei Gouda, indem man das Bruch-Molke-Gemisch in eine Vorpresswanne ablässt, wo die Bruchmasse leicht gepresst und dann in formgerechte Stücke geschnitten werden kann.

Früher weit verbreitet und auch heute noch üblich ist es, bei der Verarbeitung kleinerer Milchmengen in einer Wanne zu arbeiten, das heißt, die Molke abzulassen und dann die Bruchstücke auszuschneiden. Neue technische Varianten des Stufenformens ermöglichen das Zusammenwachsen des Bruchs und leichtes Pressen in senkrechten Zylindern, an deren unteren Enden portionsgerechte Stücke abgeschnitten werden können, die dann in die darunter befindlichen Formen gleiten.

Bei Käsen mit Rundlochung muss sich der Bruch unter der Molke absetzen, um einen Lufteinschluss zu vermeiden. Ist eine so genannte Bruchlochung (wie beim Tilsiter) erwünscht, wird die Molke vorher weitgehend entfernt und der Käsebruch in die Formen überführt.

»Cheddaring« oder Bruchsäuerung

Ein anderer Weg wird bei Cheddar, Cantal und ähnlichen, im Bruch gesäuerten und gesalzenen Käsen beschritten: Man lässt den Bruch absitzen und zusammenwachsen. Der Bruchkuchen, der intensiv säuert und dabei noch Molke abgibt, wird in Stücke geschnitten. Diese werden aufeinander gelegt und später umgeschichtet, so dass das jeweils obere Stück das untere presst. Bei diesen Käsesorten herrscht die Bruchsäuerung vor; dieser Vorgang heißt englisch »cheddaring«, deutsch »cheddarisieren« oder »chestern«. Er wird so lange durchgeführt, bis die Bruchmasse eine faserige Textur, ähnlich der gekochter Hühnerbrust, erreicht hat.

Bei Cantal verläuft dieser Vorgang ähnlich. Dann wird die Bruchmasse meist maschinell in kleine Stücke geschnitzelt, die im Englischen »curd« heißen. Bei einem namhaften Cheddar-Typ, dem heute auch in größeren Mengen vor allem in den USA hergestellten Colby, wird auf das »cheddaring« verzichtet. Man lässt die Bruchkörner nicht zusammenwachsen, sondern man rührt sie, bis sie den richtigen Säuregrad erreicht haben, also bis die gewünschte Menge an Milchsäure gebildet wurde. Manchmal werden diese Körner mit kaltem Wasser gewaschen. Entsprechend heißen diese Käse Rührbruchkäse (»stirred curd cheese«) und gewaschener Bruchkäse (»washed curd cheese«). Anschließend salzt man die Schnitzel oder Körner, bringt sie in die Formen und presst sie.

Mit einem Tuch wird der Bruch aus dem Kessel gehoben. Die Molke läuft ab, und der Bruch wird mitsamt dem Tuch in die Form gepresst. So geht man bei Bergkäse, Parmesan und anderen Käsesorten vor.

Beim »Cheddaring« wird der »Bruchkuchen« in Stücke geschnitten. Diese werden übereinander gelegt, durch das Eigengewicht gepresst, und wieder umgeschichtet, dabei säuert der Bruch weiter.

Filata-Käse – der Bruch wird überbrüht

Ein dritter Weg der Käseherstellung geht in eine ganz andere Richtung. Bei den Filata-Käsen lässt man in einer ersten Stufe den Bruch ebenfalls absitzen, zu einem Bruchkuchen zusammenwachsen und säuern. Der entscheidende Schritt schließt sich jetzt an: Der Bruchkuchen wird zerkleinert und die Stücke mit heißem Wasser oder mitunter noch mit heißer Molke von etwa 65 bis 75 °C überbrüht. Die auf diese Weise plastisch gemachte Bruchmasse wird dann geknetet. Je nach Käsesorte und regionaler Übung wird der Bruch kleiner und trockener bereitet (wie bei Provolone) oder größer und wasserreicher (wie bei Mozzarella).

Entsprechend geht auch die Säuerung mehr oder weniger weit. Dem Formen folgt ein Kühlen der Käse zur Festigung des Teiges. In den letzten Jahren hat eine starke Nachfrage nach Filata-Käsen wie Mozzarella zu Innovationen geführt mit den Zielen, zum einen die Produktionszeit zu verkürzen und zum andern ein standardisiertes Produkt mit guter Ausbeute (Ertrag) zu erreichen. Dieses Ziel konnte man mit den folgenden Mitteln und Wegen erreichen: einmal durch den Einsatz von Genuss-Säuren wie beispielsweise Essig- oder Zitronensäure anstelle einer mehrstündigen, biologischen Säuerung durch selektionierte Milchsäurebakterien (Starterkulturen); des Weiteren durch eine komplette, computergesteuerte Mechanisierung der Produktion.

→ Ultrafiltration heißt ein Verfahren, das teilweise auch bei der Käseherstellung angewendet wird. Dabei werden aus der Milch durch sehr feine Membranen mit dem Wasser sehr kleine Inhaltsstoffe, wie Salze und Milchzucker, abgetrennt (Permeat) und große, wie Eiweiß und Fetttröpfchen, zurückgehalten (Retentat). Mikrofiltration ist ein neues technologisches Verfahren. Es eröffnet durch eine Bakterienreduktion der Kesselmilch die Chancen für eine Herstellung von Rohmilchkäse ohne Pasteurisierung.

Filata-Käse-Herstellung: Die Bruchmasse wird in größere Stücke zerteilt, zum weiteren Säuern und zur Ausbildung einer typischen, faserigen Struktur aufeinander gehäuft und dann klein geschnitten.

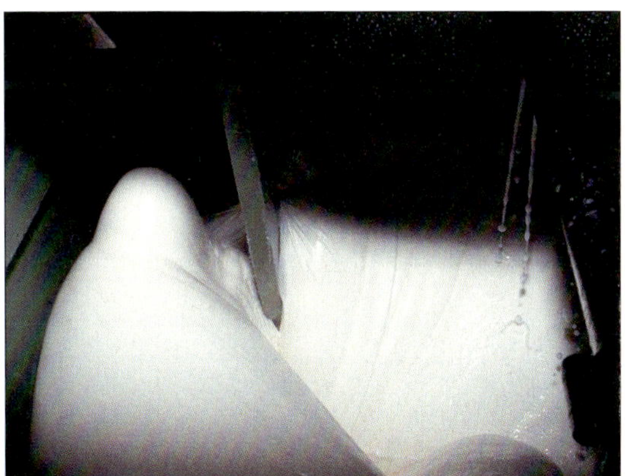

Die zerkleinerten Stückchen werden zunächst mit heißem Wasser überbrüht. Durch nachhaltiges Kneten verarbeitet man sie zu einer elastischen und formbaren Masse.

Das Pressen

Die in die Käseformen eingebrachte Bruchmasse wächst nun unter weiterer Molkeabgabe zusammen. Das erste und einfachste Pressen geschieht bereits hier, da die obere Bruchschicht auf die untere drückt. Bei Käsesorten, die einen höheren Wassergehalt haben sollen, reicht eine solche Eigenpressung aus. Die erwünschte Verfestigung, die auch für die Formgebung erforderlich ist, findet im Allgemeinen erst innerhalb von 4 bis 24 Stunden statt. Wird eine verstärkte Molkeabgabe und dadurch eine Beschleunigung des Zusammenwachsens der Bruchmasse angestrebt, und soll die Rindenbildung deutlich unterstützt werden, presst man mechanisch. Pressen ist allgemein ein Vorrecht der Hart- und Schnittkäse, aber auch halbfeste Schnittkäse nach Art des Saint-Paulin werden leicht gepresst. Bei den heutigen mechanischen Pressen kann man den Pressdruck der Käsegröße und dem erforderlichen Molkeaustritt anpassen. Wichtig ist zu Beginn ein langsames Pressen, das mit steigendem Druck fortgesetzt wird. Es kann auch unter leichtem Vakuum gepresst werden, wie das bei Cheddar üblich ist.

Nach dem Abfüllen des Bruchs in die Käseformen ist eine verstärkte Molkeabgabe zu beobachten, die auch durch die weitergehende Säuerung unterstützt wird. Man kann deshalb bei manchen Käsesorten, besonders aber bei den Weichkäsen, auf der Oberseite Verformungen feststellen. Um dem entgegenzuwirken, müssen die Käse gewendet werden. Käse mit weicherer Konsistenz werden öfter

Trockensalzen ist bei einigen Weichkäsen üblich. Dabei wird das Kochsalz auf die Käse aufgestreut.

Das »Salzbad«, das Einlegen in eine Salzlösung, ist die überwiegend praktizierte Methode, um die Käselaibe zu salzen. Dieser Vorgang dauert je nach Käseform und -größe unterschiedlich lange.

gewendet als die mit einer festeren. Das Wenden dient aber hauptsächlich der gleichmäßigen Wasserverteilung in der Käsemasse und trägt zur Haut- oder Rindenbildung bei.

Salz – zum Würzen und Konservieren benötigt

Wir kennen das Kochsalz als Würz- und Konservierungsstoff bei vielen Lebensmitteln. Auch bei den meisten Käsesorten ist es so, dass sie während oder am Ende der eigentlichen Herstellung gesalzen werden. Manchmal wird bereits im Bruch gesalzen (beispielsweise beim Cheddar und Colby). Bei einigen Käsen mit Bruchlochung (wie Tilsiter, Maribo oder dem finnischen Turunmaa) lässt man den größten Teil der Molke ablaufen, mischt dem Bruch etwas Salz zu, formt und salzt dann erst in einem Salzbad richtig. Bei einigen wenigen Käsen wird das Kochsalz bereits der Milch zugegeben (zum Beispiel in Ägypten), doch geht nur ein Teil davon in den Käse über. Beim so genannten Trockensalzen kann das Kochsalz auf die Käseoberfläche aufgestreut werden, wie das bei einigen Brie-Sorten üblich ist. Auch in Mischungen mit pulverisierter Holzkohle, wie bei Ziegenkäse. Käse werden auch mit Kochsalz eingerieben und anschließend damit bestreut. Dieser Arbeitsgang kann während der Reifungszeit wiederholt werden (wie bei Pecorino oder Edelpilzkäse). Das Salzen in einer Salzlösung (Salzbad), deren Konzentration üblicherweise zwischen 15 und 20 % liegen kann, wird bei den meisten Käsesorten praktiziert. Diese Art des Salzens ist wirtschaftlicher und ermöglicht einen gleichmäßigen Salzungsvorgang. Die dazu benötigten Zeiten sind sehr verschieden, denn die Salzungszeiten sind abhängig von der Käsesorte (Käseform, -oberfläche, -volumen und -fettstufe, dem Wassergehalt sowie einigen anderen Faktoren), aber auch von den Salzbadkenngrößen (wie Kochsalzkonzentration und Temperatur). Man legt die Käse je nach Größe und erwünschtem Salzgehalt 30 Minuten bis einige Tage in das Salzbad. Während des Salzungsvorgangs konzentriert sich das Kochsalz in der äußeren Schicht und wandert erst allmählich in das Innere des Käses. Der Ausgleich in der gesamten Käsemasse wird je nach Käsetyp in unterschiedlichen Zeiten erreicht.

Beim Bruchsalzen (wie bei Cheddar und Colby) ist das von Anfang an der Fall; bei Camembert ist er nach vier bis sechs Tagen abgeschlossen; bei größeren Käsen dauert es sehr lange (mehrere Wochen bis einige Monate), bis auch nur ein gewisser Ausgleich erreicht ist. Bei manchen Käsen, vor allem bei großen, dient das Salz auch zur Verfestigung der äußeren Schicht. Mit dem Salzen sollte allgemein der freie Molkeaustritt beendet sein. Wesentlich ist die Rolle des Salzes für jede Käsesorte und jeden Käsetyp, das heißt, zum Typ eines Käses gehört ein gewisser Salzgehalt innerhalb bestimmter Grenzen. Bei nicht wenigen Käsen können zwei bis drei Zehntel mehr an Kochsalz zur Schmackhaftigkeit beitragen. Für manche Käsesorten ist ein leicht salziger Geschmack für die Ausprägung eines bestimmten Typs wichtig.

Im Reifekeller

Das »Ambiente«, in dem die Reifung der meisten Käse stattfindet, ist gewöhnlich der Reifekeller. Die besondere Atmosphäre, die darin herrscht, ist soweit wie möglich dem natürlichen Höhlenklima nachempfunden, das seit Jahrhunderten für die Reifung von Käse genutzt wird (wie die Höhlen von Roquefort). Es kann darin feuchtwarm oder auch kühler sein. Das Kellerklima wird durch die Raumtemperatur, die relative Luftfeuchtigkeit sowie durch die Luftbewegung im Raum und den betriebenen Luftaustausch bestimmt. Normal kann die Temperatur zwischen 0 und 25 °C schwanken, der Großteil der Käse wird jedoch bei 8 bis 16 °C gereift. Die relative Luftfeuchtigkeit bewegt sich allgemein in einem Bereich von 75 bis 98 %, im Regelfall sind es 85 bis 95 %. Während der Reifung findet ein ständiger Austausch von Reifungsgasen statt, wie Kohlendioxyd und Ammoniak, und dem für das Wachstum der aeroben Oberflächenflora

Käse pflegen und reifen lassen

oder/und Innenflora dringend benötigten Sauerstoff der Luft. Für die meisten Käse ist es in der Anfangsphase der Reifung typisch, dass ein relativ langsam verlaufender Verteilungsausgleich wichtiger Inhaltsstoffe in der Käsemasse (wie Wasser, Kochsalz, Laktose oder Milchsäure) fortgeführt oder in Gang gesetzt wird. Dadurch werden wichtige Voraussetzungen für eine soweit wie möglich gleichmäßig verlaufende Reifung geschaffen.

Das Wort Reifung steht gewöhnlich als Oberbegriff für die Umwandlungsprozesse von den im Käse zurückgehaltenen Milchinhaltsstoffen (wie Eiweiß, Restzucker, Fett). Diese Reifungsabläufe werden auf das Erreichen eines festgelegten Qualitätsstandards ausgerichtet. Triebkraft dazu sind die Enzymaktivitäten. Diese können der Milch selbst oder verschiedenen Hilfsstoffen (beispielsweise Lab oder Labpasten) entstammen, aber auch von Natur aus von Mikroorganismen freigesetzt worden sein, die durch den Kontakt mit den Gerätschaften, aus dem Salzbad oder aus der Umluft in oder auf den Rohkäse gelangt sind. Die Hauptquelle von Enzymen stellen die ausgewählten Säuerungs- und Reifungskulturen dar. Selten sind es nur die Säuerungskulturen (wie die Milchsäurebakterien bei Frischkäse). Meist setzt sich die Reifungsflora aus einer Vielzahl von Mikroorganismen-Gruppen zusammen. Das können Milchsäurebakterien, Propionsäurebakterien (bei bestimmten Hartkäsen) oder Rotkultur sowie Hefen und Edelschimmel (Milch-, Weiß- und Blauschimmel) sein.

Das Klima im Reifekeller ist mitentscheidend für den Erfolg. Die verschiedenen Käsesorten verlangen nach unterschiedlichen, meist genau festgelegten und kontrollierten Reifungs-Bedingungen.

Die Rolle des Affineurs

Die Reifung und damit die Kontrolle der Entwicklung von spezifischen Qualitätsmerkmalen wird häufig in eigenen Reifungskellern durchgeführt, kann aber auch von einem Käsepfleger, dem Affineur, übernommen werden. In spezialisierten Käsereifungsstätten verrichtet er seine Tätigkeit der Käsepflege bis zum Erreichen der gewünschten Packreife. Die angewandten Reifungstechniken sind zum Teil noch sehr traditionsgebunden, besonders dort, wo Käse nach herkömmlicher Art und in kleineren Mengen produziert wird.

In modernen Käsereibetrieben werden auch in diesem Produktionsbereich die Reifungsvorgänge nach neuen Erkenntnissen und mit hohem technischem Aufwand gesteuert. Die Pflege während der Reifungszeit ist auf den Käsetyp abgestimmt. Wichtig sind immer die Größe und Form der Käse (besonders bei oberflächengereiften Käsen – hier kommt es auf das Verhältnis Käsemasse zu Oberfläche an) sowie die darauf abgestimmte Reifungsdauer. Die Arbeit im Reifungskeller beschränkt sich meist auf die Rinden- oder Oberflächenpflege und die Steuerung der Klimakennwerte (Temperatur und relative Feuchte). Ganz allgemein gilt, dass mit zunehmender Reifung die Temperaturen leicht gesenkt werden und dass oberflächengereifte Käse eine höhere Luftfeuchtigkeit benötigen.

Bei Käsen ohne Oberflächenreifung (wie bei Hart-, Schnitt- und teils auch bei halbfesten Schnittkäsen) wird die Käsepflege auf ein Minimum reduziert. Das geschieht durch verschiedene Oberflächenbeschichtungen oder eine Reifung in so genannten Reifungsfolien. Die Oberflächenbehandlung besteht in regelmäßigem Bürsten, Schmieren (Abreiben, »Waschen«) mit Salzlake und Reifungskulturen sowie Salzauftragen. Alle Käse müssen von Zeit zu Zeit gewendet werden, um eine gleichmäßige Entwicklung der Oberflächenflora zu gewährleisten oder mögliche Verformungen zu vermeiden. Die Reifung kann durch die ganze Käsemasse verlaufen (wie bei Hart-, Schnitt- und einigen halbfesten Schnittkäsen) oder von außen nach innen (typisch für Weichkäse mit Oberflächenschimmel oder Rotflora). Am Ende der Reifung hat jeder Käse seinen typischen Charakter erreicht, der durch besondere Merkmale wie Aussehen, Aroma, Geschmack, Konsistenz und Bekömmlichkeit bestimmt ist.

Verpacken zum Qualitätserhalt

Die Beziehung zwischen Käse und Verpackung ist eng: Schutzfunktion – Qualitätserhalt – Vermarktungsbezug. Sie gewährleistet den Schutz vor Umwelteinflüssen hygienischer, mikrobieller und chemischer Art (Mikroben, Licht, Sauerstoff) und schützt zudem gegen Austrocknung und gegen Verlust der sensorischen Eigenschaften (Geruch, Geschmack). Verpackung beinhaltet aber auch den Schutz der Umgebung (wie beispielsweise des Kühlschrankinhalts) gegen starke Geruchsabgabe eines intensiv riechenden Lebensmittels wie mancher Käsesorten.

Je weicher der Käse, desto komplizierter die Verpackung. Hier die wichtigsten Arten: von der einfachsten und ältesten, der Rinde, über beschichtetes Papier, Paraffinüberzug und Kunststoffbecher bis hin zu foliengereiften Käsen.

In zweiter Linie dient die Verpackung der rationellen Warenverteilung: Sie gestattet verbrauchergerechte Portionierung ohne Qualitätseinbußen, rationelle Handhabung, Information in Form von Angaben über Inhalt, Nährwert, Haltbarkeit und Zubereitung. Außerdem sollte das problemlose Öffnen und Wiederverschließen der Packung gewährleistet sein.

Ein vordringliches Anliegen unserer Gesellschaft ist heute die problemlose Entsorgung der funktionslos gewordenen Packmittel, die zu Abfall werden. Daher rührt die berechtigte Forderung nach Recycling und Wiederverwendung der Verpackung, um so die Menge des Verpackungsabfalls im Hausmüll verringern zu können. Vorreiter dieser Entwicklung sind die Packstoffe Glas und Papier; zunehmend werden auch Aluminium und Weißblech und sogar einzelne Kunststoffe über öffentliche Sammelcontainer einem Recycling zugeführt. Des Weiteren verwendet man heute immer weniger Packstoffe, die bei der Entsorgung Schwierigkeiten bereiten könnten, so beispielsweise Materialien, die Chlorverbindungen enthalten.

Bei der Betrachtung der verschiedenen Käsesorten wird deutlich, dass Verpackung insbesondere bei Frisch-, Weich- und Schmelzkäsen sowie bei portionierten Hart- und Schnittkäsen eine Rolle spielt. Käse mit Rinde lassen sich meist unverpackt in Transportbehältnissen wie Holzkisten, Holzsteigen, Vollpappe- oder Wellkartons sowie auf Paletten befördern, da die Rinde grundsätzlich Schutz gegen mechanische, hygienische und chemisch-physikalische Beeinflussung bietet.

Das Umhüllen mit einer Wachs- oder Paraffinschicht oder durch »Plastik Coating«, wie es für feste und halbfeste Käse üblich ist, dient neben einer mechanischen Schutzfunktion auch dem Zweck, den bei der Lagerung eintretenden Gewichtsverlust in Grenzen zu halten. Nach Erreichen des vorgegebenen Reifegrads werden die Rindenkäse entweder im Anschnitt verkauft oder sie werden portioniert und für einen späteren Detailverkauf vorverpackt.

Unter Vorverpackung versteht man das maschinell durchgeführte Aufschneiden, Zerteilen und Portionieren entrindeter beziehungweise gewaschener Hart- und Schnittkäse in verkaufsfertige Stücke, Blöcke oder Scheiben und deren sofortige Verpackung. Auf diese Weise wird Schutz vor mikrobieller Verunreinigung gewährleistet und eine Austrocknung verhindert. Schutzgas- oder Vakuumverpackung von Mischungen verschiedener geraspelter oder gestiftelter Käse sind verbreitet anzutreffen. Eines entsprechenden Lichtschutzes und geeigneter Abfüllvorrichtungen bedarf geriebener Käse für einen Qualitätserhalt.

Weichkäse stellt man traditionell in kleineren Stückgewichten her. Sie benötigen wegen ihrer empfindlichen Außenhaut grundsätzlich den Schutz einer Verpackung. Die viel rascher als bei Hart- und Schnittkäse verlaufende Reifung verlangt eine Umhüllung, die den weiteren Reifungsverlauf begünstigt und vor Austrocknung und Aromaverlust bewahrt. Weichkäse mit Rotflora (Schmierebildung), wie Limburger, Romadur oder Münster, verpackt man vorzugsweise in lackierte oder papierkaschierte Aluminiumfolien oder in kunststoffbeschichtete Papiere. Bei kaschierten Verpackungen erlaubt die innere Papierschicht den Austausch von Wasserdampf und Reifungsgasen.

Für Weichkäse mit Schimmel, wie Camembert oder Brie, setzt man ähnliche Packstoffe ein: lackiertes oder kaschiertes Aluminium, beschichtetes Papier, Zellophan oder Kunststoff-Film. Wichtig für diese Käsesorten ist auch die Umverpackung, bevorzugt Holzspan- oder Kartonschachteln oder Dosen, die den mechanischen Schutz der empfindlichen Schimmelkäse sicherstellen. Zu dichte Umverpackungen könnten allerdings, wegen der fehlenden Luftzirkulation, ein Ersticken des Schimmelrasens bewirken.

Die bevorzugte Verpackung von Frischkäsen und Speisequark stellen heute weiß eingefärbte, tief gezogene oder gespritzte Kunststoffbecher dar. Sie sind mehrheitlich mit einer peelfähig lackierten Aluminiumfolie verschlossen und tragen darüber einen Kunststoff-Schnappdeckel für den Wiederverschluss der angebrochenen Packung. Verschiedene Frischkäsesorten höherer Fettstufen finden wir nach wie vor in lichtdichten, lackierten und versiegelten Aluminiumfolien oder kunststoffbeschichteten Papieren verpackt, während Magerquark auch in transparenten Polyäthylen-Folien oder -Schläuchen angetroffen wird.

Schmelzkäse entstanden ursprünglich aus der Zielsetzung, Hartkäse durch Wärmebehandlung über längere Zeiträume haltbar zu machen. Dementsprechend wichtig ist eine hermetisch verschlossene Packung. Als Öffnungshilfen sind hier rundum laufende Aufreißfäden oder Bändchen angebracht. Die für Kleinportionen häufigsten Formen sind das Kreissegment (Käseecke), das Quadrat, das Rechteck oder die Rundportion. Dominierender Packstoff ist die lackierte Alufolie. Diese Kleinportionen werden meist in runden oder rechteckigen Karton- oder Kunststoffschachteln in den Handel gebracht, die bis zu zwölf, vorwiegend aber sechs bis acht Einzelportionen enthalten; bei diesen gilt ein problemloses Öffnen als wünschenswert, das möglich wird durch Hochziehen einer Lasche; hilfreich sind auch normale reißfeste Kunststoffstreifen. Schmelzkäse in Scheiben zum Toasten und Grillen haben sich sehr verbreitet; das Aneinanderkleben der Scheiben kann mittels Zwischenlagen aus Pergament oder Kunststoff verhindert werden. Zur Scheibenverpackung wird vorwiegend Kunststoffverbundfolie eingesetzt.

Bei Auswahl und Design einer Verpackung spielen neben den gesundheitsbezogenen Bestimmungen und neben der verpackungstechnologischen Eignung auch Faktoren wie die Minimierung des Packstoffeinsatzes im Rahmen des ökologischen Profils, die Kostenstruktur (Preis-Leistungs-Verhältnis) und zunehmend auch die pointierten Marketingforderungen, bei denen Produkt- und Verpackungs-Innovationen sich gegenseitig bedingen, eine wichtige Rolle. Je nach Käse ist die Verpackung ein für den Verlauf der Reifung und somit ein für die Qualität und Marktfähigkeit wesentlicher Faktor.

Die Verpackung spielt eine entscheidende Rolle bei Nahrungsmitteln, die ohne Kühlung in den Verkauf kommen. Die bei der Abfüllung erzielte Sterilität muss erhalten bleiben, eine ständige Überprüfung ist hier unverzichtbar. Die Produktzubereitung wird aus ökonomischen wie aus mikrobiologisch-hygienischen Gründen zunehmend automatisiert und in die Verpackungstechnik integriert mit den Bereichen Abfülltechnik, Folienarten und Versiegelungsweise. Dabei erwachsen wesentliche Anforderungen aus der notwendigen optimalen Abstimmung dreier fundamentaler Faktoren: Die Dichtigkeit der Folien-Packstoffe gegen Sauerstoff, Wasserdampf und Aroma (Geruch), sowie die Verschlusstechnik und die mechanischen Eigenschaften der Packstoffe.

Mit einem Schwamm wird hier die Schutzschicht auf Gouda-Laibe aufgetragen.

→ Conveniencewert
Der ursprünglich bei der Qualität als Zusatznutzen angesehene Conveniencewert mit Arbeits- und Zeitersparnis sowie Energieeinsparung gilt heute auch bei der Verpackung als selbstverständlicher Grundnutzen. Man trifft Käse in Scheiben, ebenso Feta in Lake, in wiederverschließbaren Verpackungen an.

Wichtige Angaben Fett i.Tr. und Wff

Im Gegensatz zu anderen Lebensmitteln birgt Käse, was seine Zusammensetzung betrifft, kein Geheimnis. Alles, was man wissen muss, um einen Käse richtig einordnen und bewerten zu können, ist genau deklariert. Dazu sollte man allerdings die auf den ersten Blick geheimnisvollen Kürzel Fett i.Tr. und Wff entschlüsseln können.

Wff – die Einteilung der Käse nach der Festigkeit des Teiges

Für die Bewertung der Konsistenz eines Käses ist weitgehend das Verhältnis von Trockenmasse zum Wassergehalt entscheidend. Die Trockenmasse setzt sich aus Fett, Eiweiß, Milchzucker, Milchsäure sowie Salzen, Vitaminen und Enzymen zusammen. Sie ist die Masse, die übrig bleibt, wenn man dem Käse das Wasser entzieht. Das bedeutet, je mehr Wasser ein Käse enthält, desto weicher ist er. Je höher umgekehrt der Anteil an Trockenmasse ist, desto härter ist der Käse. In manchen Ländern gibt es für traditionellen Käse Vorschriften, die den Mindestgehalt an Trockenmasse beziehungsweise den Höchstgehalt an Wasser begrenzen.

Als Kriterium für die nicht klar definierten, im internationalen Handel aber zu klassifizierenden Käse hat sich seit längerem ein Begriff eingeführt: Der »Wassergehalt in der fettfreien Käsemasse«, kurz »Wff« genannt, dem englischen »MFFB« »Moisture Fat Free Basis« entsprechend.

Die fettfreie Käsemasse ist die gesamte Käsemasse inklusive Wasser, jedoch ohne den Fettanteil. Enthält also ein Käse 25 % Fett, so beträgt die fettfreie Käsemasse 75 %, und der Wff ist der in diesen 75 % enthaltene Wasseranteil. Dieser Wasseranteil/Wff wiederum ist mit einer einfachen Prozentrechnung zu ermitteln: Man benötigt dazu lediglich die Angabe des Wassergehalts beziehungsweise der Trockenmasse (aus der sich ja der Wassergehalt ergibt). Wenn in unserem Beispiel der Käse also einen Wassergehalt von 50 % aufweist (was einer Trockenmasse von 50 % entspricht), kommt man zu einem Wff von 66,7, indem man den Wassergehalt (50 %) mit 100 multipliziert und das Ergebnis durch die fettfreie Käsemasse (75 %) dividiert. Nach diesem Kriterium wurden die Käse in Gruppen eingeteilt. Für die einzelnen Käsegruppen wiederum sind, wegen der ernährungsphysiologischen und ökonomischen Bedeutung von Käse, aber auch zum Schutz des Konsumenten und im Sinne von »Wahrheit und Klarheit im Handel«, in Normen der Welternährungs- und Weltgesundheitsorganisation (FAO/WHO) und in der Gesetzgebung mehrerer Länder Grenzwerte niedergelegt worden. Die Grenzwerte sind teilweise, vorwiegend traditionell bedingt, verschieden, so dass sich die Käsegruppen je nach Land etwas unterscheiden können. Manche Länder, wie Frankreich, gruppieren beispielsweise die Hart- und Halbhartkäse nach Herstellungsmerkmalen (nachgewärmt, gepresst oder nicht – pâte cuite, non cuite, pressée, non pressée) anstelle von konkreten Grenzwerten. Da die Klassifizierung also unterschiedlich sein kann, folgen als Beispiele die in Deutschland gebräuchliche und die von der FAO/WHO festgelegte Käse-Gruppierung:

Die Einstufung der Käse nach dem Fettgehalt

Für die qualitative Beurteilung eines Käses ist, wenngleich natürlich noch eine Reihe anderer Kriterien eine Rolle spielt, der Fettgehalt von ausschlaggebender Bedeutung. Je höher der Fettanteil

Deutschland	
Käsegruppe	Wassergehalt in der fettfreien Käsemasse (Wff)
Hartkäse	56 % oder weniger
Schnittkäse	mehr als 54 % bis 63 %
Halbfester Schnittkäse	mehr als 61 % bis 69 %
Sauermilchkäse	mehr als 60 % bis 73 %
Weichkäse	mehr als 67 %
Frischkäse	mehr als 73 %

FAO/WHO	
Käsegruppe	Wassergehalt in der fettfreien Käsemasse (MFFB)
Extrahartkäse (Extra Hard)	weniger als 51 %
Hartkäse (Hard)	49 % bis 56 %
Schnittkäse (Semi-hard)	54 % bis 63 %
Weichkäse (Soft)	mehr als 67 %

ist, desto feiner und geschmeidiger ist der Käseteig. Da ist zunächst der tatsächliche (oder absolute) Fettgehalt, der – aus ernährungsphysiologischer Sicht – durchaus wichtig ist, zum Beispiel, um den Kalorienwert berechnen zu können. Da ein Käse aber während der Lagerung Wasser verdunstet, werden der prozentuale Anteil der Trockenmasse und der Fettanteil mit zunehmendem Alter größer. Hingegen verändert sich der prozentuale Anteil des Fetts in der Trockenmasse kaum.

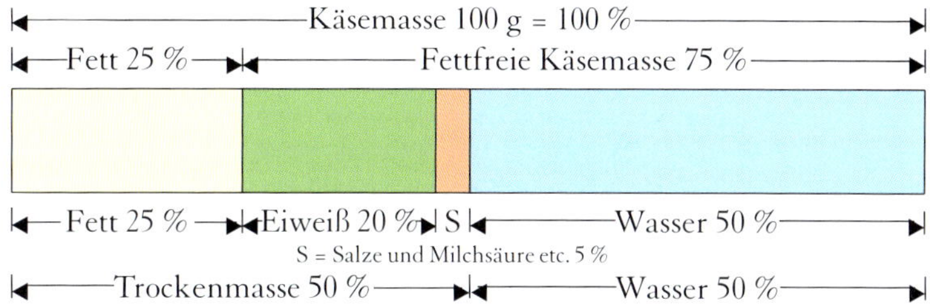

Fett i.Tr. – das Kürzel für eine klare Deklaration

Ursprünglich von der Wirtschaft in den 1880er Jahren eingeführt und erst später in die gesetzlichen Regelungen vieler Länder übernommen, diente der Begriff mit Erfolg dazu, mehr Klarheit bei der Käsebeurteilung zu schaffen.

Das Kürzel Fett i.Tr. (im Englischen: FDM) steht für »Fett in der Trockenmasse«. Zieht man vom Gesamtgewicht eines Käses den Wasseranteil ab, erhält man die Trockenmasse; eine Konstante, die sich im Gegensatz zum Wassergehalt kaum verändert und daher für die Berechnung des Fettanteils eine verlässliche Basis ist. Fett i.Tr. ist also der prozentuale Fettanteil in der Käsemasse ohne Wasser (Trockenmasse).

Die Fett-i.-Tr.-Angabe ist gleichzeitig auch eine Aussage über die qualitative Beschaffenheit eines Käses, wenn man davon ausgeht, dass die Fettstufe Rückschlüsse auf die Geschmeidigkeit und das Aroma eines Käses zulässt. Die nebenstehende Grafik zeigt es: Fett, Eiweiß, Salze und andere »feste« Inhaltsstoffe bilden die Trockenmasse. Je nach Sorte steigt oder fällt der Anteil der Trockenmasse, aber nicht unbedingt der Fettgehalt. Am besten lässt sich das am Beispiel von Käsen des gleichen Typs mit unterschiedlichen Fettgehalten verdeutlichen, wie Camembert mit 30 %, 45 % und 60 % Fett i.Tr. Ist der Teig beim 30-%igen noch etwas zäh, wird er durch den höheren Fettanteil beim 45-%igen schon wesentlich geschmeidiger, beim 60-%igen ist er von nahezu cremiger Beschaffenheit. Durch die Kunst der Käsereifachleute ist es heutzutage jedoch mehr und mehr möglich, auch Käse in niedriger Fettstufe mit einem vergleichsweise geschmeidigen Teig zu erzeugen. Der ernährungs- (und kalorien-)bewusste Verbraucher findet heute immer öfter, gerade bei den fettärmeren Sorten, neben der Fett-i.-Tr.-Kennzeichnung auch die Angabe des absoluten Fettgehalts. Wenn aber diese Angabe fehlt, kann er den tatsächlichen Fettgehalt überschlägig auch selbst errechnen. Die Prozentzahl der Fett-i.-Tr.-Angabe wird mit folgenden Zahlen multipliziert: bei Hartkäse mit 0,7, bei Schnittkäse mit 0,6, bei Weichkäse mit 0,5, bei Frischkäse mit 0,3. Noch überschlägiger ist er mit folgender Faustregel zu ermitteln: Der absolute Fettgehalt beträgt in etwa die Hälfte des Fett-i.-Tr.-Wertes, bei Frischkäse etwa ein Drittel.

Fett i.Tr. - International		
Australien	fat in dry matter	fdm
Belgien	Vetgehalte in de drogestof/matière grasse de la matière sèche	V./D.S.
Dänemark	Fedt i tørstof	Fedt i t. oder F.i.t.
Frankreich	% de matière grasse	mat. gr. auch m.g.
Italien	grasso sul secco	g.s.s.
Kanada	Fat on Dry Basis matière grasse le lait en substance sèche	F.D.B Gras sur sec/Gss
Neuseeland	fat in dry matter	FDM
Niederlande	vet in droge stof	V.D.S.
Norwegen	Fett i tørrstoffet	F/T
Russland	soderzanie zira v suchom vescestve	
Schweden	fetthalt i torrsubstans	fett i. torrs.
Spanien	Materia grasa sobre extracto seco	M.G.sobre E.S. oder M.G./E.S.
Tschechien	tuk v susine	tvs
U.K.	Fat in Dry Matter	FDM
USA	Fat in Dry Matter	FDM

→ Kennzeichnung von Fett i. Tr.

In einigen Ländern und im internationalen Gebrauch wird Fett i.Tr. auch durch ein »Pluszeichen« ausgedrückt. So zum Beispiel: »Blue50+« oder auch »Edam40+«, »Kaas 48+« und »Svecia45+«.

Käse-Qualität richtig beurteilen

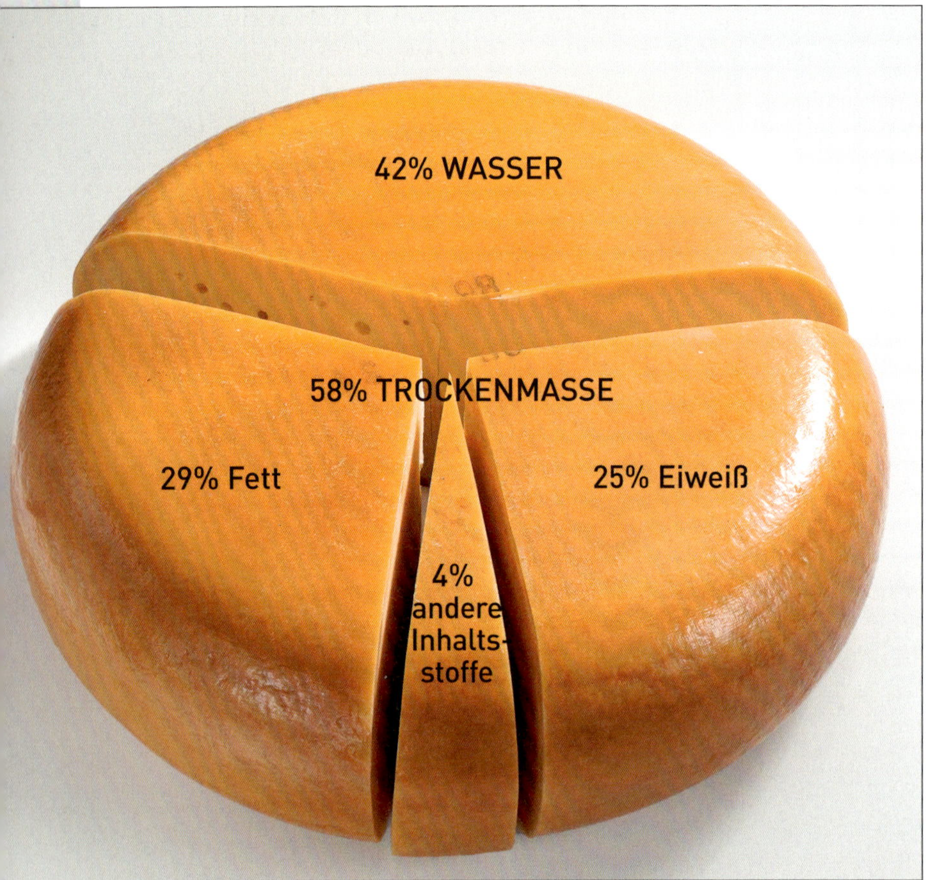

Die Zusammensetzung eines Käses lässt sich anhand dieses Gouda-Laibs veranschaulichen: 10 Tage nach der Herstellung besteht er aus 42 % Wasser und 58 % Trockenmasse. Der absolute Fettgehalt in diesem Käse beträgt 29 %. Der Rest besteht aus Eiweiß (25 %) und anderen Inhaltsstoffen (4 %) wie Salz, Milchsäure und Mineralstoffen. Der Fettgehalt in der Trockenmasse (Fett i.Tr.) beträgt bei diesem Käse 50 %, er ergibt sich aus folgender Rechnung: 29 % Fett x 100, geteilt durch die Trockenmasse von 58 %.

Nach welchen Kriterien ein Käse bewertet werden soll, hängt zunächst einmal davon ab, was der einzelne Konsument von einem bestimmten Käse erwartet. Diese Erwartungshaltung wird von vielen Faktoren beeinflusst: da ist zum einen der persönliche Geschmack, dann die bereits gemachten Erfahrungen und schließlich, als Wichtigstes, der beabsichtigte Verwendungszweck. Der Grund also, warum er diesen Käse gewählt hat. Anhand einer einzelnen Käsesorte lässt sich die Problematik einer Beurteilung wohl am besten erklären. Ein Gouda soll hier als Beispiel dienen. Wie alle Käse, macht er einen (mehr oder minder) kontinuierlichen Reifungsprozess durch. Ab einem bestimmten Mindestalter kann er verzehrt werden, und ab diesem Punkt findet er in den folgenden, unterschiedlichen Reifestadien verschiedene Abnehmer: Als junger Käse, nach einer Reifezeit von mindestens 6 Wochen, entspricht er dem heutigen Trend nach milden Käsen mit geschmeidigem Teig, möglichst unauffällig im Geschmack, und ist zudem preiswert. Mit etwa 4 Monaten Reifezeit hat sich der gleiche Käse zu einem festen Schnittkäse entwickelt, mit einem nunmehr unverwechselbaren, ausgeprägten Geschmack. Durch Wasserverdunstung hat er an Gewicht verloren und an Wert zugelegt und ist für Käsekenner ein durchaus akzeptabler Käse geworden. Nach 9 Monaten und länger wird er zum »alten« Gouda und ist gerade richtig für die Käseliebhaber, die seinen dann ausgesprochen kräftigen, aromatischen Geschmack bevorzugen und ihn am liebsten in Bröckchen zu einem Glas Wein genießen; er ist kaum mehr in Scheiben zu schneiden, sein Teig ist hart geworden.

Im Falle Gouda sind es hauptsächlich die geschmacklichen Eigenarten in den verschiedenen Altersstufen, die ebenso unterschiedliche Verbrauchergruppen ansprechen. Bei anderen Käsen spielen andere Kriterien eine Rolle. Zum Beispiel Camembert: Wer den mild gereiften Camembert des mitteleuropäischen Typs konsumiert und dessen geschmackliche und äußerliche Merkmale als camemberttypisch »gespeichert« hat, der wird einen »auf den Punkt« gereiften Rohmilch-Camembert aus der Normandie sicher als sehr kräftig beurteilen; dem Geschmack eines Gourmets hingegen wird er als optimal erscheinen. Eine annähernd objektive Beurteilung ist also nur möglich, wenn man die sortentypischen oder vom Hersteller angegebenen Merkmale eines Käses genau kennt und entsprechend einordnen kann.

Unabhängig von persönlichen Vorlieben gibt es jedoch auch für den Endverbraucher eine ganze Reihe von Kriterien, die Rückschlüsse auf die Qualität zulassen. Das beginnt beim äußeren Erscheinungsbild: Der Käse soll gegebenenfalls sortentypisch geformt sein und eine glatte Rinde ohne Risse und Falten haben. Bei Wachs- oder Kunststoffüberzügen sind die Fehler erst unter dieser Schicht erkennbar. Die Oberfläche solcher Käse muss trocken sein, darf weder feucht, schmierig oder gar von Schimmel befallen sein. Wachs- oder Kunststoffbeläge und Farbaufträge sollen sich leicht ablösen oder abkratzen lassen. Paraffin soll nicht brüchig sein, oder muss vor dem Aufschneiden entfernt werden, damit es nicht auf die ganze Schnittfläche gerät. Bei besonders altem Hart- oder Schnittkäse wird die Rinde zwar dicker, sie darf aber nicht rau und krümelig wirken, denn sie könnte dann von Milben durchsetzt sein. Das Innere eines Käses wird für den Endverbraucher, jedenfalls bei kleinen Weichkäsen, erst dann sichtbar, wenn er den Käse zu Hause aus der Schachtel nimmt und anschneidet. Bei Weichkäsen und einigen abgepackten halbfesten Schnittkäsen kann man Reifegrad und Konsistenz prüfen, indem man mit dem Finger auf den verpackten Käse drückt. Eine zweite wesentliche Eigenschaft des Teiges, nämlich die Teigstruktur, kann man allerdings durch Fingerdruck nicht abschätzen. Sie kann erst im Mund, durch die empfindsamen Tastsinn-Nerven, wahrgenommen werden.

Bei einem »feinen« Käse muss der Käseteig »glatt von der Zunge gehen«, er darf kein raues Gefühl hinterlassen. Eigenschaften wie geschmeidig, schneidfähig, weich, klebrig oder gar pappig sind besonders bei den Käsebedienungstheken wichtig, wo es darauf ankommt, ob sich ein Käse glatt schneiden lässt und nicht Messer oder Schneidegerät verschmiert. Bei Schnitt- und Hartkäsen kann man an der Käsetheke erkennen, ob der Anschnitt frisch, also nicht abgetrocknet ist, ob die Lochung typisch und der Käseteig von angenehmer Farbe und Konsistenz ist. Und noch ein wichtiger Punkt ist zu beachten: Licht wirkt sich auf viele Lebensmittel ungünstig aus. Bei Käse sind es vor allem die fettreicheren Produkte, wie Cream Cheese oder Speisequark mit 20 oder 40 % Fett i.Tr. In einer lichtdurchlässigen Verpackung können sie, wenn sie zu lange im beleuchteten Regal stehen, einen gewissen »Lichtgeschmack« annehmen. Bei älteren Hartkäsen und besonders bei Reibkäsen treten mitunter typische Partikel der Eiweißreifung auf, oft als »Salzkristalle« bezeichnet, bei denen es sich aber meist um natürliche Konglomerate aus Aminosäuren, den Bausteinen des Eiweißes, handelt, die sich bei der Reifung gebildet haben. Bereits geriebener, abgepackter Käse muss rasch verbraucht werden, bei zu langer Lagerung kann er durch den einsetzenden Fettabbau, leicht ranzig oder talgig schmecken.

Bei Blauschimmelkäsen ist immer wieder zu beobachten – auch bei großen Marken –, dass ein 2 bis 3 cm dichter »Salzrand« die Entwicklung des Blauschimmels bremst oder gar verhindert, wenn die Käse stark gesalzen sind und sich das Salz nur langsam verteilt. In Portionspackungen scheidet sich bei solchen Käsen salziges Wasser aus, wenn die vorverpackte Ware zu lange unterwegs war.

Die empfindlichsten von allen aber sind die rasch reifenden Weichkäse, namentlich jene aus Rohmilch, die im Besonderen auf eine sachgerechte Behandlung im Handel angewiesen sind. Der Verbraucher tut gut daran, bevorzugt dort einzukaufen, wo er weiß, dass die Käsetheke kenntnisreich betreut wird, oder – soweit möglich – sich den Spezialisten anzuvertrauen.

Zum Schutz traditioneller Käsesorten gibt es feste Herstellungsvorschriften mit Produktbeschreibungen. In Deutschland gilt für Standardsorten wie Allgäuer Emmentaler, Edamer oder Limburger das Regelwerk der Käseverordnung. Damit wird sichergestellt, dass die typischen Eigenschaften der Käse erhalten bleiben. Daneben hat sich zudem ein wachsender Markt der »Freien Sorten« ohne Beschränkungen entwickelt. Die neuen, ganz auf die Verbraucherwünsche abgestimmten Kreationen, erlangen am Markt zunehmend mehr Bedeutung.

→ Neue Käsekreationen haben ihre Wurzeln in der Tradition. Dies gilt für die Käseindustrie wie für den Hofkäser. Die Hersteller versuchen Entwicklungen des Verbrauchergeschmacks zu erfassen und diese in neue Käsekompositionen umzusetzen. Dabei werden gewünschte Eigenschaften von bestimmten Käsen herausgearbeitet und neu kombiniert. Manche Käsesorten tauchen neu im Angebot auf, andere verschwinden wieder – eines aber ist sicher: Die Vielfalt beim Käse bleibt gewahrt!

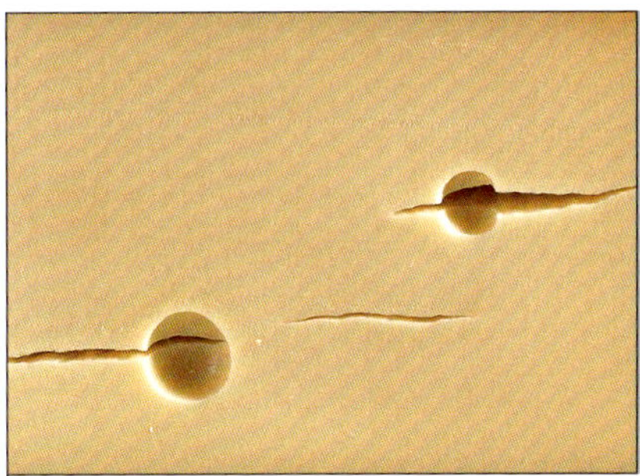

Risse im Teig. Ein optimal gereifter Bergkäse, der durch falsche Lagerung (Kühlschrank) austrocknete und Risse bekam.

Grünschimmel gehört in diesen Cheddar nicht. Der Teig bei Hart- und Schnittkäse darf nie von Schimmelpilz durchsetzt sein.

Milchschimmel ist oft erwünscht oder gar notwendig, doch »Wucherungen« wie hier sind eine Fehlentwicklung.

Ernährungsphysiologie

Milch und Milchprodukte liefern einen wichtigen Beitrag zu einer gesunden Ernährung. Ernährungsphysiologisch wertvoll ist Käse durch seinen Gehalt an Eiweiß, Fett, Mineralstoffen und Vitaminen. Das im Käse vorkommende Milchfett ist sehr gut verdaulich, da es in fein verteilter Form vorliegt; es begünstigt eine ausreichende Versorgung mit den fettlöslichen Vitaminen A und E. Neben Fett liefert Käse zwei Begleitstoffe: Cholesterin und Lecithin – Ersteres wird im Zusammenhang mit der Entstehung von Arteriosklerose viel diskutiert. Letzteres dient dem Aufbau von Nervengewebe, und es wird vermutet, dass Lecithin sogar die Cholesterinaufnahme im Körper bremst.

Entscheidend ist also nicht der völlige Verzicht, sondern die individuell angepasste, bedarfsgerechte Zufuhr von Käse und Milchprodukten. Was die »Kontrolle« über die Fettzufuhr betrifft, so wird – wie nur bei wenigen Nahrungsmitteln der Fall – der Fettgehalt ohnehin für jeden Käse eindeutig deklariert. Eiweißstoffe (Proteine) bilden mengenmäßig den größten Anteil aller organischen Verbindungen im menschlichen Organismus. Der Name Protein, abgeleitet von griechisch *protos*, bedeutet »die Ersten« – und so enthält jede Zelle Eiweiß, und auch der Aufbau von Enzymen und Hormonen ist ohne Protein nicht möglich. Aber Eiweiß ist mehr als nur ein Baustein für die Kör-

NÄHRWERT VON KÄSE – Inhaltsstoffe je 100 g

Käse	Eiweiß g	Fett g	Fett*) g	Kohlenhydrate g	Calcium- (Ca) mg	Phosphor (P) mg	Kochsalz- (NaCl) g	Trockenmasse g	Wasser g	Fett i. Tr.**) %	kJ	kcal
Parmesan	38	21,5 - 22,6	22	+	1400	950	2,3	67	33	33	1492	356
Emmentaler	29	29,3 - 30,8	30	+	1100	700	0,8	63	37	48	1604	383
Hartkäse	38	21,5 - 22,5	22	+	1400	950	2,3	67	33	33	1492	356
Cheddar	25	33,2 - 34,9	34	+	840	490	1,0	64	36	53	1695	405
Gouda	25	28,3 - 29,7	29	+	800	550	1,5	60	40	48	1527	365
	27	15,6 - 16,4	16	+	900	600	1,5	49	51	33	1071	256
Tilsiter	26	27,3 - 28,7	28	+	750	500	2,0	60	40	47	1482	354
	29	16,6 - 17,4	17	+	850	580	2,5	52	48	33	1135	271
Butterkäse	21	25,2 - 26,8	26	+	750	400	2,0	54	46	48	1347	322
	26	14,6 - 15,5	15	+	800	500	1,8	48	52	31	1026	245
Saint-Paulin	24	28,1 - 29,9	29	+	650	360	2,0	58	42	50	1527	365
Edelpilzkäse	23	29,3 - 30,8	30	+	700	500	2,1	59	41	51	1492	356
Camembert	21	22,3 - 23,7	23	+	500	350	1,8	48	52	48	1204	288
Brie	21	21,3 - 22,7	22	+	350	370	1,8	48	52	46	1191	284
Münster	22	22,3 - 23,7	23	+	350	300	2,5	49	51	47	1225	293
Limburger	23	19,4 - 20,6	20	+	350	256	2,0	48	52	42	1130	270
Romadur	24	8,7 - 9,3	9	+	400	325	2,0	39	61	23	748	179
Speisequark mager	13	0,29 - 0,3	0,3	4	120	190	0,1	19	81	2	315	75
Speisequark	11	3,9 - 4,1	4	4	120	180	0,1	20	80	20	418	100
	9	9,7 - 10,3	10	3	110	180	0,1	24	76	42	598	143
Petit suisse CH	9	19,4 - 20,6	20	3	110	100	--	33	67	61	939	224
Sauermilchkäse	30	0,68 - 0,7	0,7	+	125	266	--	36	64	2	540	127
Mozzarella	20	15,6 -16,4	16	+	630	430	--	40	60	40	934	225
Provolone	26	28,3 - 29,8	29	+	880	576	--	60	40	48	1516	365

\+ = geringfügige Mengen von Kohlenhydraten; Natriumgehalt = Kochsalzwert x 0,4; -- = keine Angaben
*) Im Zuge der Änderungen der Käseverordnung wird künftig für die Käsegruppen gemäß § 6 Abs. 1 Käse-VO der Toleranz-/Schwankungsbereich der absoluten Fettgehalte festgelegt
**) Fett i.Tr. wird nach der Umsetzung der VO nicht mehr deklariert

Quellen: In Anlehnung an: AID; Renner; Souci-Fachmann-Kraut, 6. Auflage, 2000; Bundeslebensmittelschlüssel II.3.; Ausgabe Berlin 1999.

persubstanz: Aminosäuren erfüllen im Zentralnervensystem eine wichtige Rolle. Die Bildung der Langzeitgedächtnis-Moleküle und der Stoffwechsel der biogenen Amine können allein durch eine ausreichende Zufuhr von Aminosäuren gesichert werden. Entscheidend ist in diesem Zusammenhang die biologische Wertigkeit des Nahrungseiweißes. Käse enthält alle essenziellen, also lebensnotwendigen Aminosäuren, insbesondere Lysin, und ist daher geeignet, pflanzliches Eiweiß aufzuwerten.

Die empfohlene Tageszufuhr (DGE) an Eiweiß für Erwachsene kann mit etwa 100 g Weich- oder Hartkäse zu durchschnittlich 35 % beziehungsweise 50 % gedeckt werden. Die biologische Wertigkeit des Käseeiweißes liegt mit 80 bis 85 etwas niedriger als die des Milcheiweißes, aber höher als für Casein allein. Darüber hinaus ist das Käseeiweiß durch Veränderungen während der Käsereifung leicht verdaulich. Vor allem den Aminosäuren Asparaginsäure und Glutaminsäure wird eine fördernde Wirkung auf die Magensaftsekretion zugesprochen. So hat die alte Volksweisheit »Käse schließt den Magen« noch immer ihre Gültigkeit. Neben der günstigen Beeinflussung der Darmtätigkeit durch die Bildung von Milchsäure aus Laktose wird die Magensaftsekretion neu angeregt, überschießende Magensäure durch Eiweiß und Mineralstoffe aber abgepuffert. Der Kohlenhydratgehalt in Käse ist vergleichsweise gering und besteht fast ausschließlich aus Milchzucker (Laktose). Zuweilen ist gegenüber Laktose eine Unverträglichkeit vorhanden, die sich in Verdauungsstörungen äußert. Sauermilchprodukte wie Joghurt und Buttermilch, aber auch Sauermilchkäse, bieten hier eine gute Alternative. Die verschiedenen Käsesorten zeichnen sich zudem durch ihren hohen Gehalt an Mineralstoffen aus. Calcium, das für den Aufbau von Knochen, Gewebe und Organen benötigt wird, steht hier im Vordergrund.

Mit 100 g Weichkäse kann die empfohlene Tageszufuhr (DGE) an Calcium bereits zu rund 50 % und mit 100 g Hartkäse zu über 100 % gedeckt werden. Der Erhaltung der Knochendichte und der Verringerung des altersbedingten Abbaus von Knochenmasse kommt zur Osteoporose-Vorbeugung mit Milch und Milchprodukten als Calciumspender eine wichtige Bedeutung zu. Das günstige Calcium/Phosphor Verhältnis in Käse, wie auch in anderen Milchprodukten, verbessert die Calciumverwertung im Körper. Die sehr gute Resorption des B-Vitamins Folsäure aus Milchprodukten fördert die Versorgung des Körpers mit diesem für Wachstums- und Entwicklungsprozesse sowie für den Eiweißstoffwechsel wichtigen Vitamin.

Aufgrund seiner Pufferkapazität hat Käse eine antikariogene Schutzwirkung. Durch den Gehalt an Eiweiß und Mineralstoffen kommt es zu einer Reduzierung der Säure im Speichel – daher ist ein mit Käse belegtes Pausenbrot sehr zu empfehlen. Weitere Mineralstoffe sind: Natrium (Na) 2,9 bis 11,7 g/kg, Kalium (K) 0,7 bis 1,5 g/kg, Chlorid (Cl) 1,5 bis 15,0 g/kg. Magnesium (Mg) 0,2 bis 0,6 g/kg. Daneben enthält Käse eine Vielzahl von Spurenelementen, wobei aus quantitativer Sicht der Gehalt an Eisen (1,0 bis 11,7 mg/kg), Kupfer (0,2 bis 3,6 mg/kg) und Zink (2,7 bis 3,7 mg/kg) im Vordergrund steht. Der Gehalt an fettlöslichen Vitaminen hängt vom Fettgehalt des Käses ab. 80 bis 85 % des Vitamin A (Retinol: Hautschutzvitamin und Bestandteil des Sehpurpurs) der Milch gehen in den Käse über. Die fettlöslichen Vitamine D (Calciferol) und E (Tocopherol) sind ebenfalls in reichlicher Menge vorhanden. Die Übergangsrate der wasserlöslichen Vitamine des B-Komplexes fällt weitaus geringer aus (Thiamin: 10 bis 20 %, Riboflavin und Biotin: 20 bis 30 %, Pyridoxin und Pantothensäure: 25 bis 45 %, Cobalamin und Folsäure: 40 bis 60 %). Durch den Reifungsprozess bestehen größere Schwankungen im Gehalt an B-Vitaminen. Einige schimmelgereifte Käse haben somit einen höheren Gehalt an B-Vitaminen als andere Sorten, wie zum Beispiel Blauschimmelkäse, der bis zu 30 mg/kg Niacin enthält.

Diskutiert werden in Verbindung mit Käse auch unerwünschte Stoffe. Schimmelstämme zur Herstellung von Camembert *(Penicillium camemberti)*, Brie sowie Edelpilzkäse sind Verwandte der Schimmelarten, die Antibiotika bilden. Nach eingehenden Untersuchungen stellen die unter strengen Kontrollen in der Käsefabrikation verwendeten Schimmelpilzkulturen jedoch kein gesundheitliches Risiko für den Menschen dar. Die Oberfläche von rindengereiftem Käse wird mit dem kennzeichnungspflichtigen Konservierungsstoff Natamycin (E 235) behandelt, um dort eine Schimmelbildung zu vermeiden. Gesundheitliche Bedenken bestehen nicht, da die Anwendung sich nur auf die Rindenanteile bezieht, die Eindringtiefe sehr gering ist und die Käserinde in der Regel nicht mitverzehrt wird.

Käse und Milchprodukte schmecken nicht nur gut, sondern besitzen viele Wirkstoffe, die sie außerordentlich gesund machen.

→Nitrat und Nitrit

Ein Zusatz von Natrium- oder Kaliumnitrat (E 251, E 252), um bei der Käsereifung Spätblähungen zu verhindern, ist nur bei wenigen Käsesorten, wie beispielsweise Schnittkäse (Gouda, Edamer, Tilsiter u.a.) zugelassen und unterliegt einer strengen gesetzlichen Regelung. Gemessen an der Aufnahme von Nitrat und Nitrit über die Gesamtnahrung spielt die Zufuhr über Käse keine große Rolle. Nitrit ist im Käse nicht nachweisbar, bildet sich jedoch beim Überbacken. Alle Hartkäse sind frei von Nitrat und eignen sich somit zum Überbacken. Biogene Amine (etwa Histamin, Tyramin, Tryptamin) entstehen während der Käsereifung aus freien Aminosäuren. Im Organismus werden sie jedoch verhältnismäßig rasch enzymatisch abgebaut.

Käse Lexikon

War früher Käse eine vorwiegend regionale Angelegenheit – jede Gegend hatte ihre Spezialitäten, und nur die harten, lagerfähigen Käsesorten wurden über längere Strecken gehandelt – so ist das heute anders. Inzwischen findet der Interessierte eine große Auswahl heimischer wie internationaler Sorten in Käsegeschäften und Feinkostabteilungen. Das Käse-Lexikon gibt hier, sortiert nach Käsefamilien, einen guten Überblick.

Hartkäse
Emmentaler & Co.

Die Milch liefern die Bauern zweimal täglich an die Käserei. Für die Emmentaler-Produktion wird meist die frische Morgenmilch mit der am Vorabend gemolkenen Abendmilch vermischt.

Bei Hartkäse denkt man in Mitteleuropa an Emmentaler oder Alpkäse, in Frankreich an Gruyère oder Cantal, in Italien an Grana oder Provolone, in Spanien vor allem an Manchego, in England an Cheddar, in Nordeuropa an Herrgårdsost, in Südosteuropa an Kaschkawal und in Amerika an Cheddar und Swiss. All diese Hartkäse haben einen sehr festen bis harten Teig von geschmeidig-schneidbarer bis rau-körniger Struktur. Dank charakteristischer Eigenschaften, bedingt auch durch gemeinsame Herstellungsprinzipien, lassen sich die Hartkäse in einige grundsätzlich verschiedene Familien aufteilen.

Für manche Hartkäse ist eine durch Propionsäuregärung bedingte Lochbildung typisch, wie es zum Beispiel bei Emmentaler oder Gruyère der Fall ist. Andere Hartkäse wie Parmesan oder Sbrinz werden ähnlich – mit kleinen Bruchkörnern und Nachwärmen – hergestellt, zeigen jedoch keine oder nur eine sehr geringe Lochbildung. Sie zeichnen sich dagegen durch eine besonders feste bis harte Konsistenz mit körniger Textur aus, die sie als Extrahartkäse oder Reibkäse charakterisiert.

Die weiteren Familien heben sich durch eine besondere Bruchbehandlung ab: Bei Cheddar und seinen Verwandten lässt man den Bruch beim »cheddaring« nach dem Abtrennen der Molke zusammenwachsen, »nachsäuern«, zerteilt dann den entstandenen Bruchkuchen in kleine Schnitzel, diese werden dann gesalzen und geformt. Bei Colby und anderen Rührbruchkäsen entfällt das »cheddaring«.

→ **Der Emmentaler** wird häufig auch nur »Schweizer Käse« genannt: Das Original – übrigens einer der größten Käselaibe auf dem Markt – stammt aus dem Emmental im Kanton Bern. Weltweit beliebt ist dieser Käse mit dem angenehm nussartigen Geschmack. Und entsprechend viele Nachahmer hat er gefunden: Ob in Deutschland (»Allgäuer Emmentaler«), in Frankreich (»Emmental français«) oder in den USA (»Swiss«) – nach Emmentaler Art hergestellten Käse kennt man überall.

a **Traditionelle Emmentaler-Herstellung:** Milchsäurebakterien und Lab werden der im Kessel auf 30 bis 32 °C erwärmten Rohmilch zugefügt.

b Dickgelegt wird die Milch während einer 30-minütigen Ruhephase (30 bis 32 °C). Hat die Gallerte die richtige Festigkeit, beginnt die Bruchbereitung.

c Mit einer Käseharfe wird die Gallerte zerteilt und das Bruch-Molke-Gemisch gerührt, bis der Bruch etwa Maiskorngröße hat.

d Die Bruchkörner müssen genügend fest sein. Darum wird der Bruch »gebrannt«: In 30 Minuten auf 52 °C erwärmt, dann 30 Minuten ausgerührt.

e Mit Tüchern schlägt der Käser die in Wannen stehenden »Körbe« aus, bevor sie gefüllt werden.

f Die Rohre der »Spinne« verteilen das Bruch-Molke-Gemisch gleichmäßig aus dem Kessel in die Körbe.

g Der Käsebruch setzt sich in den Körben unten (unter der Molke) ab. Die Molke wird später abgelassen.

h Das Tuch wird zusammengebunden und mitsamt dem Bruch herausgehoben, dabei fließt weiter Molke ab.

i Der Bruch wird im Tuch in eine »Järb« genannte runde Form gefüllt und fest hineingepresst.

j Der Bruch wird in der Form kräftig gepresst. Das festigt den jungen Laib und fördert den Molkeaustritt.

k Hat der Käselaib die gewünschte Festigkeit erreicht, wird der Ring abgehoben und das Tuch entfernt.

l Überstehende Bruchmasse am Rand des Laibes schneidet der Käser ringsum gleichmäßig ab.

m Der Laib muss für 1 bis 3 Tage ins Salzbad. Dabei gibt er Wasser ab, nimmt Salz auf und bildet eine Rinde.

Die Brüh- und Knetkäse (mit Filata-Käsen) durchlaufen zunächst ein ähnliches Stadium: Abtrennen der Molke, Zusammenwachsen des Bruchs, Säuern und Zerteilen des Bruchkuchens. Die zerteilte Masse wird jedoch anders weiterverarbeitet: Mit heißem Wasser gebrüht und geknetet, bei Filata-Käsen zusätzlich gezogen (»filare« = ziehen), geformt, gesalzen und gereift.

Emmentaler. Unter den Hartkäsen, bei denen die Lochbildung zu den wesentlichen Reifungsvorgängen zählt, ist der Emmentaler, namentlich der Schweizer Emmentaler, der weltweit bekannteste. Traditionell wird er aus Rohmilch und in Laiben von 70 kg und mehr hergestellt. Sein Teig ist geschmeidig und gut schneidbar, der Fettgehalt liegt bei 45 % Fett i. Tr.

Gute Qualitäten sind schön gleichmäßig von Löchern (Augen) durchsetzt, die kleiner oder größer, eher rund oder oval sein können. In Deutschland erzeugt man Allgäuer Emmentaler. Er reift kürzer als das Schweizer Original und bleibt dadurch etwas milder im Geschmack. Nach einer Reifezeit von mindestens 3 Monaten wird er verkauft.

Die runde Lochung
Typisch für »Schweizer«

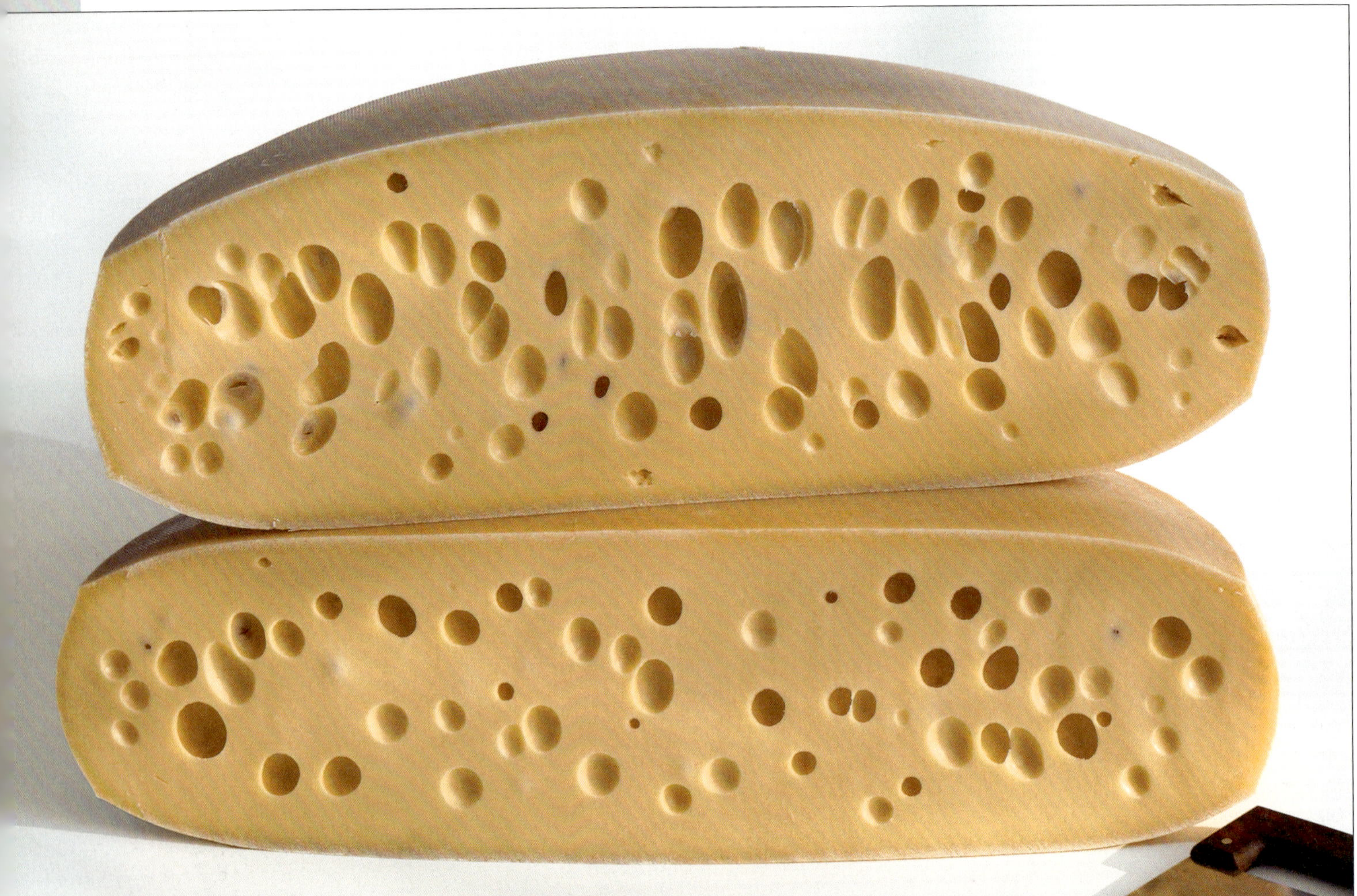

Die Größe und Form der Löcher ist beim Emmentaler zwar kein eindeutiges Qualitäts-Kritierium. Mit großer Wahrscheinlichkeit aber ist ein Käse mit großen, lang gezogenen Löchern (wie sie der obere Laib hat) eher mild im Geschmack. Der ganze Laib ist hier »schön aufgegangen«, also deutlich nach außen gewölbt. Der untere Laib hingegen reifte vermutlich »verhaltener«, blieb mehr in Form und entwickelte kleinere und runde Löcher. Dieser Emmentaler-Typ repräsentiert eher die volle, kräftige und pikante Geschmacksrichtung.

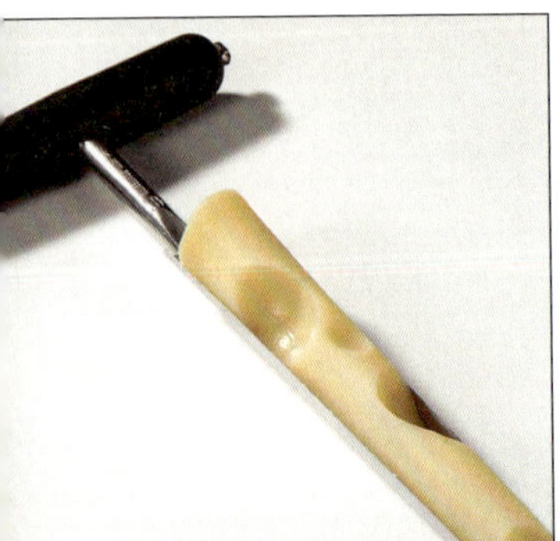

Mit dem Käsebohrer lässt sich die Reifung eines Laibes überprüfen: Die Probe gibt Auskunft über Aroma, Lochung und Konsistenz.

Die Herstellung des Emmentalers erfordert besondere Sorgfalt: Es kommt hier auf Art und Menge der Milchsäurebakterien und des Labs an, auf die Dauer des Dicklegens, die Bereitung und Größe des Bruchs sowie auf das Nachwärmen (»Brennen«) unter Rühren des Bruch-Molke-Gemischs. Nach dem Formen, Pressen und Salzen reifen die Laibe 2 Wochen bei 10 °C und 6 bis 8 Wochen bei 20 °C, je nach Einsetzen der Propionsäuregärung und der Lochbildung. Anschließend wird der Käse bei 10 °C weitergelagert, bis er fertig gereift ist. Eine Spezialität ist der höhlengereifte Schweizer Emmentaler. Er lagert erst 2 Monate im Gär- und Reifekeller der Käserei, dann noch etwa 6 Monate in den Höhlen des Schweizer Mittellandes.

Das für den Emmentaler typische, nussartige Aroma erhält dadurch eine besondere, ausgeprägte Note. In einigen Ländern wie in der Schweiz ist der Name Emmentaler ausschließlich Käsen aus Rohmilch vorbehalten. In Deutschland ist diese Regelung vom Gesetzgeber aufgehoben worden. In Frankreich gibt es den aus Rohmilch hergestellten Emmental français grand cru. Das AOC-Siegel haben der in Savoyen produzierte Emmental de Savoie sowie der Emmental français est-central. Ein Mehrfaches an Tonnage erzielt allerdings der bis in den Westen, die Bretagne und die Normandie hergestellte und unter dem Namen Emmental vermarktete Käse aus pasteurisierter Milch. Generell ist die Form nicht unbedingt ein Erkennungszeichen: Traditionell runde Laibe werden heute aus roher wie aus pasteurisierter Milch hergestellt und gehandelt. Daneben gibt es die rationellere Viereckform – bei gleich gebliebenen, hohen Qualitätsanforderungen – auch in der Rohmilchkäserei immer öfter. Emmentaler aus pasteurisierter Milch reifen meist 1 1/2 bis 2 Monate, haben eine weichere Konsistenz und ein milderes Aroma als Rohmilch-Emmentaler. Aus dem Emmental selbst stammt ein neuer Käse nach Emmentaler Art: der »Emmenspitz«. Dabei handelt es sich um einen aus thermisierter Milch hergestellten, wesentlich kleineren runden Laib mit einem Gewicht von 4 bis 5 kg. In Deutschland hat der Allgäuer Emmentaler eine geschützte Ursprungsbezeichnung (g.U.).

International, vor allem im englischsprachigen Raum, kennt man Käse nach Emmentaler-Art unter der Bezeichnung »Swiss«. In den USA reifen die oft mehr als 10 kg, teilweise bis zu 100 kg schweren Blocks oder Laibe 2 bis 3 Wochen bei 16 bis 18 °C und mehr, bis ihre Löcher etwa die Größe eines Pennys (knapp 2 cm) haben. Anschließend lagern sie dann bei höchstens 5 °C. Verkauft werden sie in Form von kleinen Blocks, Riegeln, Scheiben oder auch geraspelt (»shredded«). Der kleinere, wasserreichere und folglich weichere Baby Swiss ist oft mit roter Folie oder Wachs überzogen. Er ist jünger und schmeckt noch milder. Swiss gibt es auch mit niedrigerem Fettgehalt von 30 % Fett i.Tr., entsprechend ist der Teig weniger geschmeidig. Käse nach Emmentaler-Art aus pasteurisierter Milch und mit oft kleinerer Lochung wird in vielen Ländern hergestellt: So auch in Tschechien (»Moravský bochník«), in Israel (»Tal-ha-Emek«), in Ungarn (»Ementáli«), in Russland (»Sovjetskij« und »Altaiskij syr«). Manche dieser Käse ähneln mehr dem Emmentaler, andere eher dem Gruyère oder dem US-Swiss.

Größe und Form der Löcher stellen beim Emmentaler ein Qualitätsmerkmal dar, wenngleich für ihre Entwicklung sowie für die Ausbildung des Geschmacks während des Reifevorgangs ganz unterschiedliche qualitätsbestimmende Einflüsse verantwortlich sind. Typisch für jeden Rohmilch-Emmentaler ist jedoch der Nussgeschmack, dessen Intensität vom Alter des Käses bestimmt wird. Mild bis süßlich-nussig ist das Aroma bei jüngeren, etwa 3 Monate alten Käsen (wie beim Allgäuer Emmentaler), kräftig bis pikant bei älteren, 4 bis 5 Monate gereiften Käsen (wie meist beim Schweizer Original).

Schweizer Emmentaler – das Original. Typisch ist der feine Nussgeschmack, dessen Intensität vom Alter des Käses bestimmt wird.

Allgäuer Emmentaler mit gelb-bräunlicher Rinde. Mild nussig. Mit geschmeidig-elastischem Teig (45 % Fett i.Tr.) und kirsch- bis walnussgroßen Löchern.

US-Swiss, amerikanischer »Schweizer Käse«, ist ein in den USA weit verbreiteter Hartkäse. Er wird aus pasteurisierter Kuhmilch mit 43 % Fett i.Tr. produziert.

→ Die Höhlen

des Schweizer Mittellandes weisen für die Reifung von Emmentaler oder von Gruyère ein günstiges Klima auf. Zu erkennen sind solche höhlengereiften Käselaibe an ihrer braunschwarzen Rinde.

→ Ständige Kontrollen

während der Reifezeit garantieren den guten Ruf des Emmentalers. Vor allem Rohmilch-Emmentaler reagiert auf die verschiedenen Einflüsse höchst sensibel. Er muss unter optimalen Bedingungen reifen, und die Entwicklung der riesigen Laibe wird ständig von Fachleuten überprüft. Nur wirklich einwandfreie Qualitäten gelangen in den Handel. Fehler wie längs verlaufende Bruchlöcher haben zwar auf den Geschmack keinen großen Einfluss, stufen aber den Käse auf der Qualitätsskala herab. Schweizer Emmentaler, Allgäuer Emmentaler und der französische Emmental français grand cru werden nur aus Rohmilch hergestellt; sie sind an einem roten Stempel zu erkennen.

Gruyère, Alp- und Bergkäse

Bergkäse oder Alpkäse (Formaggio di montagna, Fromage de montagne) wird in höheren Bergregionen hergestellt, in unterschiedlichen Arten, Formen und Größen. Während in Deutschland und Österreich »Bergkäse« als Oberbegriff gilt, tragen viele Alpkäse der Schweiz Herkunftsnamen (zum Beispiel Brienzer Käse, Grindelwalder Käse, Urner Alpkäse). Bergkäse wiegen meist 30 bis 40 kg, oft auch darunter. Die Fettstufen reichen von mager (unter 15 % Fett i.Tr.) bis vollfett (45 % Fett i.Tr.). Entsprechend unterscheiden sich Trockenmasse, Teigbeschaffenheit und Aroma, das von mild bis kräftig reichen kann.

Den in Deutschland erzeugten Allgäuer Bergkäse gibt es nur in der Vollfettstufe. Wird er noch auf einer Alp hergestellt, bleibt er, je nach Größe der Keller, 3 bis 4 Wochen dort. Warme Witterung während dieser Zeit fördert Lochbildung und Reifung, kühle Witterung verzögert sie. Teils lassen sich diese Unterschiede bei der Fertiglagerung im Tal noch ausgleichen. Der Teig ist geschmeidig, das Aroma je nach Herkunft und Alter aromatisch bis pikant, jedoch recht unterschiedlich ausgeprägt. In Italien gibt es verschiedene Bergkäse.

Gruyère, Greyerzer oder (italienisch) **Gruviera**, der seit Jahrhunderten im Gebiet der heutigen Westschweiz (Welschschweiz) und des französischen Jura bekannt ist, gibt es in mehreren Varianten. Vom Emmentaler unterscheidet er sich durch kleinere Ausmaße, geringere und kleinere (etwa erbsengroße) Lochung und eine Schmierebehandlung auf der Oberfläche. Die Laibe haben einen Durchmesser von 55 bis 65 cm, sind 9,5 bis 12 cm hoch und 25 bis 40 kg (im Durchschnitt 35 kg) schwer. In Frankreich zählt man zur »Gruyère-Familie« auch den Emmentaler aus roher oder pasteurisierter Milch, zusammen mit den anderen rundgelochten Hartkäsen Beaufort und Comté.

Comté oder **Gruyère de Comté**, ein Rohmilchkäse aus den Bergen des französischen Juras, wird in Laib- oder Mühlsteinform (»meule«) hergestellt. Die Laibe haben einen Durchmesser von 40 bis 70 cm, eine Höhe von 9 bis 13 cm und ein Gewicht von 30 bis 60 kg. Je nach Jahreszeit ist der Teig elfenbeinfarbig bis gelblich und weist haselnuss- bis kirschgroße Löcher auf. Durch seinen hohen Fettgehalt (oft über 50 % Fett i.Tr.) ist er geschmeidig-fein. Der Comté schmeckt, bedingt durch Schmierebehandlung und eine Reifezeit von 4 bis 5 Monaten, recht kräftig.

Gruyère oder **Greyerzer.** Ein Rohmilchkäse mit oft mehr als 50 % Fett i.Tr. Durch Schmierebehandlung und eine 4- bis 6-monatige Reifezeit kräftig im Aroma.

Ginepro oder, wie sein Name exakt lautet, »Tometta di Gain al ginepro« stammt aus dem Aostatal. Es handelt sich bei ihm um einen mit Wacholder aromatisierten Bergkäse.

Comté, ein AOC-Käse aus der Franche-Comté, hat mindestens 45 % Fett i.Tr. Gehaltvoll und vielseitig, als Dessertkäse und in der warmen Küche beliebt.

Beaufort, ein Bergkäse mit AOC-Auszeichnung und oft mehr als 50 % Fett i.Tr., stammt aus den französischen Alpen zwischen Annecy und dem Mont Blanc.

Beaufort oder **Gruyère de Beaufort** wird im Sommer als Beaufort de montagne oder Beaufort d'été (Berg- oder Sommer-Beaufort) auf Almen hergestellt und hat einen hellgelben Teig. Im Winter stammt er aus den Tälern und heißt Beaufort d'hiver oder Beaufort laitier (Winter- oder Molkerei-Beaufort), dann mit eher weißem Teig. Beaufort wird aus Rohmilch hergestellt, die Laibe haben einen konkav gewölbten Rand, einen Durchmesser von 35 bis 75 cm, eine Höhe von 11 bis 16 cm und ein Gewicht von 20 bis 70 kg, der Durchschnitt liegt bei 45 kg. Die sehr sparsam auftretende kleine Lochung bezeichnen die Franzosen auch als »œil du perdrix« (Rebhuhnauge).

Abondance ist ein Rohmilchkäse aus den französischen Alpen mit geschmeidigem, hellgelbem Teig und wenigen kleinen Löchern. Hergestellt wird er in mittelgroßen Laiben (38 bis 43 cm Ø) mit 7 bis 8 cm Höhe und einem Gewicht zwischen 7 und 12 kg. Die Rinde sollte hier, wie bei anderen Bergkäsen auch, vor dem Verzehr entfernt werden.

Bergkäse ähnliche Sorten, oft auch aus pasteurisierter Milch, gibt es, mit abgeleiteten Namen, auch in anderen Ländern, so beispielsweise etwa den Graviera in Griechenland, den Grojer in Polen und in Teilen von Ex-Jugoslawien oder den Gravyer in der Türkei. Eine Besonderheit sind schließlich noch zwei Käse aus der Schweiz: Spalen und Saanen, auch Hobelkäse genannt. Sie können aufgrund ihrer speziellen Eigenschaften als Bindeglieder zwischen Hartkäse und Extrahartkäse zum Reiben bezeichnet werden.

Schweizer Alpkäse gibt es in großer Vielfalt und in unterschiedlichen Fettstufen (von 15 bis 45 % Fett i. Tr.). Von oben nach unten: Müstair, Puschlaver, Bergeller, Brienzer Mutschli, Hasliberger, Bündner, Bündner viertelfett und Bündner halbfett.

Allgäuer Bergkäse ist ein deutscher Rohmilchkäse der Vollfettstufe mit geschutzter Ursprungsbezeichnung (g.U.). Ein delikater, aromatischer Käse.

Tiroler Alpkäse. Ein bekannter Bergkäse aus Österreich mit geschützter Ursprungsbezeichnung. Im Geschmack ist er würzig, fast ein wenig herb.

→ **Hobelkäse**

wie der Saanen oder Spalen sind nach Emmentaler Art aus Rohmilch hergestellte Schnittkäse. Ihre Besonderheit: Durch den hohen Fettgehalt bleibt ihr Teig auch nach längerer Lagerung – Hobelkäse reifen 1 bis 3 Jahre – noch geschmeidig. Diese Käse sind auch in der warmen Küche sehr beliebt, weil sie beim Schmelzen keine oder kaum Fäden ziehen.

Abondance, ein Bergkäse mit mit AOC Siegel aus der Haute-Savoie mit mindestens 48 % Fett i.Tr. Nur wenige, sehr kleine Löcher, ausgeprägtes Aroma.

Saanen, auch nur **Hobelkäse** genannt, stammt aus dem Kanton Bern. Er wird als Schnittkäse produziert, reift dann zum Hartkäse, der sich fein hobeln lässt.

Extrahartkäse
Ideal zum Reiben

Parmigiano-Reggiano, Grana padano, Schabziger, Overjarige Gouda, Sbrinz: Bekannte Würzkäse aus drei klassischen Käseländern. Dank ihres extraharten Teiges eignen sie sich gut zum Reiben, sind ideal zum Abrunden von Gerichten, schmecken aber auch pur zum Wein vorzüglich. Einige werden als Extrahartkäse produziert, andere als Schnittkäse; sie reifen erst durch Lagerung zum Reibkäse.

Für die Parmesan-Herstellung wird die entrahmte Abendmilch in großen flachen Kesseln mit der Morgenvollmilch vermischt, auf 33 bis 34 °C erhitzt und mit Kalbslab dickgelegt. Das dauert etwa 10 bis 12 Minuten.

Der Bruch wird sehr fein – maximal auf Linsengröße – zerkleinert. Dann erhitzt man die Bruchkörner auf 55 °C, bevor sie mit einem Tuch herausgehoben werden und in Fascere (Formen ohne Boden) kommen, wo man sie 2 bis 3 Tage ruhen lässt.

Parmigiano-Reggiano mit dem eingebrannten Gütesiegel.

Grana padano erkennt man an seinem typischen Kennzeichen, dem Kleeblatt.

Grana trentino trägt seinen Namen mit einer Raute als Gütesiegel des Konsortiums.

Extrahartkäse werden ähnlich wie Emmentaler-Typen hergestellt. Allerdings findet keine oder nur eine geringe Propionsäuregärung statt, die Käse zeigen daher keine wesentliche Lochbildung.

Ihre Trockenmasse liegt meist erheblich über 65 %. Wegen ihres pikanten, extraharten Teiges, der von mürber, bröckeliger Struktur ist, eignen sie sich ausgezeichnet zum Reiben. Insgesamt kann man mit den Leitkäsen Sbrinz, Grana und Pecorino drei Varianten von Extrahartkäsen unterscheiden, die auch als solche hergestellt werden.

Sbrinz stammt ursprünglich aus der Innerschweiz, wo er auch heute noch produziert wird. Aus Rohmilch entstehen 25 bis 45 kg schwere Laibe mit einem Durchmesser von 45 bis 65 cm und 12 bis 17 cm Höhe. Junge Exemplare verwendet man wie Spalen und Saanen als Hobelkäse, die meisten jedoch reifen 1,5 bis 2 Jahre und finden dann als Reibkäse Verwendung. 45 % Fett i.Tr. und mehr bedeutet ein günstiges Verhältnis zwischen Fett und Eiweiß und bewirkt, dass auch das geriebene Korn eine feine Geschmeidigkeit behält.

Grana (»Korn«) ist der charakterisierende Oberbegriff für zwei Arten: Für Käse aus Provinzen eines begrenzten Erzeugungsgebiets, wie Parma und Reggio Emilia, die seit 1934 zum Parmigiano-Reggiano zusammengeschlossen sind, und für den weithin in Norditalien erzeugten Grana padano (»körniger Käse der Po-Ebene«) und den Grana trentino (aus dem Trentino).

Parmigiano-Reggiano ist der berühmteste unter ihnen. Bei diesem D.O.P.-Käse werden Struktur und Konsistenz bereits im Kessel angelegt. Er hat einen elfenbein- bis strohfarbenen Teig, eine feinkörnige, blättrige Struktur und eine kaum sichtbare Lochung. Hergestellt wird er in Laiben von 18 bis 24 cm Höhe und mindestens 24, jedoch meist mehr als 30 kg. Parmigiano Regiano reift mindestens 12 Monate, die Reifezeit kann aber auch bis zu 4 Jahren betragen. Zu erkennen ist er am seitlich eingestanzten Namen, hier sind neben dem Schriftzug auch der Produzent sowie das Herstellungsdatum vermerkt. Die Brandsiegel auf den Käselaiben werden vom jeweils zuständigen Konsortium nach genauer Qualitätsprüfung angebracht und garantieren dem Käufer die Güte der Käse. Bei Altersangaben bedeuten die Bezeichnungen »nuovo« 1 Jahr, »vecchio« 2 Jahre, »stravecchio« 3 Jahre und »stravecchione« 4 Jahre.

Grana padano stammt aus der Lombardei und wird fast in der gesamten Po-Ebene hergestellt. Die 24 bis 40 kg schweren, zylindrischen Laibe (18 bis 25 cm Ø) reifen 12 bis 36 Monate bei 18 bis 20 °C und einer Luftfeuchtigkeit von 85 %. Sein Teig ist strohfarben, feinkörnig und ohne Lochung; im Geschmack ist er delikat, aber nicht pikant.

Der **Grana trentino** oder **Trentingrana**, das Pendant aus dem Trentino, wird ebenfalls als Reibkäse in Laiben von 35 bis 40 kg hergestellt und reift mindestens 1 Jahr.

Asiago vecchio oder **Asiago piccante**, als Schnittkäse hergestellt, wird durch eine 8 bis 24 Monate dauernde Reifung zu einem extraharten Reibkäse.

Provolone piccante. Ein Provolone reift innerhalb von 6 Monaten zu einem der würzigsten und beliebtesten Reibkäse Italiens heran.

Montasio vecchio oder **Montasio piccante** reift länger als ein Jahr. In dieser Zeit entwickelt er sich vom Schnittkäse zum aromatischen Reibkäse.

Parmino. Aromatischer, gut haltbarer Schweizer Hartkäse aus silagefreier Rohmilch mit 40 % Fett i.Tr. Aus dem 900-g-Laib lassen sich gut Stücke brechen.

→ **Grana & Parmesan** sind ideal zum Abrunden vieler Gerichte. Selbst gemachte, frische Pasta mit Butter und Parmesan schmeckt einfach umwerfend. Aber auch viele Risotti, Suppen oder Saucen sind ohne ihre würzige Note undenkbar. Allerdings sollte man den Käse immer am Stück kaufen und erst unmittelbar vor der Verwendung frisch reiben. Nur so entfaltet er sein ganzes Aroma und den vollen Geschmack.

Langsam gereift
Reib- und Hartkäse

Mimolette vieille wird als Schnittkäse oder Halbhartkäse produziert und reift dann in bis zu 20 Monaten zum Hartkäse. Zum Teil wird er in den Niederlanden hergestellt und dann in Frankreich gereift. Zum-pur-Genießen, Raspeln und Reiben.

Erkennen kann man die im Sommer auf Almen hergestellten Laibe in der Regel am Namenszusatz »d'allevo«. Der Bergriff kommt vom italienischen allevare (= züchten) und weist darauf hin, dass Reibkäse einer sorgsamen Reifung bedürfen.

Pecorino-Käse werden in Mittel- und Süditalien und auf den Inseln Sardinien und Sizilien hergestellt. Allerdings umfasst der Begriff in ganz Italien Käse sehr unterschiedlicher Beschaffenheit.

Ursachen für die »mille varianti« (tausend Varianten) sind die Milchart beziehungweise die Mischungen aus Kuhmilch, Schaf- und Ziegenmilch, die Verwendung von Kälber-, Lämmer- oder Zickleinlab, außerdem die jeweiligen Herstel-

Favorel, ein Beispiel aus den Niederlanden für einen neueren Hartkäsetyp. Der Käse mit kleiner Rundlochung hat einen würzig-zarten Geschmack.

Außerhalb Italiens nennt man würzige Reibkäse oft nur Parmesan, in Brasilien Parmezao, in Argentinien Parmesano und Reggianito und in den USA werden sie oft auch nur als Hard grating cheese bezeichnet.

Käse wie Mimolette, Montasio oder Asiago werden nicht von vornherein als Hartkäse hergestellt, sondern als Schnittkäse und reifen vielmehr, wie der Name »vieille« oder »vecchio« bereits vermuten lässt, mit zunehmendem Alter zu würzigen Reibkäsen heran. Dabei wird die Reifezeit zum Teil genau klassifiziert.

Beim **Asiago** unterscheidet man beispielsweise zwischen »mezzano« (mindestens 3 Monate gereift) und »vecchio« (über 9 Monate gereift). Letzterer eignet sich, wie der noch ältere »stravecchio« dann schon vorzüglich als Reibkäse. Die meisten der hier vorgestellten italienischen Hartkäse werden in relativ großen Laiben – meist zwischen 7 und 10 kg – sowohl in Bergsennereien als auch in Molkereien im Tal produziert.

Västerbotten ist ein recht harter, sehr aromatischer Käse aus Schweden mit hellem Teig und Bruchlochung. Seine Reifezeit beträgt mindestens 8 Monate.

lungsmethoden mit unterschiedlicher Bruchgröße, Nachwärmzeit und Reifungsdauer.

Frischer, ungereifter Pecorino fresco oder wenig gereifter Pecorino semifresco, die manchen Caciotta-Typen nahe verwandt sind, und der nur wenig gesalzene Pecorino dolce werden meist als recht milde Tafelkäse genossen.

Weit größere Bedeutung haben allerdings die Hart- und Reibkäse: Am bekanntesten sind hier der Pecorino romano, der Pecorino sardo oder der Fiore sardo und der Pecorino siciliano oder Canestrato. Auch sie werden in den ersten Monaten schon als Tafelkäse gegessen, mit zunehmender Reife aber als Hart- und Reibkäse verwendet.

Bitto. Hartkäse aus der Lombardei, Kuhmilch mit bis zu 10 % Ziegenmilch. Der D.O.P.-Käse mit kompaktem Teig und nur wenigen Löchern lässt sich gut lagern.

Il Moro. Hartkäse aus der Molise. Hergestellt aus thermisierter Büffelmilch, 4 Monate alt, 55 % Fett i.Tr.

Bra Duro, ein D.O.P.-Käse aus Kuhrohmilch aus dem Piemont. Sein Teig ist fest und kompakt, mit wenigen Löchern. Aromatisch, mit mindestens 32 % Fett i.Tr.

Monte Veronese, ein würziger D.O.P.-Hartkäse aus Kuhrohmilch mit mind. 32 % Fett i.Tr. aus Venetien. Die 6 bis 9 kg schweren Laibe reifen bis zu 2 Jahre.

Kefalotiri. Griechischer Rohmilchkäse aus Schaf- oder Schaf- und Ziegenmilch. Gut gereift findet er als Reibkäse Verwendung.

Formai de Mut. Im Sommer stammt der lombardische D.O.P.-Käse mit dünner, glatter Rinde und einem intensiven, leicht süßlichen Geschmack von Almen.

Ragusano pepato, würzige Variante des Ragusano. Der sizilianische Filata-Käse mit Pfefferkörnern im Teig reift während der langen Lagerung zum Reibkäse.

→ **Reibkäse**
kann im Geschmack kräftig bis pikant sein. In der Regel sind Parmesan, Pecorino oder Mimolette vieille jedoch relativ salzig. Daher sollte man bei Rezepten, die eine gewisse Menge an Reibkäse vorsehen, mit Salz vorsichtig sein. Hier gilt: Lieber etwas zu wenig als zu viel, denn der Käse bringt noch ordentlich Würze mit.

Pecorino
Käse in großer Vielfalt

Die Herkunft eines Pecorino erkennt man auf Italiens Märkten schon an Form und Rinde: Der sizilianische Pecorino zeigt im Gegensatz zum Pecorino romano die ganz typische Struktur des Korbes.

Pecorino romano genießt in Italien Ursprungsschutz (D.O.P.). Mehr als 60 % des in Italien produzierten Pecorino romano werden allerdings auf Sardinien erzeugt, das – mit über 7 Millionen – von allen Regionen Italiens auch die meisten Schafe hat. Für die Herstellung des Pecorino romano und einiger seiner nahen Verwandten wird die Milch thermisiert und bei 39 °C mit Lämmermagenlab dickgelegt und die entstandene Gallerte auf Reiskorngröße zerteilt. Der Bruch wird anschließend unter Rühren bis auf etwa 48 °C nachgewärmt, in Formen gefüllt und gepresst. Die Käse reifen bei 12 bis 16 °C und werden während dieser Zeit immer wieder trockengesalzen und gewendet. Zum Tafelkäse reifen die Laibe 5 Monate, zum Reibkäse werden sie frühestens nach 8 Monaten.

Die Verwendung von Schafmilch und von Lammlab zum Dicklegen bedingen das charakteristische, pikante Aroma des Pecorino romano. Sein weißer bis strohfarbener Teig ist sehr fest bis hart, geschichtet-schuppig und bei vollfetten Käsen geschmeidig und schneidbar, bei fettarmen Käsen eher körnig, und mit den für alte Käse typischen winzigen »Käsekristallen« durchsetzt. Nur vereinzelt treten kleine Löcher auf, in denen sich bei lange gelagerten Käsen eine charakteristische Reifungsflüssigkeit, »lacrima« (Träne) genannt, bilden kann. Mindestens 36 % Fett i. Tr. sind vorgeschrieben, 40 % werden aber häufig überschritten. Die glatte Rinde der Käse ist gewöhnlich hellgelb-strohfarben und mit Öl, Talg oder Ton eingerie-

Traditionelle Pecorino-Herstellung auf Sizilien: Die Milch einer Melkung kommt in einen Kessel.

Über einem einfachen Holzfeuer wird die Milch erhitzt und dann in der Regel mit Lamm- oder Zickleinlab dickgelegt.

Viel Fingerspitzengefühl ist nötig, um hierbei Temperatur und Zeit richtig einzuschätzen. Die gestockte Milch wird zerkleinert.

Die Bruchmasse wird zum Ablaufen in Körbe aus Schilfgeflecht gefüllt. Sie verleihen dem Käse die typische Form und Rindenstruktur.

ben. Zunehmend verwenden die Hersteller allerdings Kunststoffüberzüge unterschiedlich dunkler Brauntönung. Die zylindrischen Laibe haben einen Durchmesser von 20 bis 30 cm, sind 14 bis 30 cm hoch und 20 bis 25 kg schwer. Hergestellt werden sie im Winter und im Frühjahr, regional unterschiedlich bis Mai oder Juli.

Der **Romano** aus den **USA, Kanada** und anderen Ländern ist ein beliebter Reibkäse, der aus Kuh-, Schaf- oder Ziegenmilch oder auch aus Mischungen hergestellt wird und durch Lämmer- oder Zickleinlab sein typisch-pikantes Aroma entwickelt. In den USA muss Romano mindestens 38 % Fett i. Tr. und 68 % Trockenmasse (höchstens 34 % Wasser) enthalten, ähnlich in Kanada, Australien und Neuseeland. Oft werden bei Pecorini fettreifende Enzyme zugesetzt.

Andere **Pecorino-Käse Italiens** tragen den jeweiligen Namen des Herstellungsgebietes. Pecorino di Norcia aus Umbrien, Pecorino di Moliterno, benannt nach dem gleichnamigen Städtchen, oder Pecorino di Filiano aus der Basilicata und Pecorino abruzzese sind nur einige Beispiele. In der Toscana wird eine Vielzahl an Käsen unter den Namen Pecorino toscano und Toscanello (auch als »pepato«) hergestellt, in unterschiedlichen Verfahren und aus verschiedenen Milchsorten und -mischungen. Gelegentlich trifft man Pecorino toscano sotto cenere (»unter Asche«) an.

Pecorino sardo und **Fiore sardo** sind neben dem Pecorino romano die bekanntesten Schafkäse Sardiniens. Zwischen 1,5 kg und 4 kg wiegen die Laibe, die einen leicht gewölbten Rand haben. Der »schiena di mulo« (= Eselsrücken) entsteht, wenn man 2 junge, konisch geformte Käse zum Reifen aufeinander legt. Schafmilch, Lamm- oder Zickleinlab und mindestens 35 % Fett i.Tr. sind Vorschrift, der Teig ist weißlich oder blaßgelb, bei einer Reifezeit von 9 Monaten und mehr fest bis hart und pikant bis scharf. Ein beliebter Tafel- und Reibkäse ist auch der mit schwarzen Pfefferkörnern versetzte Formaggio sardo pepato.

Pecorino siciliano (Canestrato siciliano) ist der Hart- und Reibkäse Siziliens mit D.O.P-Siegel. Sein Name geht auf den Korb (»canestra«) aus Schilfgeflecht zurück, der ihm die typische Form und Struktur verleiht. Er hat mindestens 40 % Fett i.Tr., oft aber auch mehr. Auch den Pecorino siciliano gibt es als Pepato.

← **Pecorino romano (D.O.P.)** wird in großen zylindrischen Laiben mit einem Fettgehalt von 36 % Fett i.Tr. hergestellt – größtenteils auf Sardinien. Häufig sind die Laibe von einer dunklen Kunststoffhülle überzogen.

Pecorino sardo, ein D.O.P.-Käse aus Sardinien. Für die milde Variante dieses Schafkäses wird der Bruch in haselnussgroße, für den Reibkäse in maiskorngroße Körner geschnitten. Die Reifezeit beträgt zwischen 2 (mild) und 12 Monaten (würzig). →

← **Pecorino toscano fresco.** Dieser junge Käse kann wie viele Pecorini bereits nach 2-monatiger Reifezeit als Tafelkäse verzehrt werden. Er hat einen weißen Teig, eine dünne Rinde und schmeckt mild fein-säuerlich.

Pecorino toscano, hier deutlich gereift, wird heute aus pasteurisierter oder Rohmilch in der ganzen Toskana hergestellt. Der ursprungsgeschützte Schafkäse hat ein Gewicht zwischen 1 und 3 kg und einen Fettgehalt von mindestens 40 % Fett i.Tr. →

← **Pecorino pepato.** Besonders würzige Pecorino-Varianten mit schwarzen Pfefferkörnern im Teig gibt es in verschiedenen Regionen Italiens, beispielsweise auf Sizilien und Sardinien.

Früher lagerte man **Fiore sardo (D.O.P.)** in hölzernen Formen mit eingestanzter Lilie – der »sardischen Blume« – daher der Name. Hier ein weit gereiftes Exemplar mit typisch gewölbtem Rand. Die Laibe wiegen 1 bis 4 kg und haben mindestens 40 % Fett i.Tr. →

Manchego & Co. Iberische Hartkäse

Manchego ist der bekannteste und wichtigste Schafkäse Spaniens. Die zylindrischen Laibe weisen an der Seite ein Zickzack-Muster und auf der Ober- und Unterseite ein ährenförmiges Muster auf. Der ursprungsgeschützte D.O.P.-Käse hat mindestens 50 % Fett i. Tr., ist gehaltvoll, vollwürzig im Geschmack, leicht salzig und je nach Reifedauer mehr oder weniger pikant.

So vielgestaltig wie das Landschaftsbild, so zahlreich sind die Käsesorten, die in Spanien seit Jahrhunderten hergestellt werden. Lange Zeit waren viele – es gibt mehr als 100 Sorten – jedoch innerhalb Spaniens nur Wenigen und über die Landesgrenzen hinaus kaum jemand bekannt. Erst in jüngster Zeit ändert sich dies, und spanische »quesos« tauchen auch außerhalb Spaniens zunehmend im Angebot auf. Welche Art Käse wo hergestellt wird, ist vor allem von den landschaftlichen und klimatischen Gegebenheiten abhängig. Im Norden, Nordwesten (mit Galizien und Kantabrien), aber auch im Nordosten dominieren Käse aus Kuhmilch, weil die saftigen grünen Weiden dieser Regionen ideal für die Rinderzucht geeignet sind.

Dagegen sind Andalusien, die Estremadura und andere Berglandschaften für Schaf- und Ziegenkäse berühmt. Hergestellt werden die Käse zum einen in industriell arbeitenden Betrieben, zum anderen in kleinen, handwerklich arbeitenden Käsereien. Die Gesamtproduktion liegt jährlich bei etwa 300.000 Tonnen, davon entfallen etwa 60 % auf Käse aus Mischmilch, auf Rang 2 folgen Kuhmilchkäse (31 %). Reine Schafmilchkäse machen 6 % und reine Ziegenkäse ungefähr 3 % der Produktion aus.

Heimat des **Manchego** ist La Mancha, die durch Cervantes Roman »Don Quijote« berühmt gewordene Landschaft auf den Hochebenen von Neukastilien. Manchego wird aus der Milch der genügsamen und anpassungsfähigen Manchega-Schafe hergestellt, die ihm sein charakteristisches, sehr ausgeprägtes Schafkäsearoma verleiht. Die Manchega-Rasse ist die in Spanien am meisten verbreitete und wirtschaftlich bedeutendste Schafrasse.

Manchego, seit 1984 ursprungsgeschützt, kann sowohl aus pasteurisierter als auch aus Rohmilch hergestellt werden; Letzterer heißt dann »Queso Manchego artesano«. Nach dem Pressen legt man die 1 bis 3 kg schweren Laibe für 24 Stunden in Salzlake. Anschließend reifen sie mindestens 2 Monate bei Temperaturen zwischen 8 und 12 °C und einer Luftfeuchtigkeit zwischen 80 und 85 %. Die Reifezeit kann bis zu einem Jahr und mehr betragen. Der Teig des Manchego ist kompakt, hell und weist nur wenige kleine Löcher auf. Die harte, strohgelbe bis dunkelbraune Rinde ist blank oder mit Wachs, Plastikfilm oder Olivenöl bedeckt.

Idiazabal. D.O.P.-Käse aus Schafrohmilch. Die 1 bis 3 kg schweren Laibe haben 45 bis 50 % Fett i.Tr. und schmecken leicht pikant, teils mit Raucharoma.

Nur wenige Tage alter Manchego wird als fresco bezeichnet, wenige Wochen gereifter als semifresco und 1 bis 2 Monate gereifter als tierno. Käse aus roher, unpasteurisierter Milch darf in Spanien nicht unter einer 2-monatigen Reifung verkauft werden. Nach der Mindestreifezeit von 2 Monaten und bis 3 Monaten wird er als Manchego semi curado oder Manchego medio curado bezeichnet. Manchego curado oder viejo ist 3 bis 6 Monate gereift, 1 Jahr alte Käse werden als Manchego añejo gekennzeichnet. Manche Käse lässt man in Olivenöl bis zu 2 Jahren reifen; die sich währenddessen bildende grauschwarze Rinde kennzeichnet den »Manchego en aceite«. Ähnliche, ebenfalls aus Schafmilch hergestellte Käse werden heute in vielen Varianten in ganz Spanien produziert. Zu ihnen zählt etwa auch der sehr feste Grazalema aus Cádiz. Kaum geringeren Anklang als die reinen Schafmilch-Manchego-Typen finden, in und außerhalb Spaniens, auch Käse aus Mischungen von Schaf-, Kuh- und Ziegenmilch – vor allem mittelgereift.

Roncal, der Schafkäse aus dem Roncal-Tal, hat einen harten bis sehr harten, reibfähigen Teig mit pikantem Geschmack und charakteristischem Aroma. Er reift in der Regel länger als 4 Monate .

Idiazabal, ein im Baskenland hergestellter Hartkäse aus roher Schafmilch mit einer Mindestreifezeit von 3 Monaten gibt es geräuchert, dann mit dunkler Rinde, und ungeräuchert mit natürlich hellbrauner Rinde. Sein strohgelber Teig ist fest, nicht elastisch und weist kleine Löcher auf.

San Simón, ein Kuhmilchkäse aus Galizien, oft über Birkenholz geräuchert.

Mahón, aus Kuhmilch hergestellter D.O.P.-Käse von Menorca. Mindestens 38 % Fett i.Tr., leicht säuerlich im Geschmack, als Schnittkäse hergestellt.

Zamorano, D.O.P.-Käse aus Schafmilch, mit mindestens 45 % Fett i.Tr. Der Queso Zamorano wiegt bis zu 4 kg, schmeckt kräftig, deutlich säuerlich salzig.

Roncal, D.O.P.-Schafmilchkäse aus Navarra. Zylindrische 1 bis 3 kg schwere Laibe, 45 bis 50 % Fett i.Tr., angenehmer, gereift leicht pikanter Geschmack.

Queijo Serra da Estrêla, portugiesischer 10 bis 12 Monate gereifter, ursprungsgeschützter Schafmilch-Hartkäse (D.O.P.). Mindestens 45 % Fett i.Tr.

→ In Portugal

dominieren Käse aus Schaf- und Ziegenmilch sowie Mischkäse, die noch oft in kleinen, immer häufiger jedoch auch in modernen Betrieben hergestellt werden. Reine Kuhmilchkäse sind die Ausnahme. Sie kommen dann meist von den Atlantikinseln, wie der würzige Hartkäse »Queijo São Jorge«, der von der gleichnamigen Azoreninsel stammt.

Cheddar – in Großbritannien einer der beliebtesten Käse

Das Städtchen Cheddar zu Füßen der Mendip Hills in der englischen Grafschaft Somerset gab diesem Käse den Namen, dessen Ursprünge bis ins 12. Jahrhundert zurückreichen. Seither wird dieser Käse in der Region südlich von Bristol und im Südwesten Schottlands hergestellt. Inzwischen hat sich Cheddar zur weltweit meistverbreiteten Käsesorte entwickelt. Ob in Amerika, in Australien oder in Neuseeland – überall ist Cheddar ebenso bekannt wie beliebt.
Vereinzelt trifft man in Cheddar produzierenden Ländern auch heute noch auf Hersteller, die sich zur Cheddar-Produktion der in der Mitte des 19. Jahrhunderts auf den englischen Gutshöfen entstandenen arbeits- und personalaufwändigen Verfahren bedienen. Der größte Teil der Weltproduktion wird heute jedoch von großen Käsereien geliefert. Nach modernen Verfahren produzierte Cheddar-Käse sind meist foliengereift oder gewachst und zudem oft mit Annatto orange gefärbt. Auf traditionelle Weise, aus Rohmilch und in Tüchern, wird Cheddar heute nur noch auf wenigen Höfen in der Gegend von Cheddar und in anderen Teilen Südwestenglands hergestellt. Die Reifungsphase der »Farmhouse Cheddar« dauert in der Regel zwischen 6 und 18 Monate. Das Exemplar links oben ist 5 Monate alt. In solchen Kellern – wie links abgebildet – reifen die traditionell hergestellten, zylindrischen Cheddar-Laibe in verschiedensten Größen unter optimalen Bedingungen.

Cheddar
Weltweit die Nr. 1

Cheddar curd ist in Kanada und den USA als Snack beliebt. Curd nennt man die Schnitzel, die beim »milling«, dem Schnitzeln der Bruchmasse, entstehen. Sie werden frisch, wie sie sind, gesalzen oder ungesalzen angeboten.

Die **Cheddar-Familie** zeichnet sich durch eine besondere Bruchbehandlung aus: Man lässt den wie üblich bereiteten Bruch (englisch: curd) absitzen, zu einem Bruchkuchen zusammenwachsen und – unter wiederholtem Umschichten (»cheddaring«) – säuern. Darauf folgt dann das so genannte Schnitzeln (»milling«) der Masse, das Salzen der Schnitzel, die ebenfalls als »curd« bezeichnet werden, das Formen, Pressen und schließlich das Reifen der Laibe bei 7 bis 10 °C.

Etwas anders wird bei dem Rührbruchkäse **Colby** verfahren, einer weltweit, besonders aber in den USA verbreiteten Variante des Cheddar. Man rührt den Bruch (»curd«), wobei er säuert und ausreichend fest wird, salzt ihn und füllt ihn direkt in die Formen; das Cheddaring entfällt hier. Auf eine kurze Formel gebracht, zählen zu dieser Familie »im Bruch gesäuerte und gesalzene Käse«. Bei der besonderen Art der Herstellung entwickeln sie Eigenschaften, die sie für verschiedene Verwendungsmöglichkeiten interessant machen.

Dank ihrer Teigeigenschaften schätzt man jüngeren sowie mittelreifen Cheddar und ähnliche Käse auch sehr für die Schmelzkäseproduktion. Einzelne Herstellungsprinzipien des Cheddar sind sehr alt, sie wurden aber regional sehr verschieden angewendet. Aus diesem Grund werden Käse unterschiedlicher Typen, Formen, Größen und Qualitäten unter demselben Namen verkauft.

Für **Cheddar** wird zunächst ein etwa erbsgroßer Bruch bereitet. Nachdem dieser zu einem Bruchkuchen zusammengewachsen ist, beginnt der für Cheddar ganz typische Arbeitsschritt: das »Cheddaring«. Der Bruchkuchen wird in Fladen zerteilt, die wiederum mehrmals um- und aufeinander geschichtet werden. Gleichzeitig findet das durch Milchsäurebildung bedingte »Nachsäuern« statt. Ist diese Säuerung genügend weit fortgeschritten, wird die faserige Bruchmasse in Stücke geschnitten und zu Schnitzeln zerkleinert (»milling«). Die folgenden Steps zeigen die konventionelle Cheddar-Produktion ab dem Salzen.

Cheddar-Herstellung: Die gesäuerte Bruchmasse wird geschnitzelt, dann gesalzen.

Die Schnitzel werden in runde, mit Tüchern ausgelegte Formen eingefüllt.

Gepresst wird Cheddar zweimal: hier in der horizontalen Presse für 12 bis 16 Stunden.

Aus der Form gelöst wird der junge, 1-mal gepresste Käse durch vorsichtiges Stürzen.

Das Tuch wird vorsichtig entfernt. Die Oberfläche zeigt leichte Furchen und Mulden.

Eintauchen in heißes Wasser fördert den Rindenschluss und glättet die Oberfläche.

Das Einfetten – ein aufwändiger Vorgang – verringert das Ankleben des Tuches.

Vor dem 2. Pressen wird der Laib umgetucht und sorgfältig ringsum bandagiert.

Cheddar & Verwandte aus Großbritannien

Bei dem grün geäderten **Sage Derby** wird Salbei (Sage = Salbei) unter den Käsebruch gemischt.

Traditionell hergestellter Cheddar, 3 Monate gereift. In diesem Stadium ist er relativ weich, geschmeidig, lässt sich gut schneiden und hat ein mildes Aroma.

Traditionell hergestellter Cheddar, 16 Monate gereift. Die Unterschiede sind deutlich: Der Teig ist jetzt fester, etwas dunkler und der Geschmack kräftig.

Der **britische Cheddar** wird aus Kuhmilch hergestellt. Die zylindrischen Laibe haben einen Durchmesser von 35 bis 38 cm, eine Höhe von 33 bis 38 cm und ein Gewicht bis zu 27 kg. Sein Fettgehalt beträgt mindestens 48 % Fett i.Tr., die Trockenmasse mindestens 61 %, der Wassergehalt entsprechend maximal 39 %. »Truckles« nennt man kleinere, ebenfalls zylindrische Cheddar-Käse von 4 bis 6 kg Gewicht, »Cheddlets« solche mit etwa 1 kg Gewicht. In Plastikfolie verpackte Cheddar-Blocks wiegen zwischen 18 und 19 kg und weniger. Der vorwiegend naturbelassene, teilweise mit Annatto *(Bixa orellana)* gelb gefärbte Teig ist je nach Reifegrad geschmeidig-krümelig. Heute ist er meist ziemlich »geschlossen«, doch gibt es auf dem Markt noch häufig »offene«, spaltenreiche Käse.

Schottischer Cheddar ist gewöhnlich fester und stärker mit Annatto gefärbt. Als Spezialität gilt der »Farmhouse Cheddar«, der nussartig und butterig (»buttery«) schmeckt. Eine ganze Reihe anderer britischer Käse sind dem Cheddar ähnlich. Die meisten werden im Lande als Hartkäse angesehen, in der internationalen Klassifizierung aber als Halbhart-Käse (Schnittkäse) eingestuft. Ihr Mindestfettgehalt beträgt meist 45 bis 48 % Fett i.Tr.

Derby ist eine regionale Sorte aus Derbyshire in Mittelengland, wo es übrigens die ersten Käsereien Englands gab. Der Teig ist nie gefärbt und daher stets von heller, honiggelber Farbe. Er reift, gewachst oder in Folie verpackt, 3 bis 4 Monate bei 14 °C, man bezeichnet ihn deshalb auch als schnell reifenden Cheddar.

Double Gloucester hat eine feine, seidige Struktur, ist naturfarben oder orange gefärbt erhältlich. Im Geschmack Cheddar-ähnlich, aber milder als dieser.

Farmhouse Lancashire, ein »Double curd cheese«, nach altem Verfahren hergestellt. Vollreif eignet er sich gut zum Kochen, auch zum Überbacken beliebt.

Er gilt, wie auch der aus Schottland stammende Dunlop, aufgrund des etwas wasserreicheren und daher weniger festen Teiges als angenehm milde Variante des Cheddar. Vollreife Laibe sind manchmal von graugrünem Schimmel überzogen. Beim Sage Derby setzt man dem Bruch zermahlene Salbeiblätter und andere Kräuter zu. Diese werden gleichmäßig im Bruch verteilt oder aber es werden Schichten von extra hergestelltem »grünem« Bruch zwischen Schichten weißen Teigs gelegt. Die Flachseiten der Laibe können zudem das Muster von Salbeiblättern zeigen.

Double Gloucester stammt aus den Weidegebieten von Gloucestershire, wird aber heute überwiegend im Südwesten Englands hergestellt. Die Laibe wiegen etwa 28 kg, haben eine Höhe von 15 cm und einen Durchmesser von 36 cm. Höhe und Gewicht sind etwa doppelt so groß wie beim Single Gloucester, der aber heute nicht mehr produziert wird. Traditionell hergestellte Laibe reifen 4 bis 6 Monate bei 10 bis 13 °C, folienverpackte Käse reifen kürzere Zeit bei 4 bis 6 °C.

Cheshire steht im Ruf, noch älter als der Cheddar zu sein. Heute ist er besonders in den Midlands und in Nordengland geschätzt, wo er dem Cheddar an Bedeutung gleichkommt oder ihn gar übertrifft. Die zylindrischen Laibe wiegen 22 kg, bei einer Höhe und einem Durchmesser von jeweils 30 cm. Cheshire zeigt im Anschnitt ein durch zahlreiche Spalten geprägtes »offenes« Bild, der Teig ist krümelig, leicht bröckelnd und seidig glänzend. Für den Verkauf in Portionspackungen wird er heute zunehmend mit festerem, stärker »geschlossenem« Teig als »cheddary Cheshire« produziert.

Wensleydale wurde zuerst in den Tälern von Yorkshire erzeugt, und zwar von Mönchen, die mit den normannischen Eroberern dorthin kamen und die Schafzucht sowie die Methoden der Käseherstellung aus Frankreich mitbrachten. Wensleydale gibt es auch mit Blauschimmel, dann Blue Wensleydale genannt, und ungereift als White cheese.

Caerphilly hebt sich, ähnlich wie der **Lancashire**, von den übrigen »im Bruch gesäuerten und gesalzenen Käsen« durch die deutlich weichere Konsistenz eines »semi-soft cheese« (Halbfesten Schnittkäses) ab. Lancashire gibt es auch als »Farmhouse cheese«, dann als Double curd cheese bezeichnet: gesäuerte Bruchmasse vom Vorabend wird dann mit dem Bruch vom Morgen weiterverarbeitet.

← **Cheshire** wird in den Midlands und im Norden Englands hoch geschätzt. Es gibt ihn in verschiedenen Varianten, entweder mit weißem Teig oder orange, mit Annatto gefärbt.

Wensleydale aus den Tälern der Grafschaft Yorkshire in Nordostengland. Aus pasteurisierter Kuhmilch mit kleinen Mengen Schafmilch, leicht säuerlich bis mild-aromatisch. Auch geräuchert erhältlich. →

← **Red Leicester** hat einen festen, mit Annatto stark rotorange gefärbten Teig mit offener, blattartiger Struktur. Er hat einen meist kräftigen Geschmack und lässt sich gut schmelzen.

Dunlop ist auf dem schottischen Markt seit langem bekannt. Der cremig-weiße Teig schmeckt anfangs recht mild, mit zunehmender Reife auch kräftiger. Der Dunlop ist gut zum Überbacken geeignet. →

← **Caerphilly** aus South Wales. Sein Teig ist auch deutlich gereift, wie hier, noch sehr weich. Im Geschmack etwas schärfer als junger Caerphilly, manchmal mit einer leichten Bitternote.

Lancashire hat einen halbfesten, krümeligen Teig und kann wie Butter aufs Brot gestrichen werden. Er gilt als ein besonders zum Toasten geeigneter Käse. Von ihm gibt es auch eine Variante mit Salbeiblättern im Teig. →

Cantal und Colby
Frankreich und USA

Cantal, in Frankreich auch als »Doyen de fromage« bezeichnet, ist mit dem Cheshire eng verwandt. Sein charakteristischer Geschmack reicht von mild bis fruchtig und pikant. Mit 45 % Fett i.Tr.

Der **Cantal,** auch **Fourme de Cantal** genannt, steht dem Cheddar und insbesondere dem Cheshire, der in Frankreich Chester heißt, in Herstellung und Eigenschaften sehr nahe. Was nicht verwundert, sind doch Wissen und Technik der Herstellung dieses Käse-Typs zu Zeiten Wilhelm des Eroberers mit den Normannen von Frankreich nach England gelangt. Der ursprungsgeschützte Cantal, ein AOC-Käse, stammt aus der Auvergne, den Midi-Pyrénées sowie dem Limousin und gilt als einer der ältesten französischen Käse. Die zylindrischen Laibe sind mit Gewichten von 35 bis 45 kg in der Regel recht groß. Kleinere Formen sind der Petit Cantal mit 20 bis 22 kg Gewicht und der Cantalet mit 8 bis 10 kg. Cantal fermier ist ein fermier-Cantal aus Rohmilch. Der Cantal coopérative wird in Käsereien aus pasteurisierter Milch hergestellt; daneben gibt es noch den Cantal industriel. Für vorverpackte Käse wird er auch in Blockform produziert. Cantal-Laibe reifen zwischen 1 und 12 Monaten bei 8 bis 10 °C und 90 % Luftfeuchtigkeit in Kellern. Frische, ungereifte Käse finden als Tomme fraîche oder Aligot vor allem in der Küche Verwendung. Mit 1 Monat gilt Cantal als jung (Cantal jeune oder Cantal doux), zwischen 2 und 6 Monaten ist er mittelreif (Cantal entre-deux, Cantal demi-vieux oder Cantal doré), über 6 Monate alt gilt er als reif (Cantal vieux oder Cantal caractère).

Der **Salers** ist eng mit dem Cantal verwandt und kommt aus derselben Region. Im Gegensatz zu ihm ist er ein reiner fermier-Käse, der ausschließlich auf Höfen hergestellt wird. Salers haute montagne wird auf Alpen in »burons« genannten Steinhütten hergestellt, die den Hirten als Unterkunft, Käserei und Reifekeller zugleich dienen.

Der **Laguiole** ist benannt nach dem Städtchen Laguiole auf dem Höhenzug von Aubrac. Die Milch stammte früher ausschließlich von Kühen der Aubrac-Rasse, heute kann sie jedoch auch von Kühen anderer Rassen stammen. Der Großteil der Produktion kommt heute aus Käsereien; die Zahl der in Sennhütten produzierten Käse ist gering.

Laguiole oder **Laguiole-Aubrac** ähnelt dem Cantal, ist wie dieser ein AOC-Käse und sehr alt (er wurde bereits 1560 erwähnt). Kräftiges, eigenwilliges Aroma.

Salers darf laut AOC-Vorschrift nur aus Milch von Salers-Kühen hergestellt werden, die im Sommer auf Bergwiesen weiden. Mit 45 % Fett i.Tr.

Amerikanischer Cheddar ähnelt dem britischen, wird aber als »wachsartig« und weniger krümelig beschrieben. Sein Fettgehalt beträgt mindestens 50 % Fett i.Tr., die Trockenmasse mindestens 61 % (Wasser höchstens 39 %). Die Käse werden gewachst hergestellt, einige zylinderförmig (»longhorn«), andere als Block (»loaf«) oder in Wagenradform (»wheel«).

Man unterscheidet drei oder vier Altersstufen: »mild« bedeutet eine Reifezeit von wenigen Monaten, der Käse hat noch wenig Aroma. Als »medium« oder »mellow« bezeichnet man bis zu 6 Monate gereifte Käse mit einem entwickelten Aroma, mit »aged«, »sharp« oder »extra sharp« gekennzeichnete sind länger als 6 Monate gereift und in Geruch und Geschmack sehr ausgeprägt. Coon, ein »vintage Cheddar«, reift 12 Monate oder mehr.

Cheedam heißt eine australische Kombination von Cheddar und Edamer, ähnlich wie Egmont aus Neuseeland, der eine Verbindung von Cheddar und Gouda ist. Es gibt auch einen Cheddar mit niedrigem Natriumgehalt, den Low sodium Cheddar cheese, der nicht mehr als 96 mg Natrium (»sodium«) je »pound« oder 211,6 mg pro kg enhalten darf. Den Verbraucherwünschen angepasst gibt es Cheddar, Colby und Monterey Jack, die in den USA oft nur American cheese heißen, in Kleinpackungen, in Scheiben oder geraspelt zu kaufen. Monterey-Varianten mit höherem Wassergehalt sind High-moisture Jack cheese, der viel in pikanten Gerichten Verwendung findet, und Jalapeño Jack, ein mit Jalapeño chili pepper gewürzter Monterey Jack.

Colby, milde Cheddar-Variante aus den USA, auch in Neuseeland und anderen Ländern verbreitet. Rührbruchkäse mit weicherem, orange gefärbtem Teig.

Die Samen des Orleanstrauchs liefern Annatto-Extrakt, der zum Färben von Käse verwendet wird.

Longhorn ist die Bezeichnung für eine zylindrische Cheddar-Form mit 33 cm Länge, 15 cm Durchmesser und 6 kg Gewicht. Eine Cheddar-Varietät aus den USA.

→ Annatto

Der in Südamerika beheimatete Orleanstrauch ist nicht etwa nach der gleichnamigen Stadt in Frankreich benannt, sondern vielmehr nach dem im Amazonasgebiet tätigen Naturforscher Francisco de Orellana. Der rotgelbe Extrakt findet in erster Linie zum Färben von Käse, wie beispielsweise Cheddar, aber auch von anderen Lebensmitteln Verwendung. Der in Annatto enthaltene Farbstoff Bixin ist mit dem Carotin verwandt.

Chester, hier in Blockform, gilt als Grundlage für Schmelzkäseerzeugnisse. In Deutschland bezeichnen die Namen Chester und Cheddar den gleichen Käse.

Monterey oder **Monterey Jack** stammt aus Kalifornien. In den USA wird der ungefärbte Käse viel bei der Pizzazubereitung verwendet. Gereift ein Reibkäse.

Gebrüht, geknetet und gezogen

Provolone zählen zu den bekanntesten Brühkäsen Italiens. Sie kommen in den vielfältigsten Formen, frisch und gereift, mild oder pikant auf den Markt.

Bei **Brüh-** und **Knetkäse** einschließlich **Filata-Käse** lässt man den Bruch zunächst, ähnlich wie bei Cheddar, zu Bruchkuchen zusammenwachsen und säuern. Auch wird der gesäuerte Bruchkuchen zerkleinert, doch die weitere Bearbeitung verläuft ganz anders: Die kleinen Bruchstücke werden mit heißem Wasser »gebrüht«, geknetet und teilweise zu Strängen ausgezogen (»filare«). Von diesem Verfahren leitet sich der Name dieser Käsefamilie ab. Der Teig wird durch diese spezielle Behandlung plastisch und formbar, er erhält eine besondere, typisch streifig-faserige bis geschichtete Textur, die sich mit zunehmender Reifung wieder verliert; der Teig wird dann feinkörnig.

In Südosteuropa wird, wie beim **Kaschkawal**, die geknetete Masse meist in runde Formen gebracht. Die Laibe werden gesalzen und fast immer mehrere Monate gereift. In Rumänien heißt der Käse Caşcaval, aus Schafmilch hergestellt Caşcaval Dobrogea (Dobrudscha Kaschkawal), aus Kuhmilch Caşcaval Dalia, bei der Verwendung einer Kuh-Schafmilch-Mischung Caşcaval Penteleu. Das bei der Herstellung entstehende Caş (Kasch) wird auch frisch konsumiert. Kasch ist eine Bruchmasse, die aus zusammengewachsenem Bruch (Bruchkuchen) durch Zerbröckeln und Wiederzusammenpressen gewonnen wird.

Provolone-Herstellung: Der Bruchkuchen wird zunächst grob zerschnitten.

Die Stücke bleiben zum Säuern aufeinander liegen, bis sie die typische Struktur haben.

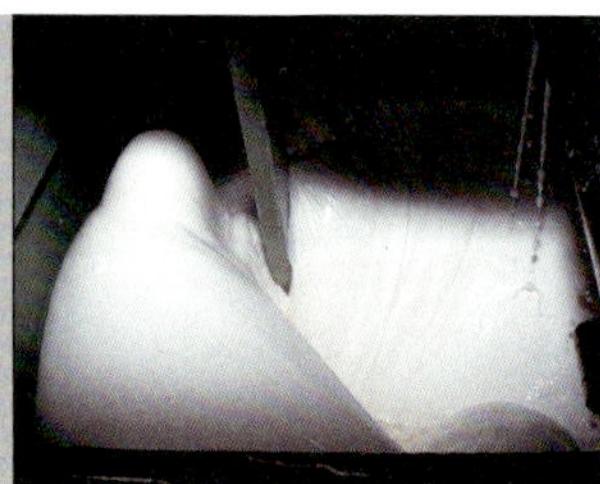

Die zerkleinerten Stückchen werden mit heißem Wasser überbrüht und geknetet.

Der Teig wird zu Strängen gezogen, in Teile geschnitten und in Formen gebracht.

Die frischen, festen Käse werden verschnürt, in ein Salzbad gelegt und aufgehängt.

Für den Frischverzehr bestimmte Laibe werden in Paraffin oder Wachs getaucht.

Zum Reifen werden die einzelnen Käse an speziellen Gestellen aufgehängt.

Reifungsdauer und -temperatur hängen vom gewünschten Reifezustand der Käse ab.

In Griechenland gibt es den **Kasseri,** in Laib- oder Blockform, oft aus jungem Kefalotiri hergestellt, in der Türkei den Kaşar peyniri (»Kaschar-Käse«).

Die gebrühten Knetkäse Italiens werden als **Filata-Käse** (Formaggi a pasta filata) bezeichnet. Sie entstehen sehr ähnlich, die geknetete, plastische Masse wird jedoch zu Bändern oder Strängen ausgezogen. Die bekanntesten Vertreter dieser Gruppe sind Mozzarella, Provolone und Caciocavallo. Allen gemeinsam ist die typische Struktur des Teiges, ansonsten können sie jedoch sehr verschieden sein. Je nach Herstellung und Alter kommen diese Käse frisch und ungereift, weich bis fest, gereift und fest bis hart, geräuchert oder ungeräuchert, mit mildem oder pikantem Aroma und in den unterschiedlichsten Formen und Größen auf den Markt.

Caşcaval, ein geräucherter Brühkäse aus Rumänien mit einem Fettgehalt von 45 bis 50 % Fett i.Tr. Die Laibe werden wie der Provolone zum Reifen aufgehängt.

String Cheese ist in Nordamerika als Snack beliebt. Es gibt ihn auch mit Knoblauch oder Zwiebeln, geräuchert und ungeräuchert.

Provolone hat einen kompakten Teig mit nur wenigen Löchern. Der ursprünglich süditalienische Käse wird heute auch viel in der Lombardei hergestellt.

Oštiepok, slowakischer Brühkäse aus Schaf- und Kuhmilch. Geschnitzte Holzformen verleihen ihm eine verzierte Oberfläche, die durch Räuchern gebräunt ist.

Cacetti, kleine Käse, sind in Teig und Geschmack dem Provolone ähnlich. Es gibt sie geräuchert und ungeräuchert. Caciocavallo ist ähnlich, nur größer.

Treccia pugliese affumicata ist ein geräucherter, fester Mozzarella-Typ aus Apulien. Die leichte Formbarkeit des Teiges ermöglicht solche Zierformen.

→ Gereifte, feste Filata-Käse

eignen sich gut zum Reiben. So kann ein würziger 6 bis 12 Monate gereifte Provolone durchaus wie Parmesan oder Pecorino verwendet werden. Allerdings sollte man auch ihn grundsätzlich frisch und erst kurz vor der Verwendung reiben.

Mozzarella di bufala und andere Brühkäse

Mozzarella di bufala ist der traditionell aus Büffelmilch hergestellte Filata-Käse. Er hat ein mildes, doch durch die Verwendung von Büffelmilch ausgeprägtes Aroma und wird in Kampanien und Latium hergestellt. Der Fettgehalt der zum baldigen Verbrauch bestimmten Käse ist mindestens 50 % Fett i.Tr.

Mozzarella aus Kuhmilch, Fior di Latte, ist heute weiter verbreitet als jener aus Büffelmilch, da die Nachfrage das Angebot bei weitem übersteigt. Herkömmlich wird Mozzarella in Salzlake angeboten ...

... immer mehr aber auch als **Mozzarella-Blocks**. Diese rationelle Vermarktungsform ohne Lake zum Aufschneiden wird vor allem von Supermärkten und von der Gastronomie bevorzugt.

Provolone kennt man vor allem als Hartkäse; 2 bis 3 Monate alt wird er als Tafelkäse angeboten, nach 6 bis 12 Monaten als Reibkäse. Dem Geschmack nach unterscheidet man zwischen dem milden Provolone dolce und dem pikanten Provolone piccante, bei dem reifungsaktives Zickleinlab zwecks schnellerer Reifung und Intensivierung des spezifischen Geschmacks mitverwendet wird.

Provolone wird aus Kuhmilch hergestellt, mit einem Fettgehalt von mindestens 44 % Fett i.Tr. und einer Trockenmasse von mehr als 62 %. Der klassische Kegelstumpf, 35 bis 45 cm lang, ist 4 bis 6 kg schwer. Kleinere Käse derselben Form heißen Calabresi und Silani, größere Exemplare, die bis zu 100 kg wiegen können, Gigantini. Zylindrisch geformte Käse werden, je nach Größe, als Pancettoni, Pancette, Salami oder Giganti angeboten, Käse in Kugelform gibt es als Mandarini oder Melloni.

Caciocavallo, aus dem Gebiet der einstigen Magna Graecia stammend, mit der bekannten Einschnürung und zu Paaren aufgehängt, wird wie Provolone hergestellt und gilt als delikater Tafelkäse und pikanter Reibkäse. Der quaderförmige, 5 bis 10 kg schwere Ragusano ist ein sizilianischer Caciocavallo; seine Herkunft verrät der von der sizilianischen Stadt Ragusa abgeleitete Name.

In den USA nennt man Filata-Käse **Stretched curd-type** oder **Plastic curd cheese**. Dort stellt man Provolone aus Kuhmilch mit mindestens 45 % Fett i.Tr. und 55 % Trockenmasse (höchstens 45 % Wasser) her, er ist weicher als der italienische.

Provola oder **Cicillo** ist ein kleiner kugelförmiger Filata-Käse aus Büffel- oder Kuhmilch oder einer Mischung von beiden. Er reift kürzer als Provolone und ist etwas wasserreicher. Auch gereifte Mozzarella verkauft man gelegentlich als Provola.

Einer der bekanntesten Filata-Käse ist **Mozzarella**, bei ihrer Herstellung ist die Bruchbehandlung weniger ausgeprägt als bei Provolone. Mozzarella kommt frisch und ungereift, quasi als Frischkäse, auf den Markt und ist, selbst bei kühler Lagerung, zum baldigen Verbrauch bestimmt. Bei Mozzarella aus Kuhmilch sind mindestens 44 % Fett i.Tr. sowie eine Trockenmasse von mindestens 35 % vorgeschrieben. Die gleichartige Scamorza aus den Abruzzen wird auch gereift und oft geräuchert.

In Dänemark wird Mozzarella mit 30, 40 und 45 % Fett i.Tr. und einer Trockenmasse von jeweils 40 % erzeugt. In den USA kennt man, neben der meist in Plastikfolie ohne Lake angebotenen Mozzarella mit 45 % Fett i.Tr. und 40 bis 48 % Trockenmasse (60 bis 52 % Wasser), besonders für die Pizzaherstellung verwendete Varianten mit weniger Fett und Wasser (mehr Trockenmasse): die Low moisture part skim Mozzarella und die gleichartige Scamorza. In Kanada heißt eine solche Variante einfach Pizza. Geräucherte Filata-Käse kennzeichnet man mit »affumicato« (Italien), in den USA mit »smoked«.

Burrata ist eine vor allem in Süditalien hergestellte Spezialität: In der Käsemasse ist ein Stück Butter oder etwas Butter-Zucker-Paste eingeschlossen.

Mozzarella-Bällchen sind eine weitere Spielart der formenreichen Filata-Käse. Die portionsgerechten Häppchen sind ideal zum Aperitif und eignen sich für Salate.

Burrata di Andria ist rundum in frische Affodill-Blätter (»foglie di asfodelo«) eingeschlagen. Affodill ist ein im Mittelmeerraum verbreitetes Liliengewächs.

→ Spezialitäten aus Süditalien

Eine Spielart der Filata-Käse sind Erzeugnisse, bei denen die plastisch gemachte Masse dünner oder dicker um ein Butterstück oder eine Butter-Zucker-Paste geformt wird. Bei einer anderen, vorwiegend in Apulien und Kantabrien hergestellten Art werden kleine Stückchen Filata-Käse mit frischem Rahm in Mozzarella-Teig eingeschlossen und die Mozzarella-Hülle dann mit grünen Blättern umflochten. In Birnenform nennt man sie Butirri, als Ballons Burrate und Palloni (di Gravina in Puglia). Andere Namen sind regional verbreitet: Burrini, Occhi di bufala, Burielli con occhi, Uova di bufala (»Büffelaugen«, »Büffeleier«), Wenn man diese Produkte 1 bis 2 Wochen lang reifen lässt, erhält ihr ansonsten süßlicher Geschmack eine pikante, an Provolone dolce erinnernde Note.

Kaschkawal, gebrühter Hartkäse aus Bulgarien. Er ist meist aus roher Schafmilch, hat mindestens 50 % Fett i.Tr. und schmeckt pikant, leicht salzig.

Kasseri kommt aus Griechenland. Der gebrühte Hartkäse (40 % Fett i.Tr.) wird aus frischem Kefalotiri, einem Schafkäse, hergestellt und ähnelt Provolone.

Schnittkäse: Gouda und seine Herstellung

Die Gruppe der **Schnittkäse** wird durch ihre bekanntesten Vertreter charakterisiert: Gouda und andere Käse mit runder Lochung, wie die italienische Fontina, Tilsiter und Havarti (mit Bruchlochung) sowie Cheshire und Derby aus der Cheddar-Familie. Sie werden, vor allem in anderen Ländern, auch als Halbhartkäse (Semi-hard cheese) bezeichnet. Beide Begriffe beziehen sich jedoch nicht allein auf die Konsistenz dieser Käse, sondern vielmehr auch auf ihren Gehalt an Trockenmasse beziehungsweise an Wasser.

Schnitt- oder **Halbhartkäse** enthalten weniger Trockenmasse und entsprechend mehr Wasser als Hartkäse. Das erklärt auch, warum Schnittkäse schneller reifen als Hartkäse, also eine kürzere Reifungszeit benötigen. Allerdings sind die Übergänge zur festeren oder weicheren Käsegruppe fließend: Einige Käse kann man als Halbhartkäse oder als Hartkäse ansehen, wie den Rührbruchkäse Colby, je nachdem, ob er etwas wasserreicher oder wasserärmer geraten ist. Oder sie kommen, wie manche Appenzeller, auch wieder in die Nähe von Hartkäse, beispielsweise Gruyère-Varianten.

Gouda verändert mit zunehmender Reife Geschmack, Konsistenz, Struktur und Farbe: Jung (unten) ist er mild und hat einen geschmeidigen, hellgelben Teig. Der mittelalte Gouda (Mitte) schmeckt schon viel kräftiger und ist raspelfähig. Nach 1 Jahr ist Gouda (oben) ein dunkelgelber, würziger Reibkäse.

Andere Sorten tragen auch zu einem fließenden, kontinuierlichen Übergang zur Gruppe der Halbfesten Schnittkäse bei, wie kleine Gouda-Typen, weichere Wilstermarschkäse oder manche Trappistenkäse. Verständlich wird damit auch der Vorgang, wie durch Wasserverdunstung während der Reifung und der Lagerung aus Schnittkäsen Hartkäse oder gar extraharte Reibkäse werden können, wie das zum Beispiel bei Asiago, bei Gouda und einer Reihe von Pecorini der Fall ist.

Gouda ist einer der namhaftesten Käse dieser Gruppe. In Holland kennt man ihn spätestens seit dem 16. Jahrhundert. Bereits damals wurde auf den Bauernhöfen in der weiteren Umgebung des Städtchens Gouda Käse hergestellt. Mit Beginn des 20. Jahrhunderts breitete sich der in Fabriken hergestellte Goudse kaas aus pasteurisierter Milch immer mehr aus und verdrängte den Goudse boeren kaas, den Bauernkäse aus Rohmilch, der allerdings heute wieder viele Liebhaber hat. Heute hat Gouda in den Niederlanden einen Fettgehalt von 48 % Fett i.Tr. Die Laibe haben ein Gewicht von 4 bis 20 kg, bei Bauernkäse von 3 bis 30 kg. Mehr und mehr wird Gouda auch in Blockform und foliengereift gehandelt. Als Mini-Variante kennt man den Baby-Gouda oder Lunch-kaas (»Lunch-Käse«) mit 0,2 bis 1,1 kg. Gouda gibt es auch fettreduziert (20 bis 30 % Fett i.Tr. – »Lightkazen«) sowie mit weniger Salz (2 %). Vergleichbar ist der deutsche Geheimratskäse mit weichschnittigem Teig.

Mai oder **Gras kaas** ist ein junger Gouda, der im Frühjahr aus der ersten Weidemilch entsteht, die infolge des hohen Carotingehalts zur gelben Farbe des Käses beiträgt. Noch etwas hat sich im Laufe der Jahre geändert: Früher stellten die Bauern täglich zweimal Käse her, und zwar unmittelbar nach dem Melken aus der ganz frischen Milch. Heute wird Abendmilch auf meist 8 °C oder auch darunter abgekühlt und am nächsten Tag mit frischer Morgenmilch zum Dagkaas, dem »Tageskäse«, verarbeitet. Die meisten Gouda reifen zwischen 1 und 6 Monaten, sie werden ihrem Alter entsprechend als jung, mittelalt oder alt beziehungsweise reif angeboten. Etwa jeder zehnte Käse (die ausgewählten Laibe müssen die optimale »Anlage« für die lange Reifung und die Umwandlung zum raspel- und reibfähigen Käse mitbringen) reift länger als 6 Monate, Overjarige Gouda (»überjähriger Gouda«) sogar länger als 1 Jahr.

a Gouda-Herstellung: Mit einer Käseharfe wird die dickgelegte Milch zu maiskorngroßem Bruch zerteilt.

b Heißes Wasser wird zugeleitet, das Bruch-Molke-Gemisch wird nachgewärmt und leicht gewaschen.

c Der Käsebruch wird vorgepresst und die Molke durch ein Rohr am Wannenboden abgelassen.

d Aus der Bruchmasse, die schon leicht zusammengewachsen ist, werden Rechtecke gestochen.

e Die Käseblöcke kommen in Plastikformen, die mit einem Tuch oder Sieb (wie hier) ausgekleidet sind.

f Unter die Presse kommen die Käse für 1 1/2 Stunden, nach dem Wenden nochmals für 1 bis 2 Stunden.

g Das Sieb wird entfernt. Dazu werden die Käse aus der Form genommen, dann wieder zurückgelegt.

h In den Plastikformen verbleiben die jungen Gouda-Laibe bis zum nächsten Morgen.

i Innerhalb dieser Zeit werden sie mehrmals gewendet und wieder in die Formen gesetzt.

j Im Salzbad liegen die Laibe für einige Tage. Aroma entwickelt sich, der Teig wird fester, die Rinde hart.

k Sobald die Laibe ausreichend fest sind, wird mit einem Schwamm die Schutzschicht aufgetragen.

l Im Reifungsraum lagern die Käse, sorgfältig gepflegt, 1 bis 12 Monate, je nach gewünschter Reife.

Goudse boeren kaas, Goutaler & andere

Gouda aus Rohmilch, wie ihn die holländischen Bauern jahrhundertelang herstellten, wird auch heute noch produziert.

Die Altersangabe allein ist bei Gouda allerdings noch keine Qualitätsgarantie. Während einer langen Reifung werden die Käse immer fester im Teig und kräftiger im Geschmack. Dass der in alle Welt exportierte Holland Gouda von so ausgezeichneter, dabei konstant bleibender Qualität ist, kommt nicht von ungefähr. Die modernen, standardisierten Herstellungsmethoden in den großen Käsereibetrieben garantieren die zuverlässig gleich bleibende Güte. Auf jedem Laib sind die Sorte, der Fettgehalt (Fett i.Tr.), der Herstellungsort sowie das Datum der Herstellung auf einem Siegel in der Rinde vermerkt.

Käse hatte in den Niederlanden schon seit dem Mittelalter einen bedeutenden wirtschaftlichen Stellenwert: Seit Anfang des 14. Jahrhunderts gibt es den Leidener Käsemarkt, ein wichtiger Umschlagplatz für Käse. Noch heute zeugen die Käsemärkte in Gouda, Edam oder Alkmaar von dieser großen Vergangenheit. Die seit Jahrhunderten vorherrschende Nachfrage nach einigen speziellen Sorten, allen voran Gouda und Edamer, sowie staatliche Reglementierungen haben dazu geführt, dass die Zahl der in den Niederlanden hergestellten Käsesorten überschaubar blieb, im Gegensatz zu Ländern wie Frankreich oder dem Nachbarn Belgien.

Goudse kaas, Goudse boeren kaas, ein Goudakäse aus Rohmilch wird auch heute noch hergestellt, in Handarbeit auf Höfen in der Region um die Stadt Gouda. Die großen runden Laibe haben eine goldgelbe, ungewachste Rinde. Auch Käsereien wie Kollumer und Texelaar stellen den Goudse kaas her. Oft wird sein von mild bis kräftig-pikant reichendes Aroma noch durch geschmacksgebende Zusätze unterstrichen. In dem Fall werden Zutaten wie Knoblauch, Zwiebeln, Kümmel, Kreuzkümmel, Brennnessel oder andere frische Kräuter unter den Bruch gemischt.

Deutscher Gouda wird in mehreren Fettstufen, mit 45 und 50 %, auch fettärmer mit 30 und 40 % Fett i.Tr., hergestellt. Gouda ist ein über die ganze Welt verbreiteter Käse, den man unter seiner Originalbezeichnung oder auch unter anderen Namen antreffen kann: Zum Beispiel unter Drabant und Gårda in Schweden, als Norvegia in Norwegen, Kolbi in Israel, Kostromskoj syr in Russland, Pategrás in Argentinien oder Prato in Brasilien.

Der so genannte »**Goutaler**« ist ein relativ neuer Käse-Typ mit einem interessanten Stammbaum: Er stellt eine harmonische Verbindung zwischen den kennzeichnenden Eigenschaften von Gouda und Emmentaler dar. Vom Gouda wurde ihm die schnittfeste Konsistenz und die Geschmeidigkeit vererbt, das feine Aroma hat er dagegen

Leerdamer, der zur Gruppe der Maasdamer zählt, hat einen geschmeidigen Teig mit großen Löchern und einen Fettgehalt von 45 % Fett i.Tr.

Jarlsberg, ein Käse aus Kuhmilch, stammt aus Norwegen. Der schnittfeste Teig ist im Geschmack angenehm mild, nussartig und leicht süßlich.

Grünländer, ein bayerischer Schnittkäse in Rollenform, zeigt eine gute Verteilung der großen Löcher. Mit einem Fettgehalt von 48 oder 24 % Fett i.Tr.

vom Emmentaler, daher auch der Name. Der Goutaler hat einen höheren Wassergehalt und eine kürzere Reifezeit. Der Fettgehalt liegt bei 45 % Fett i.Tr., bei der fettärmeren Variante bei etwa 25 % Fett i.Tr. Die Lochung kann unterschiedlich groß angelegt sein.

Der aus Südnorwegen stammende **Jarlsberg** wurde in den 50er Jahren wieder entwickelt. Dieser schnittfeste Käse aus Kuhmilch weist in heutiger Beschaffenheit eine dem Emmentaler ähnliche große Lochung auf. Die Laibe haben einen Durchmesser von 33 bis 35 cm, eine Höhe von 10 bis 12 cm und ein Gewicht von etwa 10 kg. Zudem gibt es noch eine rindenlose Variante in Blockform.

Eine aus den Niederlanden stammende Schnittkäse-Variante ist der **Leerdamer** – den man in seiner Heimat mit zwei, im Deutschen nur mit einem »m« schreibt. Der Käse mit Löchern von Kirschgröße und darüber ist in Deutschland aufgrund seiner Milde besonders beliebt.

Maasdamer ist ein weiterer Vertreter der Großlochkäse. Auch er ähnelt in der Konsistenz dem Gouda und im Geschmack dem Emmentaler. Die zahlreichen kirschgroßen Löcher gelten als sein typisches Merkmal. Die an der Oberseite leicht gewölbten Käselaibe sind mit Plastic Coating überzogen. Diese Rinde ist von kräftig-gelber Farbe, der Teig hellgelb und hat einen nussartigen, milden Geschmack.

Diese neueren Käsesorten werden inzwischen in mehreren europäischen Ländern in unterschiedlichen Qualitäten produziert.

Mimolette ist mit dem großen und kugelförmigen Commissiekaas (der früher auf Anfrage aus Frankreich nach großem Edamer auf Bestellung, also »in Kommission«, geliefert wurde) verwandt. Von dem in Holland hergestellten Käse wird ein großer Teil bei so genannten »Affineurs«, das sind auf die Pflege von Käse spezialisierte Fachleute, in Frankreich gereift; heute zu einem Großteil aber

Danbo, ein dänischer Steppenkäse, schmeckt je nach Herstellung (mit oder ohne Käseflora gereift) und Alter von aromatisch bis würzig. Auch mit Kümmel.

Mimolette ist ein rotorange gefärbter Käse. Der Teig ist je nach Reifegrad geschmeidig bis fest und mürb. Jung schmeckt er mild, später würzig.

Almdammer, ein Schnittkäse aus dem Bayerischen Wald mit 45 % Fett i.Tr., goldgelbem Teig und von geschmeidiger Konsistenz. Nussig voller Geschmack.

Samsø (Samsoe), ein schwedischer Käse in Blockform, mit einem Fettgehalt von 45 % Fett i.Tr. Im Geschmack mild, leicht säuerlich bis süßlich.

→ Gouda & Edamer

waren schon im Mittelalter außerhalb Hollands bekannt und beliebt. Die Nachfrage nach Gouda und Edamer seitens der europäischen Nachbarn war sehr groß. In Frankreich nahmen die Kosten für den Import von Edamer (»Fromage de la commission«) derart überhand, dass Colbert, der Finanzminister Ludwig des XIV., seine Einfuhr schließlich verbot und sich für die Produktion eines Edamer ähnlichen Käses (dem Mimolette) im eigenen Land einsetzte.

← **Brot-Edamer** (Brood-Edammer) mit gelbem Paraffinüberzug, wie es ihn vorwiegend in den Niederlanden gibt.

← **Edamer-Kugeln mit Naturrinde.** Je nach Alter der Käse variiert die Farbe der Rinde von hellgelb bis mittelbraun.

Edamer-Kugeln werden → fast immer mit einer roten oder auch gelben Schutzschicht aus Paraffin überzogen.

Geheimratskäse hat eine → buttrige, geschmeidige Struktur. Die mit Folie überzogenen kleinen Laibe wiegen etwa 500 g.

← **Baby-Gouda,** auch Lunchkaas genannt, wiegt nur zwischen 200 g und 1 kg. Im Geschmack sahnig und milder als Gouda.

← **Friesischer Nelkenkäse** (Friese Nagelkaas) erhäl durch Gewürznelken und Kreuzkümmel (Cumin) eine eigenwillige Note.

Leidener (Leidse kaas) ist → immer mit »Komijn«, Kreuzkümmel, versetzt. Ihn gibt es mit einem Fettgehalt von 20 und 40 % Fett i.Tr.

Estonskij ist ein milder, → gut gereifter Gouda-Typ in Rollenform. Der aus Estland stammende Käse hat 45 % Fett i.Tr.

← **Rossiskij,** ein russischer Schnittkäse mit lebhafter Bruchlochung und vollem Geschmack. Erinnert an Tilsiter. Mit 50 % Fett i.Tr.

← **Bauskij,** ein halbfester Schnittkäse aus Lettland mit Rotflora, weichschnit gem Teig und 50 % Fett i. Angenehm säuerlich.

Vitadam, ein deutscher → Edamer-Typ, kommt mit seinem geringen Fettgehalt (20 % Fett i.Tr.) den Verbraucherwünschen entgegen.

Dänischer Höhlenkäse, → ein gut gereifter Schnittkäse des Danbo-Typs. Er reift in Höhlen bei einer Temperatur von 8 °C.

Edamer & Steppenkäse
Die beliebten Milden

auch dort fabriziert. Und zwar mit 2 bis 4 kg Gewicht und mindestens 40 % Fett i.Tr. und 54 % Trockenmasse. Der schnittfeste bis harte, krümelige Teig mit wenigen Löchern ist gelborange bis rötlich. Je nach Herstellung und Reifung entstehen verschiedene Varianten.

Junge Käse (Mimolette jeune oder Mimolette tendre) schmecken vor allem als Brotbelag. Reifere, etwa 6 Monate alte Käse (Mimolette demi-vieille oder Mimolette demi-étuvée) sowie die mit etwa 12 Monaten sehr reifen Käse (Mimolette vieille oder Mimolette étuvée) eignen sich gut als Imbiss zum Wein, als Appetithappen oder gerieben als Würze für warme Speisen.

Steppenkäse war vor allem im früheren Österreich-Ungarn weit verbreitet, ist aber heute noch in südosteuropäischen Ländern bekannt und beliebt, ebenso wie in Deutschland, Skandinavien und Russland. Wird Steppenkäse noch nach traditioneller Methode hergestellt, hat er eine gut angetrocknete, rotgelbe Käseflora. Oft wird die Käseflora aber auch abgewaschen, der Käse dann getrocknet und anschließend mit einer Schutzschicht aus Wachs überzogen.

Danbo (früher Steppeost), ein dänischer Steppenkäse mit Rund- oder Bruchlochung, mit 20, 30 und 45 % Fett i.Tr. Sein Geschmack ist, je nach Alter und ob mit oder ohne Käseflora gereift, unterschiedlich ausgeprägt.

Samsø (für den Export: Samsoe), nach der gleichnamigen dänischen Insel benannt, wurde ursprünglich zwar dem Schweizer Emmentaler nachempfunden, ist heute jedoch ein Käse mit ganz eigenem Charakter. Sein Teig (30 und 45 % Fett i.Tr.) ist recht fest, mit einigen wenigen erbs- bis kirschgroßen Löchern durchsetzt. Im Geschmack ist er mild und leicht säuerlich bis süßlich. Verwandt sind Elbo, Fynbo und Tybo.

Herrgårdsost (übersetzt »Gutshofkäse«) und **Svecia** (»Schweden«) sind zwei in Schweden sehr verbreitete Käsesorten mit 30 und 45 % Fett i.Tr.

Der **Edamer** oder **Edammer Kaas** ist fast ebenso bekannt wie der Gouda und war wie dieser schon im Mittelalter ein wichtiges Exportgut. Benannt ist der Käse nach der Hafenstadt Edam am Ijsselmeer in der Provinz Noord-Holland, von wo er bereits im 14. Jahrhundert bis nach Frankreich und Spanien verschifft wurde.

Der Käse wurde dort auf Bauernhöfen hergestellt, aus Vollmilch, die noch abends – gleich nach dem Melken – verarbeitet wurde. Inzwischen entsteht der Edamer aus pasteurisierter Milch (einer Mischung von gereifter, teilentrahmter Abendmilch und frisch gemolkener Morgenmilch).

Der beliebte Schnittkäse wird heute in vielen Ländern produziert – oft in der typischen Kugelform, manchmal aber auch in Block- oder Brotform (Letzterer heißt in Holland »Brood-Edammer«). Edamer gibt es mit unterschiedlichen Gewichten, foliengereift oder mit Rinde, die mit rotem oder gelbem Wachs überzogen ist. Sein Teig ist geschmeidig und hat in den Niederlanden einen Fettgehalt von mindestens 40 % Fett i.Tr., in Deutschland sind es zwischen 30 und 50 % Fett i.Tr.

Der finnische Lappi, mild-aromatisch, hat 45 % Fett i.Tr. Bola, ein kugelförmiger Käse nach Edamer-Art mit 45 % Fett i.Tr., wird in Spanien, Portugal sowie in Südamerika geschätzt.

Herrgårdsost, der schwedische »Gutshofkäse«. In Schweden auch als Hartkäse bekannt, ist mild und aromatisch im Geschmack, mit 30 oder 45 % Fett i.Tr.

Deutscher Steppenkäse hat einen milden bis vollen Geschmack, sein Teig ist geschmeidig. Es gibt ihn mit 45 und 50 % F.i.Tr., aber auch fettärmer (30 und 40 %).

Mit kleiner Lochung
Tilsiter und Havarti

Deutscher Tilsiter, 45 % Fett i.Tr. (es gibt ihn auch mit 30, 40, 50 und 60 % Fett i.Tr.), zeigt Käserotflora. Charakteristisch sind auch die gleichmäßige Bruchlochung und der kompakt-geschmeidige Teig.

Der schwedische milde **Gräddost** mit 60 % Fett i.Tr., der weich aber schnittfest ist, gilt als gut geeignet für die Pizzaherstellung.

Zu den gewürzten Käse zählen Dietmarscher Landkäse (55 % Fett i.Tr.) mit Paprika, Diplomat (55 % Fett i.Tr.) mit verschiedenen Gewürzen, Oldenburger Maurice (50 % Fett i.Tr.) mit Kräutern und Gewürzen. Molfseer Büttenkäse (60 % Fett i.Tr.) mit Schnittlauch, Dill oder Knoblauch.

Tilsiter verdankt seinen Namen der früheren ostpreußischen Stadt Tilsit. Heute wird er in verschiedenen Ländern hergestellt, mit weicherer bis kompakterer Konsistenz und verhaltener bis deutlicher Bruchlochung, gereift mit Käserotflora oder in Folie. Aroma und Geschmack reichen von mild bis auf typische Art kräftig-würzig.

Deutscher Tilsiter wird in Brotform oder als runder Laib mit geschmeidigem Teig hergestellt. Seine Rinde ist geschmiert, im Geschmack ist er leicht herb bis pikant. Varianten sind Tilsiter-Laibe mit Kümmel oder auch mit Pfeffer im Teig. Kastenförmige Laibe wiegen zwischen 1,5 und 20 kg Gewicht, die Reifungszeit beträgt mindestens 5 Wochen. Geschmack und Aroma sind leicht herb bis pikant, daneben auch leicht säuerlich, jedoch nicht sauer.

In Finnland kennt man ihn als Kreivi, mit Kümmel als Kesti, in Norwegen als Edda, in Schweden als Ambrosia (mit 55 % Fett i.Tr.), in Deutschland

← **Maribo,** Schnittkäse von der dänischen Insel Lolland. Mit lebhafter, kleiner Bruchlochung und von säuerlich-kräftigem Geschmack. Zwischen 30 und 45 % Fett i.Tr.

← **Svecia** (»Schweden«) gib es in vielen Varianten, ju und gereift, teils auch mi Gewürzen im Teig. Meist mit einem Fettgehalt von 45 % Fett i.Tr.

Wilstermarsch ist eine → nicht sehr verbreitete Käsesorte aus Holstein mit gleichmäßiger Bruchlochung. Dem Tilsiter ähnlich, mit 45 bis 50 % Fett i.Tr.

Prästost (»Priesterkäse«). → mit Bruchlochung und 50 % Fett i.Tr. Der traditionsreiche schwedische Käse schmeckt herb-aromatisch bis kräftig.

auch als Tollenser, als Stangenkäse in Österreich und oft in Verbindung mit einem regionalen Namen, wie in Südtirol Schlanderser, Brunecker oder auch Eisacktaler.

Bei **Schweizer Tilsiter** beträgt der Fettgehalt mindestens 45 % Fett i.Tr., außer beim »1/4-fetten«. Die rundgelochten Käse aus pasteurisierter Milch sind mit einer Reifezeit von 1 bis 1 1/2 Monaten konsumreif, Rohmilchkäse reift 4 bis 6 Monate.

Der **Havarti** ist nach einem Gut auf dem dänischen Seeland benannt. Bis zur Einführung landeseigener Käsenamen im Jahre 1952 wurde er als Dänischer Tilsiter bezeichnet.

Havarti kommt mit 30, 45, 55 oder 60 % Fett i.Tr. (Havarti mild) auf den Markt, mit weichschnittigem Teig und lebhafter, teilweise größerer Bruchlochung. Je nach Alter schmeckt er mild-säuerlich bis kräftig aromatisch. Als Varianten gibt es Havarti mit Gewürzen und Kräutern, mit oder ohne Rinde, Paraffin-Überzug oder Plastic Coating.

Dem Tilsiter ähnlich ist der **Wilstermarsch,** jedoch hat er eine traditionell feinporige, gleichmäßige Bruchlochung. Sein Fettgehalt beträgt 45 oder 50 % Fett i.Tr., er reift 4 Wochen und schmeckt dann mild, oft leicht säuerlich.

Maribo mit 30 oder 45 % Fett i.Tr. wird mit und ohne Rotflora hergestellt. Ohne Rotflora hat er ein mildes Aroma, mit Rotflora ist er kräftig würzig. Verwandt mit ihm ist Turunmaa in Finnland.

Pyrenäenkäse (Fromage des Pyrénées) war ursprünglich eine Sammelbezeichnung für alle in diesem Gebiet hergestellten Käse, steht heute aber zumeist für Käse aus Kuhmilch (Pyrénées vache), die auch, vielfach mit schwarzem Überzug versehen, in den Export gelangen.

Pyrénées pur brebis, wird nur aus Schafmilch hergestellt und hat einen Fettgehalt von meist mehr als 45 % Fett i.Tr.

Unter dem Namen **Ossau-Iraty-brebis-pyrénées** genießen Schafkäse aus den westlichen Pyrenäen, genauer aus den Regionen Béarn und Baskenland, AOC-Ursprungsschutz, sofern sie die Bestimmungen erfüllen. Hergestellt werden sie in verschiedenen Größen hauptsächlich aus der Milch der Manech-Schafe und mit einem Fettgehalt von mindestens 50 % Fett i.Tr. Die Laibe haben einen Durchmesser von 18 bis 28 cm, eine Höhe von 7 bis 15 cm und je nach Größe ein Gewicht zwischen 2 und 7 kg. Die dicke Rinde geht in der Farbe von gelborange bis grau. Der Teig ist fest, geschmeidig und nussartig schmackhaft

Fromage de brebis – Schafkäse aus den Pyrenäen, die den AOC-Bestimmungen nicht entsprechen, werden unter diesem Namen verkauft. Mischungen von Kuh- und Schafmilch werden als Iraty oder Pyrénées fermier angeboten. In Herstellung und Eigenschaften vergleichbare Käse begegnet man auch in den spanischen Berglandschaften, südlich und südwestlich der Pyrenäen.

Havarti ist der »dänische« Tilsiter und wurde bis 1952 auch als solcher gehandelt. Im Vordergrund ein ähnlicher deutscher Tilsiter.

← **Kryddal,** Schweden, ist mit dem Prästost verwandt. Durch den Zusatz von Kümmel ist er sehr würzig. Er hat einen Fettgehalt von mindestens 50 % Fett i.Tr.

← **Hautes Pyrénées** aus den Hochlagen der Pyrenäen mit einer urigen Rinde und einem ausgeprägten Schafmilch-Geschmack. Mit mindestens 45 % Fett i.Tr.

Pyrénées pur brébis aus → den französischen Pyrenäen wird ausschließlich s Schafmilch hergestellt. Mit einem Fettgehalt von nindestens 45 % Fett i.Tr.

Pyrénées vache aus Frankreich wird immer mehr zum Synonym für alle für den Export bestimmten Pyrenäenkäse aus Kuhmilch. Mindestens 45 % Fett i.Tr. →

Würziger Schmelz
Appenzeller & Raclette

Raclette – für das traditionelle Walliser »Nationalgericht« erhitzt man die Schnittfläche eines halben Raclette-Laibes am offenen Feuer, schabt den geschmolzenen Käse ab – der Name von Gericht und Käse kommt schließlich von »racler« (= schaben) – und isst ihn klassisch mit Pellkartoffeln und Gewürzgurken.

Raclette stammt aus dem Wallis. Hergestellt wird er hauptsächlich in der Schweiz und in Frankreich, vor allem für das gleichnamige Käsegericht. In der Schweiz unterscheidet man den Raclette Suisse und den Walliser Raclette. Raclette Suisse (Fromage à raclette, Formaggio da raclette) kann aus roher oder aus pasteurisierter Milch sein, wird in Form flacher Laibe oder Blocks mit 5,5 bis 7,5 kg Gewicht produziert. Auf der Järbseite (dem Rand) muss die Bezeichnung »Raclette« eingeprägt sein. Walliser Raclette (Fromage à raclette Valaisan, Formaggio Valesano da Raclette), ist ausschließlich aus Rohmilch hergestellt. Ihn gibt es in runder Form mit über 50 regionalen und lokalen Ursprungsbezeichnungen wie Bagnes, Forclac, Gomser, Valais, Wallis – die Namen sind jeweils am Rand eingeprägt. Raclette Suisse enthält mindestens 45 % Fett i.Tr. Walliser Raclette mindestens 50 % Fett i.Tr. Der elfenbeinfarbene bis hellgelbe Teig ist schnitt- und schmelzfähig, der Geschmack mild, mit fortschreitender Reifung aromatischer. Raclette Suisse reift optimal 90 Tage, Walliser Raclette immer 90 Tage. In Frankreich gibt es einen Fromage à raclette oder Raclette und eine Petite raclette mit mindestens 45 % Fett i.Tr., die Reifezeit beträgt 8 Wochen.

Fontina darf ausschließlich im Aostatal und nur aus Rohmilch hergestellt werden. Die Laibe mit mindestens 45 % Fett i.Tr. sind 8 bis 18 kg schwer, 7 bis 10 cm hoch und haben einen Durchmesser von 30 bis 45 cm. Die Laibe reifen mindestens drei Monate. Die dünne gelbliche bis hellbraune oder auch rotbraune Rinde umschließt einen hellen, elastisch-weichen, buttrig-schmelzenden Teig, der wenige kleine Löcher aufweist und angenehm süßlich-würzig schmeckt.

Unter dem Namen **Fontal** haben sich innerhalb und außerhalb Italiens nach Art des Fontina aus pasteurisierter Milch hergestellte Käse verbreitet.

Aus der Schweiz stammt der **Appenzeller**, der einst Anlass zu kriegerischen Auseinandersetzungen zwischen abgabepflichtigen Bauern und dem Kloster St. Gallen, dem wichtigsten Marktplatz für Appenzeller Käse, war. Appenzeller, heute weit über die Landesgrenzen hinaus beliebt, wird aus Rohmilch mit mindestens 48 % Fett i.Tr. hergestellt. Der zarte, weichschnittige Teig zeigt eine sparsame, gleichmäßige, erbsengroße Lochung. Die 6,2 bis 8 kg schweren Laibe mit einem Durchmesser von 30 bis 33 cm haben einen leicht gewölbten Rand und eine feste Rinde mit gelb- bis rötlichbraunem Belag. Dieser besteht aus einer leicht angetrockneten Schmiere, die während der Reifung durch die Behandlung der Laibe mit »Sulz«, einer Flüssigkeit aus Wein, Hefen, Salz und Gewürzen, entsteht. Sie trägt zu dem für diesen Käse typischen Geschmack bei. Appenzeller kennt man in mehreren Varianten: Classic, vollwürzig-fein, 3 Monate gereift (auch als Bio-Käse erhältlich); Surchoix, kräftig würzig, mindestens 4 Monate gereift; Extra, extra würzig (5 1/2 Monate gereift). Weiter gibt es die fettarme Variante »1/4 Fett« mit nur 20 % Fett i.Tr. sowie »1/4 fett räss«, der 6 bis 8 Monate gelagert wird.

Die graue Schicht des **Morbier** besteht nicht mehr aus Asche, diese sollte früher den frischen Bruch über Nacht schützen, sondern ist rein pflanzlich.

Raclette wird in der Schweiz und in Frankreich produziert. Dank seiner Eigenschaft zu schmelzen, ohne sofort zu zerfließen, eignet er sich gut fürs Raclette.

Fontina, ein D.O.P-Käse aus dem Aostatal, darf nur aus Rohmilch hergestellt werden. Im Sommer entsteht er auf den Alpen, sonst in den Käsereien im Tal.

Baldauf Bauernkäse, feinwürziger Rohmilchschnittkäse aus dem Allgäu.

Appenzeller ist ein traditioneller, sehr aromatischer Schweizer Rohmilchkäse. Eine fettreduzierte, noch würzigere Variante ist als Appenzeller Rässkäse bekannt.

Fontal heißen nach Art des Fontina hergestellte Käse aus pasteurisierter Milch. Sie werden auch außerhalb Italiens hergestellt und nach Italien exportiert.

Schweizer Tilsiter hat mit Tilsiter nur den Namen gemein. Rohmilchkäse werden in der Schweiz rot, solche aus pasteurisierter Milch grün etikettiert.

Morbier, ein Schnittkäse aus der Franche-Comté mit mindestens 45 % Fett i.Tr. Aus roher und pasteurisierter Milch mit dem typischen grauen Streifen.

→ Käse wie Fontina oder Raclette

sind durch ihr würziges Aroma für viele Gerichte der geeignete Käse. Fontina sowie der verwandte Fontal schmelzen besonders leicht, verlaufen allerdings auch stark. Soll der Käse zwar schmelzen, aber weniger zerlaufen, empfiehlt sich Raclette-Käse oder auch der Baldaufer Bauernkäse, der wie Raclette auch zum Überbacken verwendet werden kann.

Montasio & Co.
Schnittkäse aus Italien

Montasio fresco, hier etwa 4 Wochen alt. Ähnlich wie Pecorino, der ebenfalls in erster Linie als gereifter Hart- und Reibkäse Verwendung findet, wird auch der Montasio gerne jung, nur wenige Wochen gereift, verzehrt.

Montasio mezzano (mittelalter Montasio) wird nach etwa 2 bis 4 Monaten als Tafelkäse genossen. Das hier abgebildete Exemplar ist bereits 6 Monate gereift und erinnert von der Struktur und Konsistenz her schon beinahe an einen Reibkäse.

Herstellung: Das Bruch-Molke-Gemisch läuft in eine Vorpresswanne.

Der Bruch wird gleichmäßig verteilt und leicht gepresst; die Molke läuft ab; die Stücke werden ausgeschnitten.

Die Stücke werden eingetucht, in Rundformen gelegt und 24 Stunden bei steigendem Druck gepresst.

Die Laibe werden mehrmals gewendet und die Tücher neu angelegt.

Das Salzen erfolgt für 1 bis 2 Tage im Salzbad, danach werden die Laibe noch 1- bis 2-mal trocken gesalzen.

Im Reifekeller findet anschließend die Lagerung der Laibe bei 14 bis 16 °C mit regelmäßiger Pflege statt.

Der **Montasio** verdankt seinen Namen der gleichnamigen Berggruppe in den Julischen Alpen in Nordostitalien. Der ursprungsgeschützte Käse mit D.O.P.-Siegel wurde früher grundsätzlich aus Kuhrohmilch hergestellt, heute verwendet man thermisierte Milch. Als einen Zwillingskäse des Montasio kennt man den Carnia, hergestellt aus Kuhrohmilch, teils auch mit Schafmilch.

Die Herstellung von Montasio erfolgt heute auf moderne Art, doch nach den alten Prinzipien. Er wird vor allem in den Provinzen Udine und Gorizia und dort ähnlich wie der Asiago vor allem in Genossenschaftskäsereien produziert.

Montasio wird als milder Tafelkäse, als Montasio fresco, angeboten, mit mehreren Monaten als Montasio mezzano und mit einem Jahr Reifezeit und mehr als Montasio vecchio. Dann ist er als aromatisch-pikanter Reibkäse hoch geschätzt. Die flachen Montasio-Laibe haben einen Durchmesser von 30 bis 40 cm, eine Höhe von 6 bis 8 cm und wiegen zwischen 6,5 und 7,5 kg. Die Rinde ist glatt und leicht rötlich, der Teig bei jungem Käse kompakt mit leichter, gleichmäßig verteilter Lochung; bei gereiftem Käse ist er bröckelig mit nur noch wenigen Löchern. Sein Fettgehalt beträgt mindestens 40 % Fett i.Tr. Auf den Laiben werden Herstellungsort und -datum vermerkt.

Als **Asiago** bezeichnet man zwei ganz unterschiedliche italienische Schnittkäse:

Asiago d'Allevo (auch Asiago d'Allievo) stammt von der Hochebene von Asiago oder der Sette Communi in der Provinz Vicenza. Er wird in der Region Veneto und den angrenzenden Gebieten hergestellt. Sein Fettgehalt beträgt mindestens 34 % Fett i.Tr., liegt aber oft auch bei 40 % und darüber. Die flachen Laibe sind 8 bis 14 kg schwer. Unter der glatten, gelbrötlichen Rinde verbirgt sich ein schnittfester, heller Teig mit wenigen kleinen Löchern. Bei älteren Laiben wird der Teig zunehmend kompakter, dunkler und körnig-krümelig. Entsprechend ändert sich auch der Geschmack von mild-würzig (beim jungen Asiago dolce) über kräftig (Asiago medio) bis zu pikant (beim harten, reibfähigen Asiago piccante).

Asiago pressato ist ein Käse ähnlicher Größe, mit 44 % Fett i.Tr. und mehr, jedoch mit weichschnittigem Teig und lebhafter Bruchlochung. Er wird als Tafelkäse schon nach wenigen Wochen, also noch ziemlich jung, geschätzt.

Raschera ist der typische Käse aus den Valli Monregalesi. Üblicherweise ist er aus Kuhmilch, die D.O.P.-Bestimmungen erlauben allerdings auch die Verwendung geringer Mengen Schaf- oder Ziegenmilch. Die Reifung in kühlen, feuchten Räumen dauert mindestens 20 Tage.

Toma Piemontese hat als Einziger der großen Toma-Familie Ursprungsschutz (D.O.P.) erhalten. Die 2 bis 8 kg schweren und zwischen 15 und 35 cm großen Laibe reifen traditionell in Grotten.

Raschera, ein aus Kuhmilch hergestellter, ursprungsgeschützter Schnittkäse (D.O.P.) aus dem Piemont. Aromatisch, fein-würzig, mit mindestens 32 % Fett i.Tr.

Toma Piemontese, ein italienischer Schnittkäse aus Kuhrohmilch. Mit hellem, elastischem Teig und mild-süßlichem Geschmack, mindestens 50 % Fett i.Tr.

→ Unter dem Namen Pressato

trifft man entlang des Alpensaums bis ins Piemont auf ähnliche, aber auch andere, eher dem Fontal vergleichbare Käse (auch fettärmere, einfach Magro d'Alpe oder Semigrasso d'Alpe genannt). Dem Asiago grasso di monte, dem fetten Gebirgs-Asiago mit einem Fettgehalt von 45 % Fett i.Tr. und mehr, entsprechen Typen des Monte Veronese und die lombardischen Alpkäse Bitto und Branzi, in allen Reifestadien, vom jungen Tafelkäse bis zum alten Reibkäse.

Asiago pressato, auch nur Pressato genannt, kommt aus dem Veneto, dem Ursprungsland des Asiago. Er wird jung, nach 4 Wochen, als Tafelkäse verzehrt.

Asiago d'Allevo ist nach 3 bis 6 Monaten Reifung ein milder bis würziger Tafelkäse. Ausgewählte Laibe reifen bis zu einem Jahr und länger zum Reibkäse.

Spanien, Portugal und Räucherkäse

Ein deutscher Räucherkäse ist Basils Original Rauchkäse. Er wird über Buchenholz geräuchert, hat 55 % Fett i.Tr. und schmeckt rahmig-rauchig. Ihn gibt es auch in Varianten mit Chili/Paprika oder Schinken im Teig.

Geräuchert werden Käse seit alters her, schon die Griechen und Römer kannten die Technik. Vorwiegend nimmt man dazu Schnittkäse, aber auch Hartkäse oder Schmelzkäse wird geräuchert. Sogar Frischkäse hängt oder stellt man in den Rauch. Die Käse werden auf diese Weise nicht nur »schöner«, weil sie durch den Rauch eine dunklere Oberfläche erhalten, das Räuchern wirkt sich insbesondere auf das Aroma und die Haltbarkeit aus.

Scamorza affumicata, ein kleiner, gereifter Filata-Käse aus Kuhmilch mit zartem Rauchgeschmack, oder eine geräucherte Mozzarella di bufala sind bekannte Beispiele aus Italien.

Queso ahumado ist ein geräucherter Käse aus der spanischen Provinz Navarra, wo die alte Tradition des Räucherns noch heute fortlebt. Charakteristisch ist die durch den Rauch bräunlich gewordene Rinde. Der Teig ist schnittfest, Aroma und Geschmack sind angenehm vom Rauch geprägt.

Der ursprungsgeschützte **Tetilla** ist die bekannteste Käsesorte aus Galicien, der relativ grünen und regenreichen Region im äußersten Nordwesten Spaniens. Die Form ist birnen- oder tropfenförmig, unten etwas abgeflacht, nach oben spitz auslaufend. Typisch ist die dünne, glatte, gelbe Rinde.

Hergestellt wird Tetilla aus roher oder pasteurisierter Vollmilch. Er reift zwischen einer Woche und zwei Monaten. Durch die relativ kurze Reifezeit ist sein Teig weich, cremig, von elastischer Textur und weist nur wenige Löcher auf. Im Geschmack ist er mild, buttrig und leicht säuerlich.

Alt Urgell y la Cerdanya, ein Schnittkäse aus pasteurisierter Kuhmilch mit D.O.P.-Siegel, stammt aus dem katalanischen Teil der Pyrenäen. Er hat eine natürlich hellbraune Rinde, einen cremig-zarten Teig mit kleiner Lochung und ein typisches, süßliches Aroma. Im Geschmack ist der Käse mit mindestens 50 % Fett i.Tr. mild und fruchtig.

→ **Iberische Hart- und Schnittkäse** sind – mit Ausnahme des Manchego – hier zu Lande nicht überall zu bekommen. Am besten fragt man beim Fachhändler und Spezialisten nach. Präsentiert werden sie auch gelegentlich im Rahmen spezieller Wochen in den Feinkostabteilungen großer Kaufhäuser.

Queso ahumado, geräucherter spanischer Schnittkäse aus einer Mischung von Kuh-, Schaf- und Ziegenmilch, mit einem Fettgehalt von 50 % Fett i. Tr.

Tetilla, spanischer D.O.P.-Schnittkäse aus Kuhmilch, mindestens 7 Tage gereift, etwa 1 kg schwer. Charakteristisch ist die konische Form. Mit 45 % Fett i.Tr.

Scamorza, birnenförmiger Filatakäse aus Kuhmilch mit hellem Teig und dünner Rinde. Der 300 bis 500 g schwere Käse aus Italien wird häufig geräuchert.

Iberico wird aus Kuh-, Schaf- und Ziegenmilch hergestellt. Die 3 kg schweren Laibe stammen aus Kastilien-La Mancha, mit mindestens 55 % Fett i.Tr.

La Serena, Torta de la Serena, ein halbfester Schnittkäse aus der Estremadura mit geschützter Ursprungsbezeichnung (D.O.P.). Der Käse, hergestellt aus der Rohmilch von Merinoschafen, zählt zu den beliebtesten und teuersten Käse Spaniens. Er hat einen buttrig, geschmeidigen Teig mit Löchern und ist vollmundig im Geschmack – mit einer leicht bitteren Note. In weit gereiftem Zustand löffelt man ihn am besten.

Der **Iberico,** ein spanischer Schnittkäse, wird – wie viele spanische oder portugiesische Käsesorten – aus einer Mischung von Kuh-, Schaf- und Ziegenmilch produziert. Schnittkäse nur aus Schafmilch sind beispielsweise La Alberca aus Kastilien-La Mancha oder auch Ros, ein würzig-delikater Schafmilch-Schnittkäse aus Katalonien mit mindestens 55 % Fett i.Tr.

Aus dem Alentejo kommt der **Queijo de Nisa**, ein portugiesischer Schnittkäse aus roher Schafmilch, der mit dem pflanzlichen Gerinnungsstoff Kardone *(Cynara cardunculus)* gekäst wird.

Schnittkäse aus gemischter Milch (Kuh, Schaf und Ziege) sind zudem der aromatische Sitia da perdiz mit 45 % Schaf-, 45 % Ziegen- und 10 % Kuhmilch sowie der Baral quejo. Letzterer wird aus einer Mischung von 70 % Kuh- und je 15 % Schaf- und Ziegenmilch hergestellt. Beide stammen aus der Region Estremadura-Ribatejo.

Zu den halbfesten Schnittkäsen wird die **Torta del Casar** aus der spanischen Estremadura gerechnet. Die 1-kg-Laibe werden mit dem pflanzlichen Gerinnungsstoff Kardone produziert und haben einen nachhaltigen Schafmilchgeschmack.

Ebenfalls aus der Estremadura stammt **La Serena** oder auch **Torta de la Serena,** genauer gesagt aus der Comarca da La Serena, einer an Portugal angrenzenden Gegend im Südwesten Spaniens. Hergestellt wird der halbfeste Schnittkäse auf kleinen Höfen, aber auch in modern ausgestatteten Käsereien; die Hauptproduktionszeit reicht von Beginn des Winters bis Frühlingsende. Die zur Herstellung verwendete Rohmilch stammt ausschließlich von Merinoschafen. Diese geben sehr wenig, aber extrem fette Milch. Zur Herstellung von 1 kg La-Serena-Käse benötigt man die Milch von 15 Schafen. Die Rohmilch wird auf eine Temperatur von 28 bis 32 °C erhitzt und mit dem pflanzlichen Gerinnungsstoff Kardone dickgelegt. Anschließend reift der Käse zwei Monate in feuchtwarmer Umgebung.

Queijo de azeitão, halbfester Schnittkäse aus Portugal, stammt aus der Küstenregion um Lissabon. Hergestellt wird er aus Schafrohmilch mit mindestens 45 % Fett i.Tr. Leicht bitter bis zart-säuerlich im Geschmack, je nach Reife cremig bis fließend.

Ebenfalls aus Schafrohmilch ist der **Castelo branco** aus Zentralportugal; auch er wird – wie der Queijo de azeitão – mit dem pflanzlichen Gerinnungsstoff Kardone dickgelegt. Er hat eine leicht rötliche, gewaschene Rinde, einen geschmeidigen Teig, mindestens 45 % Fett i.Tr. und schmeckt würzig.

Queijo de Nisa, ein portugiesischer Schnittkäse mit D.O.P.-Siegel aus Schafrohmilch. Mindestens 45 % Fett i.Tr. Hier deutlich gereift und würzig.

Torta del Casar, ein halbfester Schnittkäse aus Merinoschafrohmilch, mit mindestens 55 % Fett i.Tr. Schmeckt leicht säuerlich und sehr cremig.

Halbfeste Schnittkäse
Esrom und Butterkäse

Halbfeste Schnittkäse sind, bedingt durch ihren Gehalt an Trockenmasse beziehungsweise Wasser, weicher als Schnittkäse und fester als Weichkäse. International hat sich die Bezeichnung »Semi-soft cheese« (halbweiche Käse) eingeführt.

Die Käse dieser Gruppe sind sehr vielgestaltig: Die Oberfläche (ohne oder mit Rinde) kann blank, mit feuchter oder angetrockneter Käserotflora, mit Hefen und Schimmel bedeckt oder auch mit Wachs, Paraffin oder Plastic Coating überzogen sein. Die Farbe reicht von gelblich (ähnlich der des Käseteigs) bis rötlich, bräunlich oder schwarz, wobei eine dunkle Färbung nicht selten den Eindruck bodenständiger Tradition vermitteln soll. Der Teig Halbfester Schnittkäse hat eine typische, weichgeschmeidige Konsistenz und ist gut schneidbar.

Esrom wurde 1937/38 von Mitarbeitern des staatlichen dänischen Milchwirtschafts-Instituts in Hillerød wiederentdeckt und neu entwickelt.

Würzende Zutaten

sind bei Esrom besonders beliebt. Es gibt ihn in verschiedenen Geschmacksrichtungen: Mit Kräutern der Provence, Pfeffer oder Kümmel (von links nach rechts).

Den aromatischen **Esrom,** ein typisches Mitglied dieser Gruppe, stellten ursprünglich Mönche des Klosters Esrom im nördlichen Seeland her. Danach lange Zeit in Vergessenheit geraten, wurde er in den 30er Jahren in Dänemark wiederentdeckt und weiterentwickelt – unter der Bezeichnung Dänischer Port-Salut. Seinen heutigen Namen erhielt er 1952, als alle dänischen Käse nach einheimischen Landschaften und Orten benannt wurden.

Esrom-Brote sind etwa 1,3 kg schwer, können aber auch kleiner oder größer sein. Die dünne, gelbliche Haut ist mit einer leichten Flora überzogen oder gewachst. Der gelbliche Teig mit 45 und 60 % Fett i.Tr. hat zahlreiche kleine, unregelmäßige Löcher und ein kräftiges bis pikantes Aroma. Im Handel wird er auch als dänischer Butterkäse bezeichnet.

Bel Paese (»Schönes Land«), ein unverwechselbarer italienischer Käse, wird in flachen Laiben mit 2 kg Gewicht hergestellt. Für vergleichbare Käse-Typen wurde in Italien 1941 der Name Italico geschaffen. In Kanada setzte sich die Bezeichnung Butter cheese (mit 50 % Fett i.Tr.) durch, in Deutschland und Österreich Butterkäse.

Deutscher Butterkäse kommt mit 45, 50 und 60 % Fett i.Tr. auf den Markt. Der Teig ist, dem jeweiligen Fettgehalt entsprechend, elastisch bis cremig-schmelzend. Geschmack und Aroma sind mild, haben aber eine besondere Note.

Aus Frankreich stammt der milde **Bonbel** mit weichschnittigem Teig und 50 % Fett i.Tr., die »leichte« Variante hat 25 % Fett i.Tr. Bonbel gibt es in Brotform mit 2,3 kg Gewicht.

Brick (»Ziegelstein«) stammt aus den USA. Traditionell wird er mit rötlich brauner Rinde und leicht angetrockneter Flora hergestellt, heute jedoch meist ohne Rinde gehandelt. In den USA hat er mindestens 50 % Fett i.Tr., in Deutschland 45 % Fett i.Tr. Mit Käseflora hergestellter Brick steht vom Typ her zwischen Limburger und Tilsiter und schmeckt nach einer Reifungszeit von 3 Wochen bei 15 °C mild, lässt man ihn noch weitere 1 bis 2 Monate bei 7 bis 10 °C weiterreifen, entwickelt sich ein kräftiges Aroma.

Bianco und **Almkäse** repräsentieren eine ganze Gruppe von Käsesorten, die erst in den letzten Jahrzehnten in Deutschland entwickelt wurden. Sie zeichnen sich durch einen weichschnittigen Teig mit meist reichlicher Bruchlochung aus.

Bel Paese, ein beliebter italienischer Käse mit weichem, elastischem, strohfarbenem Teig und leicht säuerlichem, zartem Geschmack. Mit 50 % Fett i.Tr.

Bonbel, ein milder, weichschnittiger Käse aus Frankreich. Laibe mit rötlicher Rinde enthalten 50 % Fett i.Tr., solche mit hellgelber Rinde nur 25 % Fett i.Tr.

Babybel und Mini-Babybel heißen die portionsgerechten, mit gelbem oder rotem Wachs überzogenen Laibchen, die heute verbraucherfreundlich mit einem Aufreißband zum einfachen Öffnen versehen sind.

Deutscher Butterkäse, gleichmäßig durchgereift, mit geringer Lochung. Heute eher fester Teig und reichliche Lochung.

Brick, ursprünglich ein amerikanischer Käse, entstand 1875 in Wisconsin. Heute reift er meist ohne Rotflora in Folie. Je nach Reife mild oder kräftig.

Bianco hat einen weißgelben Teig mit reichlicher Bruchlochung und 55 % Fett i.Tr. Ohne Rinde. Butterzart mit mild-säuerlicher Note. Auch mit Knoblauch.

Almkäse hat einen vollen ausgeprägten Geschmack, der bei fortschreitender Reifung herzhaft-würzig wird. Mit einer leichten Käseflora und 50 % Fett i.Tr.

Trappistenkäse
Aromatisch & pikant

Als **Port-du-Salut** oder **Port-Salut** dürfen nur Käse gehandelt werden, die im französischen Entrammes in Lizenz des Trappistenklosters hergestellt wurden.

Saint-Paulin wird teilweise noch mit Käserotflora gereift oder angereift, abgewaschen, getrocknet und mit Plastic Coating versehen. Weicher Teig, sehr mild im Geschmack.

→ Ausländische Herstellung

Ein namhafter ausländischer Herstellungsort für Trappistenkäse war das Kloster Maria-Stern in Banja Luka in Bosnien-Herzegowina. Von dort aus gelangte diese Käsesorte in die Länder der früheren österreichisch-ungarischen Donaumonarchie und weiter.
Ein verbreiteter Name für verschiedene Varianten mit eigener Art ist Klosterkäse.

Ein halbfester Schnittkäse besonderer Art ist der **Trappistenkäse** (Fromage de Trappiste), der von Mönchen weit verbreitet wurde. Als die während der Französischen Revolution ins Exil gezwungenen Trappisten nach Ende der napoleonischen Herrschaft in ihre Klöster zurückkehrten, begannen die Mönche der bei Entrammes gelegenen Abtei Notre-Dame de Port-du-Salut, einen wohlschmeckenden Käse herzustellen, der bald auch außerhalb des Klosters als Port-du-Salut oder einfach Port-Salut bekannt wurde.

Mehr als 10 verschiedene Käsearten dieses Typs gibt es inzwischen allein in Frankreich. Und auch in anderen Ländern kennt man Trappistenkäse, wenn auch in unterschiedlicher Form und Größe und in verschiedenen Fettstufen.

Heute ist Trappistenkäse in recht unterschiedlicher Beschaffenheit weit verbreitet. Die Oberfläche kann trocken sein, kann aber auch eine angetrocknete Käserotflora aufweisen oder gewachst sein. Unter dem Namen Port-du-Salut oder Port-Salut dürfen ausschließlich solche Käse gehandelt werden, die im französischen Entrammes in Lizenz des Trappistenklosters hergestellt werden. Dies hat zur Entwicklung eines Käses gleicher Art mit neuem Namen geführt: dem Saint-Paulin.

Vorgeschrieben sind für **Saint-Paulin** die Laibform mit einem Durchmesser von 20 cm und einer Höhe von 4 bis 6 cm sowie mindestens 40 % Fett i.Tr., für den Petit Saint-Paulin 8 bis 13 cm Ø und 3 bis 4,5 cm Höhe bei gleichem Fettgehalt.

Echourgnac, ein Trappistenkäse aus dem Périgord, ähnelt dem Mont des Cats aus dem französischen Flandern. Beide haben eine halbtrockene, gelbrote Flora und sind angenehm kräftig im Geschmack.

Weitere **kleine Trappistenkäse** sind Chambarand (Dauphinée), Campénéac (Bretagne), Citeaux (Bourgogne), Igny (Champagne), Oelenberg (Elsass), Beaumont und Tamié (Savoyen) und der etwas größere Bricquebec (Normandie). Ähnlich sind der britische Penbryn und Oka aus Kanada.

Deutscher Trappistenkäse wird mit angetrockneter Käserotflora oder blank hergestellt. Er hat eine lebhafte Bruch- und Gärlochung, der Teig ist oft fest wie Schnittkäse. Bekannte Sorten sind Castor, Porta Prälat und Tegernauer.

Der niederländische **Kernhem** reift mit Oberflächenflora bei 15 °C in feuchten Kellern und entwickelt dabei ein pikantes Aroma. Sein Fettgehalt liegt bei über 60 % Fett i.Tr., der Teig ist dadurch besonders geschmeidig.

← **Le Trappiste de Belval** wird in der Picardie in Frankreich noch heute auf traditionelle Art mit Oberflächenflora hergestellt. Mit kräftig-würzigem Geschmack.

← **Echourgnac** ist ein kleinerer nur etwa 300 g schwerer runder Trappistenkäse aus dem Périgord. Er hat einen angenehm feinen Geschmack.

mié, Trapp de Tamié aus → Savoyen gibt es in 2 Grö- n: mit 550 bis 600 g oder bis 1,5 kg schwer. Er ist wie alle Trappistenkäse us Kuhmilch. Volles Aro- a, kräftiger Geschmack.

Cushlee, ein irischer Käse → vom Typ Port-Salut. Er weist eine leichte, trockene Käserotflora, lebhafte Bruchlochung und einen mild-würzigen Geschmack auf. Mit 46 % Fett i.Tr.

← **Mondseer,** auch als Schachtelkäse bekannt, stammt aus dem österreichischen Salzkammergut. Er weist Rotflora auf und ist im Geschmack kräftig und würzig.

← **Deutscher Trappistenkäse,** hier ein Exemplar ohne Rinde, wird auch mit angetrockneter Rotflora hergestellt. Er ist in Brot- oder Laibform erhältlich und schmeckt mild bis kräftig.

Brigand, ein belgischer → Käse aus Flandern mit orangefarbener Rinde, schmeckt mild, wird mit zunehmender Reife kräftiger und hat eine leicht edelbittere Note.

Echte Loo véritable, ein → leicht gewölbter Käse aus Belgien, hier mit einem dunklen Kunststofffilm überzogen, kann je nach Reifegrad mild bis kräftig schmecken.

← **Ridder** aus Norwegen (in Schweden Riddar) hat einen weich-geschmeidigen, gut schneidbaren Teig. Der Käse mit der goldorangen Haut ist sahnig-aromatisch und hat 60 % Fett i.Tr.

← **Pavé d'Auge, Pavé de Moyaux** stammt aus der Normandie. Mit gelbgrauer bis orangebrauner trockener Flora und Milchschimmel. Weicher Teig, je nach Reife mild bis kräftig. 50 % Fett i.Tr.

Pont l'Evêque, einer der → oßen Käse aus der Normandie, mit AOC-Siegel. ergestellt aus roher und aus pasteurisierter Kuhmilch in verschiedenen rößen. Mit 45 % Fett i.Tr.

Nantais, auch **Fromage de Curé** genannt, mit feuchter oranger Rinde und goldgelbem speckigem Teig. Die Laibchen aus pasteurisierter Kuhmilch wiegen etwa 200 g. Mit 40 % Fett i.Tr. →

Tomme, Reblochon
Banon und Vacherin

Tomme de Savoie wurde ursprünglich nur in Savoyen hergestellt, wird heute jedoch weit darüber hinaus produziert. Die Oberfläche des Käses ist meist grau, oft mit dem für ihn typischen Schimmelrasen überzogen und mit bräunlich roten Flecken gesprenkelt. Die Rinde wird vor dem Verzehr entfernt. Ein Tomme de Savoie hat einen cremigen Teig mit mildem Geschmack und mindestens 40 % Fett i.Tr. Ursprungsschutz (AOC) genießt der Tommes de Bauges.

Die Vielzahl an runden **Tommes** oder **Tomes,** in Italien als **Toma** bekannt, ist enorm. Für die Herstellung der in der Regel eher kleinen bis mittelgroßen Laibe mit relativ kurzer Reifezeit ist oft nur wenig Milch erforderlich. Produziert werden Tommes entweder aus Kuhmilch oder aus einer Mischung von Kuh-, Schaf- und Ziegenmilch.

Tommes de Savoie gibt es – in Verbindung mit lokalen Namen – in unterschiedlicher Beschaffenheit und Größe. Ursprünglich nur in Savoyen hergestellt, hat sich dieser Käse-Typ heute auch in den südlich angrenzenden Bergregionen und im Massif Central verbreitet. Charakteristisch ist das oft strenge Aroma, der Käse riecht manchmal etwas muffig, hat aber einen überraschend angenehmen, milden Geschmack. In der Regel haben die 1,5 bis 3 kg schweren und 5 bis 8 cm hohen Laibe aus pasteurisierter Milch (Käsereikäse/Winter) oder Rohmilch (Alpkäse/Sommer) einen Durchmesser von 18 bis 30 cm und mindestens 40 % Fett i.Tr.

Der **Tomme de Beaujolais** stammt aus dem für seinen Wein berühmten Landstrich zwischen Lyon und Mâcon. Dezent in Aroma und mild im Geschmack.

Tomme de brebis, ein französischer Schnittkäse aus Schafmilch mit relativ mildem Geschmack und in der typisch runden Form der Tommes de Savoie.

Banon, früher als kleines Ziegenkäschen, teils mit Würzkräutern, bekannt. Hier als zarter, milder Kuhmilchkäse in der noch immer typischen »Verpackung«.

Reblochon, ein in Frankreich ursprungsgeschützter AOC-Käse aus roher Kuhvollmilch mit mindestens 45 % Fett i.Tr., oft auch mit 50 % und mehr. Die flachen Laibe sind etwa 500 g schwer, bei Petit Reblochon nur 250 g. Die trockene Rinde ist blassrosa bis gelblich, bräunlich und oft mit einem Anflug weißlicher Flora. Der Teig ist strohfarben und weich-geschmeidig, mit geringer Lochung. Gut Gereifte haben einen kräftigen Geschmack. Daneben gibt es ähnliche Käse aus pasteurisierter Milch. Auch in der Westschweiz wird ein Reblochon-Typ produziert, ebenso wie auf einigen Alpen des italienischen Gebirgsabhangs. Dort ist der Name Reblosson oder Rebruchon überliefert. Dies wie jenseits der Grenze bedeutet der Name »Milch der 2. Melkung«, die man in früheren Zeiten an den Steuereinnehmern vorbei zum Eigenbedarf käste.

Als **Vacherin** bezeichnet man verschiedene Käse in der Westschweiz sowie in Ostfrankreich. Die Stadt Fribourg in der Schweiz gab dem Vacherin fribourgeois seinen Namen. Bei dem aus roher und pasteurisierter Milch hergestellten Käse mit mindestens 45 % Fett i.Tr. und 52 % Trockenmasse, der frühestens nach 60 Tagen konsumreif ist, unterscheidet man 2 Varianten: den festeren Vacherin pour la main zum direkten Verzehr und den weichen Vacherin pour fondue. Die Laibe mit 6 bis 10 kg Gewicht haben eine dünne Haut mit braungelblicher Schmiere und einen gelblichen Teig. Je nach Reife leicht säuerlich bis aromatisch.

Der **Vacherin Mont d'Or** aus der Schweiz ist ein Käse ganz anderer Art. Die Laibe wiegen zwischen 0,5 und 3 kg, haben eine rötlich braune Rinde und oft mehr als 50 % Fett i.Tr. und 42,5 % Trockenmasse. Der Teig ist weißlich, in gut gereiftem Zustand sehr aromatisch und kräftig im Geschmack. Gelegentlich schmeckt er, dank der Reifung in einer Form aus Tannenrinde, leicht nach Tannenholz. Ein in der Gegend des Lac de Joux hergestellter Käse heißt Vacherin de Joux.

Schweizer Mutschli sind kleine Alpkäse von den Hochlagen der Schweizer Bergtäler, die jünger oder reifer, weicher oder fester sein können.

Reblochon, Kuhrohmilchkäse mit AOC-Siegel aus der Savoie und Haut-Savoie. Mit dünner, orangefarbener Rinde und speckigem Teig. Mindestens 45 % Fett i.Tr.

Vacherin Mont d'Or, hier aus dem Schweizer Jura, wird zwischen September und März hergestellt. Mit weichem Teig und oft mehr als 50 % Fett i.Tr.

Vacherin fribourgeois, Freiburger Vacherin, ein Käse für Fondues oder zum direkten Verzehr. Je nach Reifegrad schmeckt er leicht säuerlich bis aromatisch.

Vacherin du Haut-Doubs/Mont d'Or, Winterkäse mit AOC-Siegel aus dem Französischen Jura. In der Diskussion um die Herkunft hat die Schweiz nachgegeben.

→ Vacherin-Käse

Der 500 g bis 1 kg schwere französische Vacherin Mont d'Or wird in mehr als 700 Metern Höhe erzeugt und in Spanholzschachteln aus Fichten- oder Tannenholz verpackt. Sein Teig ist in reifem Zustand sehr weich bis zerlaufend. Auch ein Verwandter aus der Savoie, der Vacherin de Beauges, ist oft so weich, dass er mit dem Löffel gegessen werden kann. Er wird während der Reifung mit einem Gemisch aus Weißwein, Salz und Gewürzen eingerieben und in Spanholzschachteln verkauft. Aus der Haute Savoie kommt der Vacherin d'Abondance, auch er in einer Spanschachtel mit einem Streifen Tannenrinde umwickelt. Er wird im Winter und Frühjahr hergestellt, reift 3 Wochen und hat einen sahnig-milden, ein wenig säuerlichen Geschmack.

← **Saint-Nectaire,** ein AOC-Käse aus dem Massif Central. Die 600 g oder 1,7 kg schweren Laibe reifen zwischen 3 und 8 Wochen. Ausgeprägte Oberflächenflora, würzig. Mindestens 45 % Fett i.Tr.

← **Pavin** ist, was Aussehen und Geschmack betrifft, r dem Petit Saint-Nectaire eng verwandt. Auch er stammt aus der Auvergne und weist einen weißgrau Schimmelbelag auf.

Crimlin, ein irischer halbfester Schnittkäse nach Art des französischen Saint-Paulin hergestellt. Er hat einen Fettgehalt von 45 % Fett i.Tr. und einen für ihn typischen Geschmack. →

Plateau d'Herve stammt aus Belgien. Der halbfeste Schnittkäse hat ein recht ausgeprägtes Aroma. Er schmeckt kräftig, jedoch nicht scharf. Er hat einen Fettgehalt von 45 % Fett i.Tr. →

← **Airiños** ist ein spanischer Kuhmilchkäse mit Weißschimmel aus Asturien. Er hat einen cremigen Teig, ist mild-würzig im Geschmack. Mit einem Fettgehalt von 60 % Fett i.Tr.

← **Marzolino** wird in der To kana aus Schafmilch, tei auch aus Schaf- und Kuh milch hergestellt. Er reif bis zu 6 Monate, dabei wird er wiederholt mit Olivenöl eingerieben.

Murol, der Käse aus der Auvergne mit dem Loch in der Mitte. Die Laibe sind 400 bis 500 g schwer, die Oberfläche ist mit Rotflora überzogen. Murol schmeckt anfangs mild, später kräftig. →

Murolait, Trous du Murol ist das bereits vor der Reifung des Käses herausgestochene und mit rotem Wachs überzogene Mittelstück des Murol. Mild im Geschmack. →

← **Robiola valsassina** stammt aus der Lombardei. Man unterscheidet die milde Robiola »tipo dolce« und die kräftige »tipo piccante«. Der hier abgebildete Käse ist ein milder »tipo dolce«.

← Der **Passendale** aus Bel hat einen gut schneidba geschmeidigen Teig mit reichlicher Bruchlochun und 50 % Fett i.Tr. Mit le tem Schimmelanflug au der Rinde. Anfangs mild

Gaperon stammt aus der Auvergne. Er hat einen etwas zähen Teig mit vielen kleinen Bruch- und Garlöchern und 40 % Fett i.Tr. Mit zerstoßenem Pfeffer und Knoblauch im Teig. →

Tête de Moine (»Mönchskopf«) ist ein schmackhafter, zum Hobeln und Schaben gut geeigneter Käse aus der Schweiz. Am besten man verwendet zum Hobeln eine so genannte »Girolle«. →

← **Taleggio,** nach dem Tal nördlich von Bergamo benannt, ist ein Käse der Lombardei mit Ursprungsschutz (D.O.P.). Aus pasteurisierter oder roher Kuhmilch, bei 5 bis 6 °C gereift. 48 % Fett i.Tr, würzig.

← **Évora,** portugiesischer Käse aus Schaf- und Ziegenmilch oder Mischungen hergestellt. Die festen, gesalzenen Laibchen mit 45 % Fett i.Tr. werden in Öl gelegt oder auch zu Hartkäse gereift.

Quartirolo, ein Taleggio →
licher D.O.P.-Käse. Hier
ch jung, mit nur leichter
erflächenflora und säu-
chem Geschmack. Wird
längerer Reifung mild-
omatisch, geschmeidig.

Aragón, auch **Tronchón** → genannt, ist ein milder Schaf- oder Schaf-/Ziegenkäse aus Spanien in Form eines Brotlaibes mit Mulde. Der weißlich gelbe Teig hat viele Löcher. 50 % Fett i.Tr.

← **Corsica,** traditioneller korsischer Schafkäse mit 50 % Fett i.Tr. Geschmeider Teig mit kleiner Bruchlochung. Im Geschmack anfangs mild, mit zunehmender Reife kräftig und voll.

← **Bambolo,** ein italienischer Käse aus einer Mischung aus Kuh- und Schafmilch. Bambolo kommt wenig gereift mit leichtem Schimmelanflug oder gereift auf den Markt. Mild-säuerlich.

Steirischer Hirtenkäse →
(hinten) und **Steirischer**
ernkäse (vorne). Beides
sind relativ junge öster-
hische Käse aus Schaf-
nd Kuhmilch und haben
indestens 45 % Fett i.Tr.

Latwijskij sir aus Lettland → (dort: Latvijas siers) wird durch seine kräftige Rinde mit Rotflora charakterisiert. Sein geschmeidiger Teig enthält mindestens 45 % Fett i.Tr.

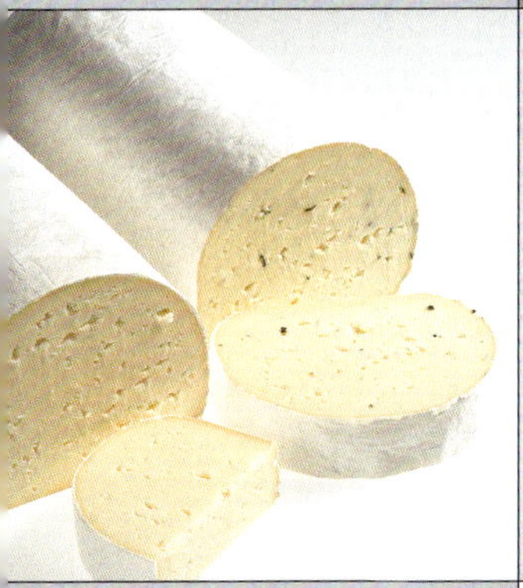

← **Coburger Comtesse** in zwei Varianten, einmal natur und einmal mit Knoblauch und Schnittlauch (hinten). Beide haben 56 % Fett i.Tr., Weißschimmelflora und schmecken mild-säuerlich.

← **Mainauer,** ein deutscher Schnittkäse aus dem Bodenseegebiet. Mit 50 % Fett i.Tr. Die 1,2-kg-Laibe haben eine geschmierte Rinde und sind vollsahnig im Geschmack.

. **Achatz,** ein schnittfes- →
· Käse mit gelber Rinde,
ner Lochung und einem
Fettgehalt von 55 % Fett
Tr. Hergestellt in runden
aiben. Würzig und aus-
ucksvoll im Geschmack.

Pannerone aus Norditalien. Ein Käse mit → sehr starker Gärung, die überwiegend durch Gas bildende Colibakterien und bestimmte Hefen hervorgerufen wird.

Caciotta, Feta & andere Lakekäse

Caciotta wird in verschiedenen Arten – insgesamt gibt es etwa 3 Dutzend – überwiegend aus Kuhmilch hergestellt.

Der Name **Caciotta** steht für eine ganze Anzahl verschiedenartiger Käse, die sich vor allem nach der verarbeiteten Milch – überwiegend Kuhmilch, oft aber auch Mischungen von Kuhmilch mit Schaf- und Ziegenmilch – und der Reifungsdauer unterscheiden. Hauptsächlich werden frische, ungereifte oder nur wenig gereifte Käse aus Schafmilch (beispielsweise ungereifte Pecorini), aber auch länger gereifte Käse als Caciotta bezeichnet. Hergestellt werden sie vor allem in den Regionen Mittelitaliens (Toscana, Umbrien, Latium, den Marken) sowie auf Sardinien. Der delikate Teig kann weich bis fest sein und je nach Alter eine buttrige Struktur haben. Aroma und Geschmack sind angenehm mild und leicht süßlich.

Aus Frankreich, vor allem aus dem französischen Teil der Pyrenäen, stammen Schafkäse mit hellem, glattem Teig ohne Lochung.

Der **Tourmalet** ist nach dem gleichnamigen Col (Pass) im Parc National des Pryrénées Occidentales benannt. Er wird im Vallée d'Ossau gereift. Die kleinen Laibe werden zumeist von einzelnen Schäfern oder Höfen hergestellt und reifen unterschiedlich lang. Im Geschmack sind sie je nach Alter mild bis aromatisch.

Etorki heißt ein industriell hergestellter Käse aus Schafmilch, der aus derselben Region in Aquitanien stammt. Er hat einen hellen schnittfesten Teig ohne Lochung und einen gelborangefarbenen Kunststoffüberzug, der nicht zum Verzehr geeignet ist. Relativ mild im Geschmack.

Lake-Käse. Das Einlegen von Käsen in Lake, Öl (Olivenöl), Wein oder Essig hat in vielen Ländern eine lange Tradition. Auf diese Weise wird, bei weitergehender Reifung, das Wachstum von Bakterien und Schimmeln auf der Oberfläche und auch ein Austrocknen vermieden. Die Käse können für längere Zeit, für einige Wochen oder gar mehrere Monate, oft bis in die milcharme Zeit hinein, aufbewahrt werden. Sie werden frisch oder nach einigen Tagen der Reifung eingelegt, in Fässchen oder große Kanister, heute vielfach auch einzeln in entsprechende Verbraucherpackungen.

Tourmalet ist ein fester Schafkäse mit 50 % Fett i.Tr. Mild aromatisch.

Fromage de brebis, ein aus dem französischen Teil der Pyrenäen stammender Schnittkäse aus roher Schafmilch in der Art des Ossau-Iraty, ohne Lochung.

Etorki, ein Schnittkäse aus pasteurisierter Schafmilch mit einem Fettgehalt von 50 % Fett i.Tr., stammt aus dem französischen Baskenland.

Halloumi, ein Lake-Käse auf Zypern. Er wird gebrüht, geknetet und oft mit Minze gewürzt. Ähnlich sind der Halloum im Libanon und Hallomy in Australien.

Schafmilch-Feta aus Griechenland. Er ist mit seiner typischen weißen Farbe der bekannteste Lake-Käse. Halbfest bis fest in der Konsistenz, mit 50 % Fett i.Tr.

Durch das Einlegen in Lake wird Feta, den es inzwischen aus Schaf-, Kuh- und Ziegenmilch gibt, haltbar gemacht. Hergestellt wird er in vielen Ländern, zum einen in Blockform, zum andern, wie hier zu sehen, in kleinen zylindrischen Laiben.

Feta. Bei den in Lake (eine Lösung von 5 bis 15 % Kochsalz in Wasser) eingelegten Käsen, die als Feta bezeichnet werden, kann man heute drei Arten unterscheiden: Feta aus Schafmilch, allenfalls mit etwas Ziegen- oder Kuhmilch vermischt; Feta-artige Käse aus Kuhmilch, die auf traditionelle Weise hergestellt werden; und Käse mit dem Namen Feta, die mit modernen Verfahren (Ultrafiltration) produziert werden, in Zusammensetzung und Teigstruktur aber vom herkömmlichen Typ abweichen und Käse weitgehend eigener Art darstellen. Traditionelle, oft nach Hirten- und Nomadenkultur entstandene Lake-Käse in Südosteuropa und im Nahen Osten sind: in Bulgarien Bjalo salamureno sirene (weißer Lake-Käse), in Israel Brinza (bei dem bis zu 25 % Kuhmilch erlaubt sind), auf dem Balkan Beli sir und Bijeni sir, in Rumänien Telemea, in der Türkei Beyaz peiniri (Beli, Bijeni, Beyaz = weiß). In weiteren Ländern Baladi, Gibbneh beda (Weißkäse), Daani (Schaf), Domiati oder Damietta, Kariesch (in Ägypten aus Büffelmilch und/oder Kuhmilch), in Armenien Jerevanskij sir und in Russland Limanski sir, auch syr geschrieben, ebenso Motal.

Roquefort genießt in Frankreich Ursprungsschutz. Im Jahre 1666 wurde er in einer Verordnung des Parlaments von Toulouse erwähnt. Auf Grundlage dieser Verordnung entwickelte sich die gesamte Rechtsprechung, der die französischen AOC-Käse heute unterliegen. Ausschließlich Laibe, die mit mindestens 52 % Fett i.Tr. aus roher Schafmilch hergestellt werden und die in den Höhlen der Region um Roquefort reifen, dürfen diesen Namen führen.

Zur großen Familie der **Käse mit Innenschimmel** zählt man alle Käse, in deren Innerem Schimmel wächst. Sie können dabei eine recht unterschiedliche Oberfläche aufweisen. Auch werden sie aus verschiedenen Milcharten hergestellt. Der Konsistenz nach kann man die meisten als Halbfeste Schnittkäse ansehen, einige auch als Weichkäse.

Der Schimmel kann sich in der Bruchlochung und den dazwischen liegenden »Adern« oder in Stichkanälen befinden. Meist handelt es sich dabei um dunkelblau, blau bis blaugrün und grün bis dunkelgrün wachsende Stämme des *Penicillium roqueforti*. Die Intensität der Reifung und damit Käsearoma und -geschmack hängen von der Art des Schimmels und seiner Reifungsaktivität ab, aber auch von Form, Größe, Zusammensetzung und Oberfläche der Käse, insbesondere auch von den Reifungsbedingungen, also dem Mikroklima des Reifungskellers und der Reifungsdauer. Für diese Penicillium-Stämme hat sich der Name Edel-

Bleu d'Auvergne. Bleu aus Kuhmilch mit 50 % Fett i.Tr. aus dem Massif Central. Er wird meist in Käsereien produziert. Der AOC-Käse ist gut marmoriert, pikant.

Verschiedene Reifestadien

Blauschimmel wächst erst innen, dann nach außen. Und zwar in dem Maße, wie sich das anfangs in der äußeren Schicht konzentrierte Kochsalz im Käse verteilt, sich die Wachstumsbedingungen also verbessern. Er ist gut sichtbar in den Bruchlöchern und entlang der Stichkanäle.

Bleu de Causses, ein AOC-Käse aus dem südlichen Massif Central. Kuhmilchkäse mit mindestens 45 % Fett i.Tr. und sehr kräftig im Geschmack

Roquefort und Bleus

schimmel oder Edelpilze eingebürgert, und in einigen Ländern für die damit hergestellten Käse der Name Edelpilzkäse.

Der bekannteste Bleu ist der **Roquefort**. Bereits im Jahre 1411 wurden erste Schutzbestimmungen für ihn erlassen. Ursprünglich war seine Herstellung auf die Gegend um Roquefort-sur-Soulzon, ein Städtchen im Departement Aveyron am südlichen Rand der Cevennen, beschränkt. Mit der in den 70er Jahren des letzten Jahrhunderts steigenden Nachfrage wurde das Herstellungsgebiet jedoch ausgeweitet, sogar Korsika und die Atlantischen Pyrenäen wurden einbezogen. Überall wird rohe Schafvollmilch verwendet und der Milch oder dem Käsebruch der spezielle Schimmelpilz *Penicillium roqueforti* zugefügt. Dieser wird heute überwiegend in Form gut kontrollierbarer flüssiger Kulturen angewendet. Herkömmlicherweise lässt man den Schimmel in speziellem Brot wachsen, das man dann vorsichtig trocknet und zu Pulver vermahlt, das dann wiederum dem Bruch beigemischt wird. Die in der näheren und weiteren Umgebung von Roquefort sowie auf Korsika und in den westlichen Pyrenäen produzierten Käse werden jung, ein paar Tage nach der Herstellung, als Fromage blanc (»weißer Käse«) in die mehrstöckigen Höhlen des Bergmassivs Combalou von Roquefort gebracht.

Der Name Roquefort besagt, dass die Käse auch aus Milch von anderen Gegenden hergestellt sein können, doch immer unter kontrollierten Bedingungen im Raum Roquefort gereift werden. Nach dem wiederholten Salzen von Hand während der ersten 3 bis 5 Tage werden die Laibe »pikiert«, damit die Kellerluft mit dem für das Schimmelwachstum unentbehrlichen Sauerstoff eindringen kann. Anschließend bringt man die Käse in die Reifungskeller mit einer Temperatur von 7 bis 10 °C und hoher Luftfeuchtigkeit, ein Klima, das auf natürliche Weise durch einen leichten Luftstrom erhalten wird.

Das »Pikieren« ist ein entscheidender Vorgang bei der Herstellung von Edelpilzkäse. Die Laibe werden mit Nadeln durchstochen, so dass durch die Kanäle Luftsauerstoff eindringen kann, den die Schimmelpilze für ein gleichmäßiges Wachstum benötigen.

Bleu de Gex, Bleu du Haut-Jura oder Bleu de Septmoncel, ist ein traditioneller Blauschimmelkäse mit Ursprungsschutz (AOC). Schmeckt kräftig bis pikant.

Fourme d'Ambert, ein AOC-Käse, wird im nördlichen Massif Central seit mehr als 1000 Jahren hergestellt. 4- bis 5-monatige Reifezeit, ausgeprägter Geschmack.

Bleu Termignon, benannt nach dem gleichnamigen Ort am Fuß des Mont Cenis.

Saint Agur, ein Edelpilzkäse aus Frankreich, hat, wenn er so weit gereift ist wie dieser, einen kräftigen, würzigen Geschmack. In der warmen Küche beliebt.

Bleu de Laqueuille wird seit 1845 in dem gleichnamigen Ort südwestlich des Puy-de-Dôme hergestellt. Er ist etwas milder als der Bleu de Auvergne.

Blauschimmel international

Cabrales, Cabraliego aus Asturien, genauer aus der Berglandschaft um die Picos de Europa, ist der »campeón« unter den spanischen Blauschimmelkäsen.

In dem Kalkberg mit seinen zahlreichen, »fleurines« genannten, gut durchlüfteten Spalten, bleiben die Käse, hochkant auf Regalen gelagert, für 3 bis 4 Wochen. Erscheinen die ersten grünen Flecken auf der Oberfläche, verpackt man die Laibe luftdicht und lässt sie, ständig kontrolliert, weitere 3 bis 4 Monate reifen. Das Ergebnis: Ein Käse mit einzigartigem, je nach Reifegrad würzigem bis pikantem Aroma und 52 % Fett i.Tr. und mehr. Die bröckelig-krümelige Struktur des fertig gereiften Roquefort ist ein Qualitätssignum, auch wenn sich der Käse so weniger gut aufschneiden lässt.

Roquefort ähnlich ist der **Bleu de Corse**. Auf Korsika hergestellt, reift auch er in Höhlen. International wird der weitaus größte Teil an Blauschimmelkäse heute jedoch nicht mehr aus Schaf-, sondern aus Kuhmilch hergestellt. Auch hier werden überwiegend Kulturen von *Penicillium roqueforti* verwendet, die Reifung erfolgt oft in feuchten Kellern.

Ein bekannter Vertreter dieser Kuhmilch-Käse ist der französische **Bleu d'Auvergne** (50 % Fett i.Tr.), dessen Ursprungsschutz die Herstellung und Reifung in der gleichnamigen Region regelt.

Ähnliche Käse aus dem Massif Central sind der **Bleu de Causses** und **Bleu de Laqueuille**.

Der **Bleu de Gex** aus dem französischen Jura hat eine lange Tradition. Der Käse mit mindestens 50 % Fett i.Tr. wird mit dem Bleu de Septmoncel auch als Bleu du Haut-Jura bezeichnet.

← **Valdeón.** Der Blauschimmelkäse aus Kuhmilch stammt aus dem Valdeón-Tal (Kastilien-León). In Ahornblätter gewickelt. Mit mindestens 50 % Fett i.Tr. und angenehm würzigem Geschmack.

← **Ein dänischer Edelpilzk** mit 70 % Fett i.Tr. und w chem Teig ist dieser **Ca lo Blue.** Die Oberfläche horizontal geschnittene Laibes zeigt sehr schön Stichkanäle. Mild und sa

Danablu aus Dänemark ist → ein international sehr verbreiteter Edelpilzkäse ohne Rinde. Der Teig ist leicht krümelig, schneidfähig und lebhaft geädert. Mit 50 oder 60 % Fett i.Tr.

Deutsche Edelpilzkäse wie → dieser **Bergader-Edelpilz,** werden wie Roquefort, aber aus Kuhmilch hergestellt. Milder im Geschmack, mit cremig-festem Teig und 50 % Fett i.Tr.

Eng verwandt ist der **Bleu du Vercors-Sassenage,** ein AOC-Käse mit blauem Edelpilz. Er ist mild, nussig und hat mindestens 48 % Fett i.Tr.

Der berühmte **Fourme d'Ambert** wird auf Alpen im nördlichen Massif Central hergestellt, in Höhen von 600 bis 1600 m. Es gibt mehrere lokale Namen für sehr ähnliche Käse, wie Monts de Forez, Fourme de Pierre-sur-Haute, Fourme de Montbrison. Die zylindrischen Laibe sind 20 cm hoch, haben einen Durchmesser von 13 cm und sind 2 kg schwer. Sie enthalten mindestens 50 % Fett i.Tr. Bei der Herstellung wird dem Bruch bereits während des Formens Salz, vorzugsweise grobkörniges Meersalz, zugegeben. Die Molke muss gut abtropfen, dazu stellt man die Formen bei der traditionellen, bäuerlichen Herstellung in den warmen Kuhstall.

Begriffe wie **Blauschimmelkäse** oder **Blaugrünschimmelkäse,** kurz Blaukäse oder Blaugrünkäse, sind inzwischen international gebräuchlich: Im englischen Sprachraum werden die Käse als Blue veined cheese (»blaugeäderter Käse«), Blue cheese oder einfach als Blue bezeichnet, in Frankreich als Fromage bleu oder Bleu beziehungsweise Fromage persillé oder Persillé (»grüngesprenkelt«). In Italien stehen für diese Käse die Bezeichnungen Formaggio erborinato, in den spanisch sprechenden Ländern Azul, Queso azul oder auch Pasta azul, Schafmilchkäse, meist in Höhlen reifend, Azul de oveja. Dem marmorierten Aussehen verdanken sie auch die Bezeichnung Marmorkäse.

Cabrales, der bekannteste spanische Blauschimmelkäse (D.O.P.), wird aus Kuhmilch hergestellt, im Frühjahr und Sommer kommt oft noch etwas Schaf- oder Ziegenmilch hinzu. Sein Fettgehalt liegt zwischen 45 und 50 % Fett i.Tr. Die 1 bis 3 kg schweren, zylindrischen Laibe mit klebriger Rinde reifen 3 bis 6 Monate in kalten, feuchten Höhlen; bis der Hartkäse im Innern die gewünschte cremige Konsistenz und den pikanten Geschmack hat.

In Deutschland hat der Begriff **Edelpilzkäse** eine zweifache Bedeutung: Er ist zum einen der Oberbegriff für alle Käse mit Edelschimmel im Inneren, zum anderen bezeichnet er zusätzlich einen bestimmten Typ dieser Käsegruppe, dessen Eigenschaften in der Käseverordnung festgelegt sind.

Deutsche Edelpilzkäse gibt es mit 45, 50 und 60 % Fett i.Tr. Sie können aus Kuhmilch, Schafmilch oder auch aus einer Mischung von beiden Milcharten hergestellt werden. Beispiele dafür sind Bergader und Paladin mit jeweils 50 % Fett i.Tr. und Montsalvat mit 60 und 65 % Fett i.Tr. Es gibt auch Varianten mit niedrigeren Fettgehalten.

Danish blue cheese, kurz **Danablu** genannt, ist der international verbreitetste Edelpilzkäse aus Kuhmilch. Mit 50 % Fett i.Tr. schmeckt der Käse kräftig und scharf, mit 60 % Fett i.Tr. eher mild.

Mycella, ein anderer milder Blaukäse aus Dänemark, steht dem Gorgonzola nahe. Seinen Namen hat er von griechisch mycel (= Pilzgeflecht).

→ **Edelpilzkäse** gibt es auch in Brotform. So eignen sie sich gut für die Käsetheke oder, in Scheiben geschnitten, auch als Toastauflage. In der warmen Käseküche verleiht Edelpilzkäse vielen Gerichten, ob Pasta, Gemüse oder Saucen, eine gewünschte, je nach Auswahl des Käsetyps, mehr oder weniger pikante, würzige Note.

← **Amoroso,** ein cremiger Blauschimmelkäse aus Deutschland. Weißer Teig mit Joghurtkulturen, 60 % Fett i.Tr. Die Laibe haben die Form eines halben Zylinders und wiegen 600 g.

← **Dorblu,** ein deutscher Edelpilzkäse mit Blauschimmel und einem weißen bis gelblichen Teig von geschmeidiger, schnittfähiger Konsistenz. Mit 50 % Fett i.Tr. Feinwürziger Geschmack.

Österkron, ein beliebter → pilzkäse aus der Steier- ark/Österreich mit wei- m Teig, durchzogen von ugrüner Schimmeläde- rung. Mit 55 % Fett i.Tr. /ürzig bis kräftig pikant.

Kracher Grand Cru, cremiger Grünschimmelkäse aus der Steiermark. Aus pasteurisierter Milch, mit 55 % Fett i.Tr., mit einer Beerenauslese verfeinert. Feines Zusammenspiel von Würze und Süße. →

Gorgonzola & Blauweißschimmel

Gorgonzola dolce, der italienische Klassiker der Blauschimmelkäse in der milden Variante. Gorgonzola ist zu einer der weltweit bekanntesten Käsesorten geworden. Den Namen verlieh ihm die gleichnamige Stadt in Norditalien, auf deren Gebiet früher die Kuh-Wanderherden aus der Gegend von Como und Bergamo überwinterten.

Gorgonzola piccante, die würzig bis kräftig schmeckende Ausgabe des berühmten Blauschimmelkäses. Gorgonzola genießt in Italien Ursprungsschutz (D.O.P.).

Blu del re, ein italienischer Blauschimmelkäse aus Kuhrohmilch. Die 400 g schweren Laibe werden in gesäuberte Blätter gehüllt und reifen in der Regel 60 Tage. Mit mindestens 45 % Fett i.Tr.

Gorgonzola, der große Käse aus dem Norden Italiens, ist eine varietätenreiche, aus Kuhmilch hergestellte Sorte mit mindestens 48 % Fett i.Tr. Erstklassige Gorgonzola verdanken das Einzigartige bei Aroma und Geschmack einem gelungenen Zusammenspiel des Schimmels im Inneren und der kräftigen Käseflora auf der Rinde. Die Vielfalt wird durch unterschiedliche Herstellungs- und Reifungsbedingungen verursacht, wenngleich sich seit längerem zwei Grundtypen herausgebildet haben: der milde Gorgonzola dolce und der würzige bis kräftige Gorgonzola piccante, mit unterschiedlich reifungsaktiven Schimmelstämmen und einem Kochsalzgehalt von 2 und 3 % (weniger beim Gorgonzola dolce, mehr beim Gorgonzola piccante). Vorläufer des Gorgonzola war der Stracchino oder Stracchino di Gorgonzola. Mehr und mehr führte sich eine Verarbeitung der Milch ein, die sich ausgewählter Kulturen von Milchsäurebakterien sowie kontrollierter Schimmelstämme bedient, Letztere werden in Italien als *Penicillium gorgonzola*, vereinzelt noch als *Penicillium glaucum* bezeichnet, sonst wissenschaftlich heute als Stamm des *Penicillium roqueforti* beschrieben. Ein sehr milder Gorgonzola-Typ ist Dolcelatte. Als weitere Gorgonzola-Variante wird ein Erzeugnis aus Gorgonzola mit Mascarpone-Schichten angeboten, eine Komposition, deren Haltbarkeit durch den fettreichen Frischkäse und die reifungsaktiven Schimmel begrenzt ist. Wie bei mehreren traditionellen Blauschimmelkäsen, kommen auch beim »Gorgonzola verde« (die traditionelle Bezeichnung für Gorgonzola in Italien) Käse ungereift oder wenig gereift, vor der Schimmelentwicklung auf den Markt. Ein regionaler Formaggio erborinato aus dem westlichen Piemont ist Castelmagno mit 34 % Fett i.Tr.

Bekannte deutsche **Blauweißschimmelkäse** sind Bavaria blu oder Cambozola; sie zeichnen sich durch cremig-weichen Teig aus. Bei dem französischen Bresse bleu drängt mit zunehmender Reife eine orange-rotbräunliche Käseflora den Außenschimmel zurück, das Aroma wird kräftiger.

Cambozola, ein deutscher Weichkäse, außen mit weißem Camembert-Schimmel. Fein-cremiger Teig mit Blauschimmel, 70 % Fett i.Tr., mild-würzig.

Mycella, eine dänische Form des Gorgonzola mit grünlich-bläulichem Schimmel.

Bavaria blu, ein Käse mit blauem Innen- und weißem Außenschimmel aus Deutschland. Der Käse hat einen weichen Teig, 70 % Fett i.Tr. und ist fein-aromatisch.

Montagnolo ist ein deutscher Blauschimmelkäse mit 70 % Fett i.Tr. Mit naturbelassenem grauem Edelschimmel. Cremig-mild, fein würzig im Aroma

Der französische **Bresse bleu (Bleu de Bresse),** in den 1950er Jahren aus einer Gorgonzola-Variante entwickelt, hat weißen Außenschimmel. Mit 50 % Fett i.Tr.

Fineform blue, ein Bleu mit leichtem, weißem Außenschimmel aus Frankreich. Dem niedrigen Fettgehalt (20 % Fett i.Tr). entsprechend, ist der Teig etwas zäher.

→ Als Blauweißschimmelkäse

kann man Blauschimmelkäse bezeichnen, die außen von einem mehr oder weniger dichten weißen Schimmelrasen überzogen sind und mit zunehmender Reifung meist vom Rand her eine leichte Käserotflora entwickeln. Man nennt sie mitunter auch Blue Brie (blauer Brie).

Stilton – für die Briten ein königlicher Käse. Der echte Stilton stammt noch heute aus Leicestershire, wo im Jahr 1730 sein ruhmreicher Aufstieg begann. Er wird gerne als Dessertkäse zu Portwein genossen. Viele lieben ihn auch mit Port, Sherry oder Madeira getränkt.

Stilton ist der bekannteste englische Blauschimmelkäse, von den Briten auch als »König der Käse« apostrophiert. Berühmt wurde er ab der Mitte des 18. Jahrhunderts, der Käse wurde jedoch bereits lange vorher auf den Gutshöfen in Leicestershire (er hieß dort auch Leicester cream cheese oder einfach Cream cheese) sowie in den angrenzenden Grafschaften Derbyshire und Nottinghamshire hergestellt. Auch heute noch liegt das Zentrum der Stilton-Herstellung in dieser Region. Denn nur dort finden nach Meinung von »Experten« die Stilton-Kühe das spezielle Weidegras vor, das ihrer Milch den unverwechselbaren Geschmack gibt und die die Voraussetzung für einen guten Stilton ist.

Stilton wird heute überwiegend aus pasteurisierter Milch und mit 48 % Fett i.Tr. hergestellt. Die Farbe des Innenschimmels sowie die Beschaffenheit der Rinde sind käsereispezifisch. Rohmilchkäse entwickeln oft ausgeprägte rotbraune Beläge. Junge, nur kurz gereifte Laibe noch ohne Schimmelwachstum werden als White Stilton oder White cheese verkauft. Wie andere Blauschimmelkäse reift auch der Stilton von innen nach außen, wodurch seine charakteristische, grau gefurchte Rinde entsteht. Die Reifung in kühlen feuchten Kellern dauert 6 Monate.

Blue Stilton kommt in zwei Varianten auf den Markt: entweder gleichmäßig blau marmoriert (mit gut sichtbaren, blauen bis bräunlichen Adern in einem cremefarben-weißen Teig) oder mit dunkelblauen Adern in einem kreideweißen Teig. Je nach Herstellung, Reifestadium, Schimmelbewuchs und Oberflächenflora schmeckt Stilton mild bis kräftig oder säuerlich bis salzig pikant.

Blue Wensleydale. Von Wensleydale, einst zur Normannenzeit von Mönchen des Zisterzienserordens nach Britannien gebracht, kennt man heute zwei völlig verschiedene Käse: den meist nur wenige Wochen gereiften White Wensleydale und den länger gereiften Blue Wensleydale, einen Blauschimmelkäse eigener Art.

Blue Wensleydale aus der Grafschaft Yorkshire wurde früher aus Schafmilch produziert, wird heute jedoch aus Kuhmilch hergestellt. Cremig, vollmundig.

Cashel Irish Blue, eine irische Blue-Variante mit grau-grünlichem Schimmel. Der Käse hat 45 % Fett i.Tr. und schmeckt würzig, teils leicht salzig und bitter.

Stilton, Cashel und andere Blues

Er hat eine Reifezeit von 2 bis 6 Monaten, auch länger. Aromatisch bis kräftig im Geschmack.

Im **Shropshire Blue** kommt ein alter Grafschaftsname, Cheshire südlich von Chester und somit Blue Cheshire benachbart, zu Ehren. Sie bieten, dank ihrer traditionellerweise offenen Teigstruktur, der Schimmelentwicklung im Käse ein gutes Klima und entwickeln einen kräftigen bis durchdringenden Geschmack.

Cashel Irish Blue ist ein in Form, Rindenbeschaffenheit und Marmorierung ähnlicher Käse und stammt aus Irland. Als Farmhouse cheese im Geschmack edelbitter und voll. Dorset Blue, Blue Vinny oder auch Blue Veiny wird aus einer von Hand abgerahmten und über Nacht gestandenen Milch gemacht. Andere Länder stellen vergleichbare Käse her: in den USA müssen Roquefort cheese, Blue mold cheese from sheep's milk (Blauschimmelkäse aus Schafmilch) mindestens 50 % Fett i.Tr. aufweisen.

Nuworld ist ein Käse mit weißem Innenschimmel, einer Mutante des *Penicillium roqueforti*. American blue umfasst in einigen Staaten Edelpilzkäse nach Art des Roquefort, jedoch aus Kuhmilch hergestellt, mit mindestens 50 % Fett i.Tr. Der Teig ist halbfest, mit bläulich grünen Schimmeladern durchzogen und hat einen kräftigen bis leicht salzigen Geschmack. Blue cheese muss mindestens 60 Tage reifen.

Oryzae ist ein Blaukäse in Japan mit einem speziellen Schimmel. In Kanada kennt man Ermite, in Neuseeland Blue vein. In Schweden stellt man Æedelost her, in Finnland Aura, in Norwegen den kräftigen Edelpilzkäse Normanna und den milderen Norzola, in Österreich Österkron, in Israel den Galil.

Die Ungarn schätzen Marvány sáyt, in Russland ist Syr rokfor aus Kuh-, Schaf- oder Ziegenmilch bekannt. Ein sehr scharfer Schafmilch-Blaukäse in Tunis heißt Numidia.

Blue Cheshire, die blaue Variante des bekannten Cheshire. Mit 48 % Fett i.Tr. und einem, dank meist längerer Reifung, kräftigen Geschmack.

Beenleigh blue, ein Schafmilchkäse aus dem Süden der Grafschaft Devonshire, ist in Aroma und Teigbeschaffenheit dem Roquefort sehr ähnlich.

Shropshire Blue stammt aus der Region südlich der heutigen Grafschaft Cheshire. Äußerlich gleicht er, mit der braunrötlichen Oberfläche, einem alten Stilton.

Galil, ein israelischer Blauschimmelkäse des Roquefort-Typs mit 42 % Fett i.Tr. Traditionell aus reiner Schafmilch, heute mit bis zu 25 % Kuhmilchanteil.

Stilton wird auch in Dosen aus Keramik zu 12 ounces (340 g) Käsegewicht verkauft.

Stilton muss während der Reifung von den »maturers« gut gepflegt werden.

→ Ein Dorf namens Stilton

Durch den mittelenglischen Ort Stilton führte eine ehemals wichtige Straße – die Great North Road, die London mit Schottland verband. Wer auf seiner Reise von Nord nach Süd oder von Süd nach Nord in Stilton Rast machte, kehrte im Dorfkrug »Bell Inn« ein und stärkte sich mit Brot und einem cremigen, blaugeäderten Käse. Vielen schmeckte dieser Käse so gut, dass sie ihn mit auf ihre weitere Reise nahmen und so auch außerhalb von Stilton bekannt und berühmt machten.

Kräftig-würzig Rotschmierekäse

In der Gruppe der **Weichkäse** sind sehr unterschiedliche Käsesorten zusammengefasst, die aber alle aufgrund ihrer Zusammensetzung und der Konsistenz ihres Teiges zwischen Halbfesten Schnittkäsen und (sehr weichen) Frischkäsen einzuordnen sind. Die Oberfläche der Käse kann blank und trocken oder von einer Flora überzogen sein. Bei nicht wenigen Sorten der Weichkäsegruppe setzt sich die Oberflächenflora aus einer bunten Mischung zusammen, aus Milchschimmel, verschiedenen Hefearten, Linens-Bakterien, Mikrokokken, Schimmelstämmen.

Ihre Zusammensetzung ändert sich mit der Reifung, unter dem Einfluss des Mikroklimas im Reifungskeller und der Käsebehandlung. Manche Weichkäse sind in jungem Zustand ziemlich fest. Ihr Weichkäsecharakter entwickelt sich erst mit fortschreitender Reifung, dann allerdings kann die Konsistenz von weich-geschmeidig bis fließend reichen. Manche Käse werden auch mit Asche oder Holzkohle bestäubt oder mit Heu bedeckt, um sie vor dem Austrocknen und vor Schimmelbefall zu schützen. Eine bedeutende Untergruppe der Weichkäse bilden die Käse mit Käserotflora oder Rotschmierekäse. Diese »Flora« kann, je nach den Stämmen, auch gelblich oder goldgelb wachsen und ist, je nach Behandlungsmethode und Feuchtigkeit im Käsekeller, mehr oder weniger feucht bis trocken.

Während der Reifung wird die sich bildende Käserotflora immer wieder verrieben, »geschmiert«; daher auch der Name Rotschmierekäse. Hier das »Schmieren« von Limburger, den man wegen seiner Form auch Backstein- oder Stangenkäse nennt.

→ Weißlacker oder Bierkäse

ist eine süddeutsche Spezialität. Überwiegend kommt er als kleiner, portionsgerechter Würfel in den Handel, er wird aber auch mit 1 bis 2 kg Gewicht hergestellt. Seine rindenlose Oberfläche ist feucht und zeigt eine weißliche, lackartige Schmiere (daher der Name).

Der aus dem Elsass stammende **Munster** und der **Géromé** (oder Gérardmer, nach der gleichnamigen Stadt) aus Lothringen, sind schon lange bekannte Sorten dieser Art. Sie wurden manchen Sorten anderer Länder zum Vorbild, sei es mit dem Namen, sei es mit ihrem Typ. Die besondere Art der französischen Munster und Géromé wird durch eine deutliche Vorreifung der Käsereimilch angelegt. Darin unterscheiden sich normalerweise die Käse anderer Länder mehr oder weniger deutlich.

Munster gibt es in zwei Größen: mit einem Gewicht von 500 g und als Petit Munster mit 150 g. Die Laibe reifen 1 bis 2 Monate bei 15 °C. Ihr hellgelber Teig ist cremig bis weich-geschmeidig, vollreif leicht fließend, enthält 45 bis 50 % Fett i.Tr. und schmeckt würzig und leicht säuerlich. Munster mit Kümmel heißt Munster au cumin. Munster und Géromé werden heute als zwei Varianten einer Sorte angesehen, man unterscheidet nicht mehr wie früher. Für beide ist ein gemeinsames Gebiet für den Ursprungsschutz festgelegt.

Deutscher Münster hat eine gelblich rote Flora und einen weißgelben, geschmeidigen Teig mit mildem Aroma. Der Munster oder Muenster der USA wird etwas fester und mit goldgelb gefärbter Oberfläche hergestellt. Er enthält mindestens 50 % Fett i.Tr. Maroilles in Frankreich ist Vorbild für mehrere, zum Teil nur regional bekannte Käse unterschiedlicher Form und Größe. Beispiele sind Sorbais und Mignon.

Weinkäse, Romadur und **Limburger** haben eine feine Haut mit gelblicher, gelblich brauner bis rötlicher, feuchter Käseflora. Ihr Teig soll im ungereiften Kern mattglänzend und weißlich sein, im reiferen Randbereich hellgelblich und weichschnittig. Weinkäse wird in Laibform und mit 40 bis 60 % Fett i.Tr., Romadur und Limburger in unterschiedlich großen Stangen und in verschiedenen Fettstufen (20 bis 60 % Fett i.Tr.) hergestellt. Romadur reift 1 1/2 bis 2, Limburger 2 bis 4 Wochen.

← **Munster,** nach dem elsässischen Munstertal benannt. Er ist durch eine kräftig orangerote, feuchte Haut, einen geschmeidigen Teig und ein ausgeprägt kräftiges Aroma gekennzeichnet.

← **Géromé** aus Lothringen. Heute werden Géromé und Munster nicht mehr unterschieden, sondern als Munster-Géromé für ein Ursprungsgebiet (AOC-Siegel) zusammengefasst.

Dauphin stammt aus der Thiérache im Norden Frankreichs. Neben der lichen Stangenform sind ch Fantasie-Formen geuchlich, wie Herz, Fisch, Mondsichel und Wappen. →

Baguette Laonnaise, eine der vielen Maroilles-Varianten, gibt es als rechteckiges Brot und als Würfel mit ziegelroter Flora. Er reift bis zu 3 Monaten und ist entsprechend kräftig. →

← **Les Beaux Prés** zeigt die Merkmale der belgischen Herve-Familie: Die dünne Haut ist mit einer feuchten Rotflora bedeckt, sie trägt wesentlich zur Reifung und zum kräftigen Aroma bei.

← **Saint-Rémy,** in Form eines Carré de l'Est, reift, ähnlich wie Munster-Géromé, mit rotbrauner Flora. Er hat einen kräftig würzigen Geschmack, der sich mit zunehmender Reife verstärkt.

dechser Hirtenkäse, ein rzhaft-würziger Biokäse s dem bayerischen Wallfahrtsort Andechs, mit chter Rotflora. Mit goldgelbem, geschmeidigem Teig und 30 % Fett i.Tr. →

Weinkäse, beliebter deutscher Käse mit feuchter Käserotflora und geschmeidigem Teig. Er reift 1 1/2 bis 2 Wochen. Mit 40 bis 60 % Fett i.Tr. und kräftig würzigem Geschmack. →

← **Romadur.** Der beliebte deutsche Weichkäse mit Rotschmiere ist in verschiedenen Fettstufen erhältlich: von 20 bis 60 % Fett i.Tr. Ausgeprägtes Aroma, kräftiger Geschmack.

← **Limburger,** bekannter deutscher Käse mit Rotflora. Ungereift ist der Teig glänzend und weißlich, im gereiften Zustand hellgelb bis weichschnittig. Von 20 bis 60 % Fett i.Tr. Würzig.

chlosskäse mit Rotflora d einem feinen, weichen Teig mit vereinzelten öchern. Je nach Reifung t er im Geschmack mild bis pikant. Ein beliebter Käse Österreichs. →

Weißlacker, in Bayern als Bierkäse bekannt, schmeckt kräftig-deftig. Auch als Würfel in Portionsgröße erhältlich. Mit leicht brüchigem bis speckigem Teig und 40 bis 50 % Fett i.Tr. →

Aus Frankreich würzig und cremig

Maroilles, ein ursprungsgeschützter AOC-Käse, ist der Grundtyp zahlreicher lokaler und überregionaler Varianten. Intensiv würziger, kräftiger Geschmack.

Maroilles, ein Kuhmilchkäse aus der Picardie in Nordfrankreich, ist Vorbild für mehrere, zum Teil nur regional bekannte Käse unterschiedlicher Form und Größe. Beispiele sind Sorbais und Mignon. Der Maroilles selbst ist quadratisch. Seine Haut ist von braungelber Flora überzogen, der Teig ist weich bis weichschnittig und enthält mindestens 45 % Fett i.Tr. Während der 2 bis 5 Wochen dauernden Reifung wird der Käse im Reifungskeller mehrfach mit Salzwasser abgerieben. Dem jeweiligen Reifestadium entsprechend, haben die Käsestücke verschiedene Namen: Frisch geformt werden sie »blancs« genannt, halbreif nennt man sie »blondins«. Die »vieux« (wie Vieux Gris, Vieux Lille und Vieux Puan) sind besonders reife und scharfe Varianten.

→ »Pierre-qui-vire«
Ein Stein, der lebt? Nein, der Name rührt nicht von einem Käse, der mit zunehmender Reife davonläuft. Vielmehr soll es ein Granitdolmen gewesen sein, der sich irgendwann einmal bewegt hat. Seit langem kann er dies aber nicht mehr, da er festzementiert wurde. Früher stellten die Mönche der im 19. Jh. erbauten Benediktiner-Abtei »Pierre-qui-vire« den gleichnamigen Käse noch selbst her.

Pierre-qui-vire aus dem Burgund, benannt nach der gleichnamigen Abtei. Mit den anderen Käsen der Region verwandt. Leicht gelbliche bis rötliche Flora.

Soumaintrain aus dem Burgund, ähnlich wie Epoisses. Mit hellem, cremigem Teig und 45 % Fett i.Tr. Er reift 6 bis 8 Wochen und wird meist jung gegessen.

Epoisses, berühmter, cremiger Käse aus Burgund mit Ursprungsschutz (AOC). Durch die Käserotflora kräftig in Aroma und Geschmack, aber nicht scharf.

Rollot aus der Picardie, aus roher oder pasteurisierter Kuhmilch, mit 45 % Fett i.Tr. Es gibt ihn rund oder in Herzform (Rollot cœur). Kräftig und aromatisch.

Livarot, mit längs geteilten Rohrkolbenblättern umwickelt. Eine vor allem früher übliche Methode, um ein Verlaufen des reifen Käses zu verhindern. Der AOC-Käse wird aus roher oder pasteurisierter Kuhmilch mit mindestens 40 % Fett i.Tr. hergestellt.

Livarot wird auch heute noch an der Seite mit einer mehrfachen Banderole versehen. Meist ist sie, wie hier, aus grün oder rot gefärbtem Papier. Der roten Papierbanderole verdankt der Livarot auch den Spitznamen »le colonel« (der Oberst).

Das Reifen des Livarot ist eine aufwändige Angelegenheit – ob beim Hersteller oder beim Affineur, der in der Normandie übrigens »caviste« genannt wird. Sie werden 2- bis 3-mal pro Woche mit einer schwachen Salzlösung abgerieben (»abgeschmiert«). Die typische Flora bildet sich. Die weitere Reifung vollzieht sich während 2 Monaten bei 12 bis 14 °C in einem feuchten Keller.

Epoisses de Bourgogne wird aus roher Kuhvollmilch hergestellt und hat mindestens 50 % Fett i.Tr. Auffällig ist sein ausgeprägtes, durchdringendes Aroma, bei dem der Marc de Bourgogne hervorsticht. Mit diesem – vermischt mit Salzlake – werden die Laibe während der Reifung mehrmals pro Woche abgerieben.

Ein würziger Rotflorakäse ist **Livarot,** benannt nach dem gleichnamigen Städtchen in der Normandie. Er wird in 4 Größen hergestellt; Standard ist der 450-g-Laib, es gibt ihn aber auch in 3/4-, 1/2- und 1/4-Größe. Besonderes Kennzeichen der Käse ist die Umwicklung der Seiten, sie sollte früher ein Verlaufen bei zunehmender Reife verhindern. Papierstreifen sind ein Ersatz für die früher verwendeten Blätter des Rohrkolbens *(Typha latifolia)*.

Die frisch geformten Laibe werden trockengesalzen und bei 16 bis 18 °C stehen gelassen, damit die Molke abfließt. Nach 3 bis 4 Tagen kommen die Käse für 2 Wochen in einen 16 °C warmen Trockenraum. Während dieser Zeit werden sie mehrmals mit einer Salzlösung abgerieben; die typische Flora bildet sich. Reift der Käse länger als 2 Monate, wird sein kräftiger Geschmack noch stärker.

← **Vieux Lille** ist, dank längerer Reifung und Rotflora, eine besonders würzige Variante des Maroilles. Stammt aus Nordfrankreich.

← **Langres,** ein AOC-Käse a Frankreich. Die bei junge Käsen noch halbkugelförmige Oberseite ist bei reifen Exemplaren muldenförmig eingefaller

Herve Kaas, Fromage d'Herve ist einer der bekanntesten belgischen Käse. Im Geschmack sind die kleinen Laibe kräftig bis pikant. →

Tartufella ist dank der Oberflächenflora ein von außen nach innen reifender Käse. Er ist relativ mild im Geschmack, mit nur leicht pikantem Aroma. →

← **Boscaiola** ist eine von mehreren Robiola-Varianten. In reifem Zustand ist der Teig weich schmelzend und hat einen würzigen Geschmack.

← **L'ami du Chambertin** hat einen sehr weichen T (daher die Schachtel). In vollreifem Zustand schmeckt er sehr kräftig und vollmundig.

Olivet cendré, ein mit Asche bedeckter Olivet, mitunter kann die Asche auch von blaugrünem Schimmel durchwachsen sein. →

Aisy cendré wird während der 2 Monate dauernden Reifezeit wiederholt mit Marc de Bourgogne abgerieben und später dann in Asche gewendet. →

← **Rigotte** aus dem Lyonnais wiegt nur 50 bis 70 g. Oft werden die mit Rotflora gereiften Käselaibchen aus Kuhmilch auch mit Wein abgerieben.

← **Rougette,** weichschnittiger Käse mit Rotflora und Weißschimmel, aus Deutschland. Ein feiner, zunehmender Reife würz schmeckender Käse.

Chaumes, ein Käse mit weichem, geschmeidigem Teig und feiner, leichter Käserotflora. Er schmeckt mild-dezent und hat einen Fettgehalt von 50 % Fett i.Tr. →

Saint-Albray mit orange-rötlicher Oberfläche, die zusätzlich mit feinem Milchschimmel bedeckt ist. Der milde Geschmack wird von der Flora mitbestimmt. →

Käsespezialitäten mit Rotflora

Herve Kaas oder **Fromage d'Herve** stammt aus dem Gebiet um Herve bei Lüttich. Die Würfel oder Stangen wiegen 50 bis 200 g, kleinere Käse kennt man als »bouchée« (Mundbissen). Herve Kaas hat eine braungelb bis rosaorange gefärbte, feuchte Flora und enthält 45 bis über 50 % Fett i.Tr. Länger gereifte und stärker gesalzene Käse ergeben die herzhaften Varianten »Le piquant« und »Remodou«.

Dauphin wurde nach dem Sohn und Kronprinzen (»dauphin«) des Sonnenkönigs, Ludwig XIV., benannt. Bei der Herstellung wird frischer Käse, Maroilles blanc, zerkleinert und mit Estragon und Pfeffer, teils auch mit Molkepulver und Schnittlauch, vermischt, von Hand geformt und 2 bis 3 Monate weitergereift. Der Teig ist geschmeidig-weich und enthält 45 bis 50 % Fett i.Tr.

Langres, benannt nach der gleichnamigen Stadt nördlich von Dijon, die im Mittelalter ein bedeutender Käse-Handelsplatz war, sind Käse von unterschiedlicher Zusammensetzung und Teigbeschaffenheit.

Kleine Langres-Laibe reifen mindestens 15, größere, mindestens 800 g schwere Käse, nicht unter 21 Tage. Die Rinde verdankt ihr deutlich orange- bis ziegelrotes Aussehen dem Farbstoff Annatto. Langres wird heute aus roher Kuhmilch und mit einem Fettgehalt von mindestens 50 % Fett i.Tr. in Lothringen, Champagne-Ardenne und Burgund hergestellt. Ähnlich ist der Chaumont.

Soumaintrain, der ähnliche **Saint-Florentin, Aisy cendré,** Epoisses und Pierre-qui-vire sind weitere Käse aus dem Burgund. Sie werden während der Reifung mit Marc de Bourgogne oder auch mit Wein abgerieben. Dank des stark milchsauren Dicklegens sind sie in reifem Zustand meist sehr weich, teilweise fließend.

L'ami du Chambertin, ein Kuhrohmilchkäse, aus dem Dorf Gevrey-Chambertin in Burgund. Die 250-g-Laibchen haben 50 % Fett i.Tr., eine feuchte, rötliche, mit Wasser und Marc de Bourgogne behandelte Rinde und reifen mindestens 4 Wochen.

Rigotte aus dem Lyonnais wird überwiegend aus Kuhmilch hergestellt, wie Rigotte de Condrieu. Die Laibe werden etwa 2 Wochen mit Rotflora gereift, mit Wein abgerieben oder mit Annatto gefärbt, als Rigotte blanche auch in Öl eingelegt und gereift.

Der flache, leicht gewölbte Laib des **Chaumes** ist mit leichter Käserotflora bedeckt. Er hat 50 % Fett i.Tr. Sein Teig ist weichschnittig mit lebhafter Bruchlochung. Aroma und Geschmack sind mild bis würzig. Ein ähnlicher, wenn auch etwas festerer Käse ist Vacherol.

Charakteristisch für den **Saint-Albray** ist seine Form, ein »Kranz«. Die Oberfläche ist rötlich orange und mit Milchschimmel bedeckt. Der Teig mit deutlicher Bruchlochung ist weich-geschmeidig, mild bis aromatisch.

Der deutsche **Rougette** reift mit einem Belag von Käserotflora und leichtem weißem Schimmel.

Liederkranz kennt man in den USA als einen, dem Limburger ähnlichen Käse, jedoch mit einer weniger ausgeprägten Rotflora. Er wird nach der Herstellung kurz bei 12 bis 15 °C angereift, dann bei den in den USA üblichen Temperaturen von nur 4 bis 6 °C weitergereift und gelagert.

»Antons Liebe rot«, Biomilch-Weichkäse aus dem Allgäu. Mit mindestens 60 % Fett i.Tr. Die 700-g-Laibe reifen 3 bis 4 Wochen. Sahnig, cremig und aromatisch.

Andechser Natur Rosso Bianco, rahmiger Weichkäse aus Biomilch mit Weiß- und Rotkulturen. Weichschnittig-geschmeidiger Teig, mit 55 % Fett i.Tr.

Weißschimmelkäse
Brie, der Klassiker

Brie de Meaux, einer der ältesten Brie-Käse mit großer Tradition und AOC-Siegel. Der mit dichtem Weißschimmel bedeckte Rohmilchkäse lässt am Rand eine leichte bräunliche Färbung erkennen. Gut gereift schmeckt er kräftig, aber nicht scharf.

Einen zweiten großen Bereich innerhalb der Weichkäse nehmen die **Weißschimmelkäse** ein. Ihre Oberfläche ist von einem feinen, kurzen Schimmelrasen bedeckt oder mit flaumig blühendem Camembert-Schimmel bewachsen, auch grauer oder bläulicher Schimmel kann auftreten.

Die größte Bedeutung innerhalb dieser Käsegruppe haben Brie und Camembert. Beide stammen ursprünglich aus Frankreich, waren mit einer rötlich braunen Flora bewachsen, gelegentlich auch mit einem bläulichen Schimmel. Inzwischen haben sich Brie und Camembert auch in anderen Ländern zu eigenständigen Käsen entwickelt.

Brie verdankt seinen Namen der gleichnamigen Landschaft östlich von Paris, früher wurde er auch als »Juwel der Ile de France« gerühmt. Bis in die zweite Hälfte des 19. Jahrhunderts stammte Brie ausschließlich aus bäuerlicher Produktion, wo er meist mit einer rötlich braunen Käseflora und teilweise bläulichem Schimmel reifte. Ausgelöst durch eine immer stärker werdende Nachfrage,

Die Herstellung von Brie de Meaux: Im Fettgehalt standardisierte Milch wird in Kessel gepumpt und dickgelegt.

Die Gallerte wird in den Kesseln mit einem Metallstab zu »Bruch«, in größere Stücke, zerteilt.

Mit einer flachen Schöpfkelle, der »pelle de Brie«, wird der zarte Bruch entnommen und in perforierte Formen gefüllt.

Die Formen werden zum Abtropfen übereinander gestellt. Danach kommen die Käse in verstellbare Schließringe.

Auf die zusammengewachsene Bruchmasse wird Salz gestreut, dann die Camembert-Schimmelkultur aufgesprüht.

Die Seiten der Käse werden auch mit Salz eingerieben. Dafür müssen die Schließringe vorsichtig entfernt werden.

Im Trockenraum bleiben die Käse meist für 1 Woche bei etwa 10 °C und 80 bis 85 % relativer Luftfeuchtigkeit.

Die fertigen Käse werden auf hygienische Plastikmatten (früher Strohmatten) gesetzt und reifen in Holzregalen.

setzte sich aber in der zweiten Hälfte des 19. Jh. mehr und mehr die Herstellung in Käsereien durch. Doch erst seit Anfang des 20. Jh. gibt es den mit gleichmäßiger Weißschimmelflora bedeckten Brie, wie wir ihn heute kennen. In Frankreich ist Brie heute gesetzlich definiert als Weichkäse mit Oberflächenschimmel, mindestens 40 % Fett i.Tr. und mit 44 % Trockenmasse. Die Laibe (in Form einer flachen Torte) müssen einen Durchmesser von 22 bis 36 cm aufweisen, kleinere Laibe mit 14 bis 22 cm Durchmesser werden als Petit brie bezeichnet. Die wie Tortenstücke aus dem Laib geschnittenen Segmente werden Pointes de brie (»Brie-Spitzen«) genannt.

Brie de Melun, ein Kuhrohmilchkäse mit Ursprungsschutz (AOC) und mindestens 45 % Fett i.Tr., reift mindestens 4 Wochen bei 10 °C. Meist dauert die Reifung jedoch 2 Monate, manchmal auch darüber. Währenddessen wird der ursprüngliche Weißschimmel deutlich von rotbräunlicher Flora überwachsen, ein kräftiges Aroma bildet sich heraus. Auch sehr weit gereifte Laibe finden ihre Liebhaber. Brie de Melun frais oder Brie de Melun blanc ist ungereift und hat eine blanke Oberfläche ohne Haut oder Rinde.

Beim **Brie de Meaux,** ebenfalls ein ursprungsgeschützter AOC-Käse, wird während der mehr als 4 Wochen dauernden Reifung bei 10 °C der weiße Schimmelbelag nach und nach mit bräunlicher Flora durchwachsen. Dabei verändern sich Aroma und Geschmack von fruchtig-würzig zu ausgeprägt kräftig, bleiben aber mild. Die Laibe wiegen zwischen 2,5 und 3 kg, der Fettgehalt liegt bei 45 % Fett i.Tr. Die Käse werden oft noch klassisch auf Strohmatten, immer mehr aber auch auf Stroh-Imitationen aus Plastik angeboten.

Coulommiers wurde früher, und wird es teilweise noch, zur Familie der Brie-Käse (Brie de Coulommiers) gezählt, ist jedoch seit längerem als eigenständiger Käse definiert.

Die 400 bis 500 g schweren und 3 bis 4 cm hohen Laibe aus roher oder pasteurisierter Milch nannte man früher – im Gegensatz zu Tortenbrie (»Tarte de brie«) – auch Brie petit moule. Coulommiers kommt heute oft mit deutlichem Camembert-Schimmel auf den Markt, er wird aber auch jung, mit nur leichtem Schimmelbelag, verkauft. Er hat mindestens 40 % Fett i.Tr., sein Teig kann sehr weich und wasserreich oder auch fester sein.

Voll gereifter Brie de Melun mit weichem, zerlaufendem Teig und bräunlicher Flora, mit weißen Schimmelflecken durchsetzt. Durchdringend bis scharf.

In Holzregalen reift Brie de Melun 4 (Mindestreife) bis 8 Wochen (Vollreife).

Brie de Melun mit Weißschimmel und schon deutlich entwickelter Käserotflora. Weit gereift, jedoch, wie der helle »Kern« erkennen lässt, noch nicht vollreif.

Coulommiers ist bereits nach dem ersten Erscheinen des Schimmelrasens verzehrreif. Hier ein fast durchgereifter Käse mit leichter, rotbräunlicher Flora.

→ Der Unterschied

Brie de Meaux und Brie de Melun sehen ähnlich aus und stammen beide aus derselben Gegend, der Ile de France. Doch während Ersterer relativ mild ist und einen feinen Geschmack aufweist, schmeckt der robustere Brie de Melun kräftiger und salziger. Der Grund dafür liegt in der unterschiedlichen Herstellung: Die Milch für einen Brie de Meaux wird rasch mit Lab dickgelegt (30 Minuten), jene für den Brie de Melun mit Milchsäurebakterien – was wesentlich länger dauert (18 Stunden und mehr). Außerdem hat er eine längere Reifezeit.

Cremig fein
Camembert & Brie

Die verschiedenen Reifegrade beim Camembert sind hier deutlich zu erkennen. Der oberste Laib ist frisch, etwa 1 Tag alt, durchgehend weiß und nahezu ohne Schimmelbelag. Der unterste Laib ist, nach 5 Wochen, vollständig durchgereift.

Aus der Ile de France kommt auch der **Brie de Montereau.** Brie anderer Gebiete oder Länder zeigen eine meist gut entwickelte bis dichte Weißschimmelflora, einen weich-geschmeidigen Teig und das charakteristische Aroma eines feinen Camembert-Schimmels. Der anfangs milde Geschmack verstärkt sich mit zunehmender Reifung und einer sich ausbildenden Käserotflora, meist am Rand beginnend.

Deutscher Brie wird mit 45, 50 oder 60 % Fett i.Tr. hergestellt. Er soll aromatisch, leicht säuerlich bis leicht pikant schmecken.

Somerset Brie aus Großbritannien ist aus pasteurisierter Milch. In den USA sind für Brie mindestens 50 % Fett i.Tr. vorgeschrieben. Der cremig-feste Teig ist elfenbein- bis goldfarben und darf mit Kräutern, Pfeffer und Pilzen gewürzt werden.

Kanadischer Brie enthält ebenfalls mindestens 50 % Fett i.Tr.; seine Oberfläche bezeichnet man als »bloomy rind«.

Deutscher Brie, ähnlich wie Camembert hergestellt. Gleichmäßiger weißer Schimmel, feines Schimmelaroma und milder bis dezent-würziger Geschmack.

Der **Camembert** ist ein weiterer Klassiker unter den französischen Weichkäsen. Der dortigen Tradition entsprechend, wurde er früher überwiegend mit rotbrauner Käseflora hergestellt, ähnlich wie Livarot, Pont l'Evêque und Pavé d'Auge. Je nach Umgebungsbedingungen siedelte sich an der Oberfläche auch Schimmel, häufig bläulicher Schimmel, an. Neben dem Camembert aus der Normandie gibt es in Frankreich heute viele Varianten. Für sie sind zwei Größen vorgeschrieben: 10,5 bis 11 cm Durchmesser beziehungsweise 8 bis 8,5 cm bei Petit Camembert. Sie müssen mindestens 45 % Fett i.Tr. enthalten. Camembert muss je Laib mindestens 110 g Trockenmasse enthalten, bei Petit Camembert sind es 60 g. Camembert gleichmäßiger Qualitäten wurde auch in anderen Ländern schon früh hergestellt.

Camembert de Normandie, der mindestens 45 % Fett i.Tr. enthalten und 3 Wochen reifen muss, wurde der Ursprungsschutz 1983 erteilt. Camemberts aus derselben Region ohne AOC-Anerkennung heißen »fabriqué en Normandie«. Man isst diesen Käse dort gern halbreif (»moitié affiné), sahnig cremig, aber im Kern noch weiß.

Deutschen Camembert kennt man in mehreren Fettstufen, bedeutend sind 45, 50 und 60 % Fett i.Tr. mit 44, 46 und 52 % Trockenmasse. Auch fettärmere Varianten mit 30 und 40 % Fett i.Tr. gibt es. Einen ähnlichen Käse mit nur 20 % Fett i.Tr. nennt man Weichkäse mit Schimmelbildung. Dem Camembert ähnliche runde Weichkäse mit Weißschimmel gibt es ebenfalls in vielen Ländern. Beispiele sind Tomme Vaudoise aus der Schweiz, Weißer Prinz, ein Schafmilchkäse aus Österreich, und Bonchester aus Schottland.

Brie mit Alpenkräutern, eine der verschiedenen Geschmacks-Varianten des Brie. Kräuter und Gewürze werden im Bruch verteilt oder auch aufgestreut.

Deutscher Camembert hat sich seit dem Ende des 19. Jahrhunderts zu einem Standarderzeugnis mit eigenem Charakter entwickelt.

Camembert de Normandie

Mit der Geschichte des Camembert eng verbunden ist der Name der Bäuerin Marie Harel aus dem Ort Vimoutiers in der Normandie. Ihr war es offenbar gelungen, etwa ab 1790 die Märkte der Umgebung erstmals mit einem gleichmäßigen Käse zu beliefern. Ob sie deshalb als »Erfinderin« des Camembert angesehen werden kann, mag dahingestellt sein. Die Wahrheit über den Ursprung des Camembert wird man, wie der französische Käse-Experte Pierre Androuët zum Ausdruck bringt, wohl niemals erfahren. Berühmt wurde Madame Harel durch ein 1928 von den Amerikanern in Vimoutiers errichtetes Denkmal, das 1944 im Krieg zerstört wurde; nach dem Krieg stellte man eine neue Statue auf.
Eine Spezialität ist der ursprungsgeschützte Camembert de Normandie (AOC). Er darf nur aus Rohmilch und mit 45 % Fett i.Tr. hergestellt werden. Seine dünne Haut ist mit leichtem Schimmel bedeckt, der rötlich braune bis gelbliche Flecken sichtbar werden lässt. Die Laibe haben einen Durchmesser von 10,5 bis 11 cm, sind 3 cm hoch und 250 g schwer. Typisch ist nach wie vor die Verpackung in Spanholzschachteln. Ähnlich wie bei Brie, wird Camembert ziemlich sauer hergestellt. Die Laibe reifen mindestens 21 Tage. Der geschmeidige Teig wird währenddessen weicher, er verflüssigt sich jedoch nicht. Aroma und Geschmack sind fruchtig bis deutlich ausgeprägt. Käse außerhalb der Camembert-Zone in der Normandie, aus roher oder wärmebehandelter Milch hergestellt, werden wegen ihrer würzigen, aber weniger pikanten Art als der ursprüngliche Camembert geschätzt.

← **Gratte-paille** aus der Ile de France, mit Weißschimmel und einer deutlichen Linens-Flora. Im Geschmack ist er würzig.

← **Tomme de Vaudois,** ein Schweizer Käse nach Camembert-Art, in zwei Fettstufen: mit 25 (oben) und 45 % Fett i.Tr. (unten

Pierre Robert mit weißem Camembert-Schimmel und, reifend, einer gelbbräunlichen Käseflora am Rand. 75 % Fett i.Tr. →

Romans, der »größere Bruder« des Saint-Marcellin. Je nach Reifegrad ist er im Geschmack mild bis würzig. Auch mit Gewürzen. →

← **Saint-Marcellin** schmeckt als junger Käse (im Bild unten) leicht milchsäuerlich, weiter gereift (oben) kräftig und würzig.

← **Cœur de Neufchâtel** (AO ist die Herzform des in v schiedenen Formen ang botenen Käses aus der N mandie. Mild bis herzha

Oreillier de Ciboulette schmeckt durch die Käserotflora und den Schnittlauch im Teig kräftig und eigenwillig. →

Feuille de Dreux, Dreux à la feuille, ein recht reifer Käse mit weißlichem sowie dunkelgrauem Schimmel und bräunlicher Flora. →

← **Bondard** ist ein Neufchâtel in Rollenform, bei dem die leichte Rotflora zum delikat-würzigen Käsegeschmack beiträgt.

← **Frinault** stammt aus dem Orléanais. Leicht mit Asche bestäubt, sehr kräftiger Geschma Mit 50 % Fett i.Tr.

Pithiviers au foin trägt, wie auch Bondaroy au foin, eine Heuauflage als Verzierung. Mit markantem Geschmack. →

Fougeru mit einem dekorativen Stängel Farnkraut auf der Oberfläche. Er ähnelt, auch im Geschmack, dem französischen Coulommiers. →

← **Bouquet des Moines,** ein kräftiger belgischer Käse mit weißer Schimmelflora, am Rand weit gereift und zerfließend.

← **Butte de Doue** hat eine leichte, weiße Flora und einen geschmeidigen, weichen, frischkäseartigen Teig. 70 % Fett i.Tr.

glietta, ein italienischer → Weichkäse aus dem iemont mit gleichmäßig durchgereiftem Teig. ettgehalt 50 % Fett i.Tr.

Lucullus ist der von Pierre → Androuët eingeführte Name für den zart-cremigen Käse mit weißer Schimmelflora. Mit 75 % Fett i.Tr.

← **Explorateur,** mit dichter Weißschimmelflora überzogen, hat einen milchsäuerlichen Teig mit 75 % Fett i.Tr.

← **Brillat-Savarin** aus der Normandie mit 75 % Fett i.Tr., hier mit leichter Flora. Milchsäuerlicher, frischkäseartiger Geschmack.

Pavé d'Affinois mit → frischkäseartigem Teig on sehr feinem Gefüge, 45 % Fett i.Tr. Sehr mild l sahnig im Geschmack.

Vignotte, ein französischer → »Weinbergkäse« mit leichter weißer Schimmelflora. Cremig-schmelzender Teig mit 75 % Fett i.Tr.

← **Brillador** hat einen dichten Schimmelbewuchs. Der Teig mit 75 % Fett i.Tr. ist cremig-weich und schmeckt sahnig-mild.

← **Bresso,** cremiger Weichkäse mit weißer Flora und 60 % Fett i.Tr. Als Torte (natur) und als Laibchen auch mit Gewürzen, hier mit grünem Pfeffer.

Prestige de Bourgogne → wird mit weißlicher oder rötlicher Flora gereift. chsäuerlich frischer Gemack, mit 75 % Fett i.Tr.

Boursault ist sehr weich → und geschmeidig, frischkäseartig. Leichter, weißer oder rötlich brauner Florabelag. Mit 70 % Fett i.Tr.

Eine Auswahl an Weißschimmelkäsen mit gut entwickeltem, fein-aromatischem Weißschimmel und gleichmäßig durchgereiftem Teig, doch von unverwechselbarer Individualität. Im Uhrzeigersinn: Reverend (quadratisch), Brie, Champignon de Luxe und Champignon Camembert.

Neufchâtel aus dem Pays de Bray der Normandie umfasst Käse mit 45 % Fett i.Tr. in verschiedenen Reifestadien, frisch und leicht gesalzen, mit leichtem Schimmelanflug und, gereift, voller Schimmelflora. Es gibt sie in Form kleiner Rollen (Bonde, Bondon und Bondard de Neufchâtel), in Herzform (Cœur de Neufchâtel, Cœur de Bray), als flache Laibchen (Malacoff), quadratisch (Carré) und rechteckig (Briquette, ähnlich dem Grattepaille). In den USA ist Neufchatel ein Frischkäse, ähnlich dem Cream cheese, jedoch mit weniger Fett und etwas weicher.

Saint-Marcellin, Marcellin, Romans oder **Tomme de Romans** aus dem Departement Isère wecken bei Kennern eine Erinnerung an Ziegenkäse gleicher Namen. Heute werden die Käse, überwiegend aus Kuhmilch, als frische und mit weißem und bläulichem Schimmel gereifte Käse geschätzt, die teilweise mit Gewürzen wie Pfeffer, Paprika, Rosmarin oder Saturei bestreut, auch in Kastanienblätter

Carré de l'Est wird in Lothringen und in der Champagne hergestellt, hier mit Weißschimmel bedeckt. Mild, milchsäuerlich, mit zunehmender Reife würzig.

Weißer Prinz aus Österreich, mit 50 % Fett i.Tr., wird aus Schafmilch hergestellt. Er hat ein charakteristisches Aroma und einen milden Geschmack.

Weiße Lady, bayerischer, brotförmiger Weißschimmelkäse mit geschmeidigem Teig (30 oder 60 % Fett i.Tr.), auch mit Kräutern und Knoblauch oder als Bio-Käse.

Ramée Camembert, ein Camembert ähnlicher, kleiner runder Käse mit leicht milchsäuerlichem Geschmack. Mit 55 % Fett i.Tr.

Frischer Geschmack
Zarte Schimmelflora

eingeschlagen sind. Eine alte Tradition hat sich bei den heute noch angewendeten Auflagen von Heu, Blättern oder Farn bewahrt – ursprünglich eine Methode des Reifens und um die Käse von der milchreichen bis zur milcharmen Zeit aufzubewahren und vor dem Austrocknen zu schützen.

Das Bestreuen mit Asche, bei Käsen mit oder ohne Wachstum von bläulichem Schimmel, diente dem Abtrocknen und manchmal auch (da Asche alkalisch ist), dem Entsäuern. Beispiele dafür sind Olivet bleu und Frinault, dem Coulommiers nahe stehende Käse mit bläulichem Schimmel, die es beide auch »cendré« gibt.

Rocroi cendré aus den Ardennen wird aus abgerahmter Milch in der Halbfettstufe erzeugt.

Von Ostfrankreich aus nahm **Carré de l'Est** (mit Weißschimmelflora) seinen Weg. Er wird in drei Größen hergestellt. Petit carré de l'Est wiegt 125 bis 160 g, Carré de l'Est 100 bis 300 g, Grand carré de l'Est 800 bis 1200 g. Alle enthalten mindestens 40 % Fett i.Tr. und 44 % Trockenmasse. Normal ist eine Besiedlung mit Weißschimmelflora. Vereinzelt überwiegt auch eine Flora, die im Wesentlichen durch rötlich braune Linens-Bakterien bestimmt ist.

Weiße Lady oder der festere, trapezförmige **Tettnanger** sind deutsche Beispiele für ähnliche Weißschimmelkäse. Das frühere Neufchâtel-Prinzip – Übergang des Frischkäses zu einem leicht reifenden Weichkäse – trifft man bei mehreren Sorten an, beispielsweise bei Boursault, Brillat Savarin, Butte de Doue, Explorateur, Vignotte, ebenso bei Chaource oder italienischen Sorten wie Formagella, oder manchen Toma-Arten wie kleineren Robiola und Tomini. Die Artenvielfalt wird durch neue Herstellungsverfahren bereichert, die zu Erzeugnissen mit einem kompakten, gleichwohl fein-geschmeidigen Teig führen, wie beispielsweise bei Henry IV. oder Pavé d'Affinois der Fall.

Im Anschnitt lässt sich an diesem frischen Chaource gut erkennen, wie die Reifung am Rand beginnt – unter der Haut aus Weiß- und Milchschimmel.

Cremeroll, ein Weichkäse, der sich durch die Rollenform gut für Käseplatten eignet. Mild und sahnig, von cremig-weicher Konsistenz. Mit 60 % Fett i.Tr.

Chaource mit Weißschimmel (50 % Fett i.Tr.). Während der Reifung hat sich eine bräunliche Flora entwickelt. Frischkäseartiger Teig, milchsäuerlich.

Formagella, typischer Tafelkäse, hier mit Weißschimmel aus dem italienischen Voralpengebiet um Bergamo und Brescia. 20 und 45 % Fett i.Tr., mildes Aroma.

Tomino schmeckt frisch (fresco, rechts) leicht milchsäuerlich. Mit feinem Weißschimmel gereift (stagionato, links) entwickelt er ein feines Camembert-Aroma.

→ Ein neuer Typ Weißschimmelkäse

In den 70er Jahren verbreitete sich zunehmend ein neuer Typ von Weißschimmelkäsen, die dank einer Änderung der Herstellungsprinzipien »durch den Teig« reifen, also nicht ausgeprägt von außen nach innen, wie bei Camembert. Teilweise ist der Fettgehalt erhöht. Ihre Form ist oval mit mehr oder weniger abgerundeten Enden. Beispiele für solche Käse mit durchgereiftem Teig sind Caprice de Dieux, Champignon de Luxe, Crème des Prés, Géramont, Le Carré, Val des Moines und neuere Sorten wie Bresso (den es auch mit verschiedenen würzenden Zusätzen gibt) und Cremeroll.

Frischkäse
Quark und Mascarpone

Das Angebot an Frischkäsen ist riesig. Sie finden »pur« und mit allerlei würzenden Zutaten großen Anklang. Zum Beispiel Le Tartar mit Kräutern oder Boursin als »Triple-crème« mit Knoblauch oder Pfeffer. Auch aufgeschäumt sind sie beliebt, wie Bresso, Cantadou, Colette oder Mirée.

Unter **Frischkäse** versteht man allgemein frisch hergestellte, ungereifte Erzeugnisse, die unmittelbar nach der Herstellung genussfertig und für den baldigen Verbrauch bestimmt sind, wie zum Beispiel Speisequark, Fromage blanc oder Cottage cheese. Auch Sorten wie Ricotta zählen dazu, die entweder frisch verzehrt oder durch Salzen, Räuchern oder Trocknen haltbar gemacht werden; ebenso solche Produkte wie Caciotta, die eine leichte »Reifung« durchmachen.

In weiterem Sinne wird der Begriff auch auf Käse angewendet, die für eine längere Reifung bestimmt sind, aber auch frisch oder nur leicht angereift angeboten werden, wie das bei manchen Pecorini (»primo sale«), bei Cantal (»Tomme fraîche«) oder bei Stilton (»White Stilton«) der Fall ist. Nicht zuletzt fallen unter diese Sammelbezeichnung Erzeugnisse wie Kasch, Zieger oder Curd, also bei der Herstellung anfallende Zwischenprodukte, die frisch, wie sie sind, verzehrt werden. Allerdings werden die Begriffe »frisch« und »Frischkäse« einschließlich der Frischkäse-Erzeugnisse (»Zubereitungen«) in verschiedenen Ländern auch unterschiedlich verstanden. Einige zur Frischkäse-Gruppe zählende Sorten, wie Mozzarella, werden wegen ihrer besonderen Eigenschaften an anderer Stelle besprochen (Filata-Käse).

Ihrem Gefüge (der Struktur) entsprechend, unterscheidet man mehrere Arten: Frischkäse mit zartfestem Gefüge (wie Schichtkäse, Burgos, Cambridge), weichkörnigen Käse (wie Cottage cheese),

← **Magerquark** enthält lediglich 1 bis 2 % Fett i.Tr. (etwa 0,3 % Fett absolut). Da der Eiweißgehalt im Vergleich zum Fett sehr hoch liegt, ist die Masse fest und eher trocken als cremig.

← **Quark mit 20 % Fett i.Tr** ist bereits deutlich weic und auch cremiger als c 10%ige. Man kann den U terschied nicht nur sehe man spürt ihn auch auf Zunge. Fett absolut: um

Quark mit 10 % Fett i.Tr. ist → noch leicht trocken im Gefüge, aber schon etwas cremiger und geschmeidiger als Magerquark. Der tatsächliche, absolute Fettgehalt beträgt nur etwa 2,5 %.

Quark mit 40 % Fett i.Tr. ist, → wie im Bild gut erkennbar, sehr geschmeidig und cremig, sein Geschmack ist entsprechend sahnig. Der tatsächliche Fettgehalt liegt bei etwa 11 %.

Käse mit einer gewissen Festigkeit und Formbarkeit (wie Suisse, Cream cheese, Doppelrahmfrischkäse) und Käse mit pastenartigem Gefüge (wie Speisequark, Ricotta, Zieger, Molkeneiweißkäse), aufgeschäumte Frischkäse und Zubereitungen.

Speisequark, kurz als **Quark** oder **Topfen** (Bayern und Österreich) bezeichnet, ist ein Frischkäse mit pastenartiger Beschaffenheit. Es gibt ihn in allen Fettstufen, neben 20 und 40 % Fett i.Tr. am meisten in der Magerstufe. Der 20%ige Quark hat mit etwa 5 % absolut einen nur geringen Fettgehalt, der sich aber auf die Geschmeidigkeit sehr positiv auswirkt. Beliebt ist auch die Zubereitung mit Früchten und anderen Zutaten.

Rygeost ist ein dänischer geräucherter Quark mit Kümmel versetzt. Ein weicher, säuerlicher Frischkäse in den USA ist Bakers' cheese, gern verwendet für Käsekuchen.

Für Großbritannien sind noch die teils mehr pastenartigen, teils mehr kompakteren Sorten zu erwähnen, wie Lactic cheese aus durch Milchsäuregerinnung dickgelegter Milch, Colwick cheese und Cottager's cheese (der nichts mit dem körnigen Cottage cheese zu tun hat), eine Zubereitung im »farmhouse style«, manchmal gesalzen, auch mit Sahne, Kräutern, Gewürzen, Zwiebeln, Oliven oder Nüssen versetzt.

Deutscher Frischkäse nach Cottage-cheese-Art gibt es mit 10 und 20 % Fett i.Tr. sowie in der Magerstufe (unter 10 % Fett i.Tr.). In Großbritannien überwiegt Creamed cottage cheese. Festere Frischkäse mit kompakterem Gefüge sollen einen sehr feinen, auf der Zunge schmelzenden Teig haben.

Zu ihnen gehört **Suisse,** ein kleiner, rollenförmiger Käse aus der Normandie. Es gibt ihn heute als Petit-suisse mit 60 g und 60 % Fett i.Tr. sowie mit 30 g und 40 % Fett i.Tr. Demisel mit 40 % Fett i.Tr. ist ähnlich, enthält jedoch 2 % Salz.

Ähnliche Käse wurden Mitte des 19. Jahrhunderts mit mäßigem Erfolg in Paris vermarktet, bis – und hier gibt es zwei Versionen – ein Käser aus der Schweiz mit seinem Rat, Rahm unter den Käse zu mischen, einen großen Aufschwung bewirkte. Die zweite Version lautet, dass die Bäuerin selbst aus der Schweiz kam und diese Idee hatte. Die Nachfrage stieg, man konnte den Käse fortan als »Suisse« erfolgreich verkaufen; in einigen Ländern auch unter dem Namen des späteren Herstellers Gervais.

Cream cheese, ein Frischkäse in den USA, enthält mindestens 70 % Fett i.Tr. Eine weichere Variante des Cream cheese ist der amerikanische Neufchatel mit 20 bis 33 % Fett i.Tr. und einer Trockenmasse von über 35 %. Der bekannteste Cream cheese wurde Ende des 19. Jahrhunderts entwickelt und als »Philadelphia«, populär »Philly«, vermarktet, auch mit würzenden Zutaten.

Deutscher Rahmfrischkäse enthält mindestens 50 % Fett i.Tr., Doppelrahmfrischkäse mindestens 60 %. Typisch für beide ist ein mild-säuerliches Aroma und ein leicht salziger Geschmack.

Buttermilch-Frischkäse aus Deutschland mit 20 % Fett i.Tr. Er ist natur oder in verschiedenen Geschmacksrichtungen erhältlich.

← **Petit-suisse** heißen diese kleinen Frischkäserollen, die nicht aus der Schweiz, sondern vielmehr aus der Normandie stammen. Aroma und Teig sind mild-delikat und fein.

← **Mascarpone** stammt aus Italien. Der weißliche bis strohgelbe, sahnig-milde Frischkäse ist kompakt, doch geschmeidig und streichfähig. Ideale Grundlage für süße Desserts.

Cream cheese, ein mild- →
matischer Frischkäse in
damerika mit über 70 %
Fett i.Tr. Von kompakter,
-cremiger Struktur, den
auch aufgeschäumt und
würzenden Zutaten gibt.

Aufgeschäumter Frischkäse, wie dieser Bresso mit fein zerteilten, aromatischen Kräutern, haben eine luftige, weichcremige Konsistenz, die sie »auf der Zunge zergehen« lässt. →

Burgos ist neben dem Manchego der bekannteste Käse in Spanien. Er wird als Labfrischkäse, also nur mit Lab und ohne Milchsäurebakterien, aus Schafmilch hergestellt, die ihm sein charakteristisches Aroma verleiht. Zudem kann er leicht salzig schmecken. Sein milchig-weißer, weich-gallertartiger Teig sondert in den ersten Tagen nach der Herstellung noch etwas Molke ab – ein Zeichen für Frische. Nur wenige Tage haltbar.

Mascarpone oder **Mascherpone** ist der bekannteste hochfette Frischkäse Italiens mit mindestens 80 % Fett i.Tr. 30%ige Sahne wird auf 90 °C erhitzt und mittels Zitronensaft, einer Zitronensäurelösung oder einer anderen Säure zum Gerinnen gebracht. Dann lässt man die Masse abtropfen und abkühlen.

Formaggini, übersetzt heißt das kleine Käse, ist in Italien der Oberbegriff für kleine frische Tafelkäse mit weichem Teig. Ganz frisch (»freschissimi«) werden sie als Latticini bezeichnet.

Robiola wird als Gattungsname für verschiedene runde, meist kleine Käse verwendet. Manche erinnern an Taleggio, andere an Cacciotta. Einige Robiola-Arten, meist mit 45 % Fett i.Tr., reifen mit rötlicher Haut, wie Robiola di Roccaverano oder Robiola del bec, andere mit Weißschimmel. Kleine Käse nennt man Robiolette oder Robiolini.

Single cream cheese (mindestens 45 % Fett i.Tr.) oder **Double cream cheese** mit mindestens 65 % Fett i.Tr. kennt man in Großbritannien.

Formaggini, frische kleine Tafelkäse mit weich-geschmeidigem Teig, reifen bis zu einigen Wochen; anfangs mildsäuerlich, später delikat voller Geschmack.

Flor de oro aus der spanischen Provinz Valencia, mit 40 % Fett i.Tr., ist ein Queso fresco valenciano. Er wird aus Ziegen-, Kuh- und Schafmilch hergestellt.

Robiola Osella, sahnig und mild-säuerlich, stammt aus dem Piemont und hat 70 % Fett i.Tr. Als Robiola bezeichnet man verschiedene italienische Frischkäse.

Stracchino, ein Frischkäse mit zartem, aber formfestem Teig. Mild bis fein-säuerlich im Geschmack, der frisch oder bis zu 2 Wochen gereift konsumiert wird.

Für baldigen Verzehr

Stracchino ist ein italienischer Frischkäse aus der Lombardei. Eng mit Crescenza verwandt, wird er auch als Stracchino-Crescenza angeboten. Ursprünglich wurde er nur nördlich von Mailand hergestellt, heute produziert man ihn in der gesamten Lombardei sowie im Piemont.

Burgos aus Spanien ist ein Labfrischkäse aus Schafmilch, mit meist mehr als 50 % Fett i.Tr., den es als gewölbten Laib mit 1 bis 2 kg Gewicht gibt. Burgos wird täglich frisch verkauft.

Ihm ähnlich ist Villalón, mit 0,5 bis 2,5 kg Gewicht, wegen seiner Form auch Pata de mulo (»Eselsfuß«) genannt. In den südlichen Provinzen Spaniens kennt man Frischkäse aus Schaf- und Ziegenmilch, auch gemischt mit Kuhmilch, wie Queso fresco valenciano (Flor de oro, Puzol und Cervera), aus Andalusien die Sorten Málaga und Cádiz.

Der milde **Flor de oro** ähnelt mit seinem geschmeidigen Teig der Cuajada, die man auch in Venezuela, in den Anden, kennt.

Schichtkäse verdankt seinen Namen dem geschichteten Teig, der durch das Schöpfen der Gallerte bei der Herstellung entsteht. Rein mildsäuerlich.

Deutscher Schichtkäse hat einen matt glänzenden, zart-geschmeidigen und formfesten, mit nur wenigen Bruchlöchern versehenen Teig. Je nach Fettgehalt – er wird in Stufen zwischen 10 und 60 % Fett i.Tr. hergestellt – weist er einen milchigweißen bis rahmgelben Farbton auf. Im Innern sollen Schichten erkennbar sein, wobei gelbliche Schichten fettreicher als die helleren Schichten sein müssen.

Cambridge und **York** sind vergleichbare traditionelle »geschichtete« Sorten (»sandwich«, »cream slice«) in Großbritannien.

Schon der Name **Körniger Frischkäse** verrät, wie sein Gefüge beschaffen ist: Die Käsemasse besteht aus kleinen, weich-geschmeidigen Körnchen. Besonders beliebt ist er in den USA, wo man 3 Arten kennt: Cottage cheese dry curd ist der weich-körnige, aus Magermilch hergestellte Käse, der weniger als 0,5 % Milchfett enthält. Cottage cheese low fat muss zwischen 0,5 und 2 % Fett haben, Cottage cheese mehr als 4 %. Letzterer wird durch Mischen von Cottage cheese dry curd und einem Sahnedressing hergestellt und heißt Creamed cottage cheese. Dabei unterscheidet man den Californian style, den Popcorn style und den Country style sowie large und small style. Farmers' cheese ist zu einem Block gepresster Cottage cheese. In Deutschland gibt es körnigen Frischkäse auch mit würzenden Zusätzen wie Früchten, Kräutern oder Gewürzen.

Die französischen weichen **Caillebotte** und **Jonchée** (auch aus Ziegenmilch) entsprechen der italienischen Giuncata. Der französische Fromage frais battu maigre (geschlagener Mager-Frischkäse) enthält unter 1 % Fett i.Tr. und über 85 % Wasser.

Manouri, ein getrockneter Ziegerkäse aus Griechenland mit höherem Fettgehalt und feinem Teig. Ähnlich gesalzenen und getrockneten Ricotta-Produkten.

Körniger Frischkäse, der aus den USA stammende Cottage cheese, ist weit verbreitet. Hier eine deutsche Variante mit einem Fettgehalt von 20 % Fett i.Tr.

Die Größe der einzelnen weichen Körner ist bei Frischkäse (Cottage cheese) unterschiedlich: kleiner (small style, Bild oben) und größer (large style, im Bild unten).

→ Schnittfester Frischkäse

Seit einiger Zeit gibt es auch halbfeste, schneidbare Erzeugnisse, zum Beispiel Torten und Kränze mit Schnittlauch, Pfeffer, Olivenstückchen oder auch mit Knoblauch.

Molkeerzeugnisse
Ricotta und Zieger

Ricotta salata gehört auf vielen Märkten Italiens zum täglichen Angebot. Ursprünglich wurde sie nur aus Schafkäsemolke hergestellt, daher kann es nicht verwundern, dass vor allem in Regionen, in denen viel Pecorino produziert wird, auch Ricotta eine wichtige Rolle spielt.

Ricotta-Herstellung: Die Molke, ein Produkt, das bei der Käseherstellung anfällt, wird auf etwa 85 °C erhitzt. Bei dieser Temperatur setzt sich das Molkeneiweiß flöckchenweise auf der Oberfläche ab.

Mit einer Lochkelle wird die Ricotta abgeschöpft und in Siebkörbe gefüllt, damit die Flüssigkeit austreten kann. Nach 3 bis 4 Stunden kann die frische, ungereifte Ricotta bereits verkauft werden.

Italienische **Ricotta** wurde ursprünglich nur aus Schafkäsemolke (Ricotta di pecora) hergestellt und häufig nach den Pecorino-Gebieten benannt, wie beispielsweise die Ricotta romana, die Ricotta canestrata oder die Ricotta siciliana. Ein ähnliches Erzeugnis ist Ricotta di vacca oder Ricotta vaccina, die allerdings aus Kuhkäsemolke hergestellt wird.

Die Bezeichnung Ricotta kommt von lateinisch recoctus, was so viel bedeutet wie »erneut kochen«. Ein Ausdruck, der sich auf das Wiedererhitzen der Molke bezieht – nachdem die Milch schon für die Herstellung von Käse erhitzt worden ist.

Bei der Produktion von Ricotta wird das Molkeneiweiß also durch Erhitzen der Molke abgetrennt, teilweise unter Zufügung von gesäuerter Molke oder auch von Säuren. Das Eiweiß und andere Inhaltsstoffe setzen sich dabei an der Oberfläche ab und können abgeschöpft werden.

Normalerweise entsteht so die ungereifte und ungesalzene Ricotta tipo dolce, erhältlich ist Ricotta aber auch gesalzen als Ricotta salata sowie gesalzen und gereift als Ricotta tipo forte. Sehr feste bis harte Ricotta secca kann als Reibkäse dienen. Manchmal bezeichnet Ricotta auch Quark.

Schafkäse-Ricotta enthält, dank des höheren Fettgehalts der Schafkäsemolke, normalerweise mehr Fett als Kuhkäse-Ricotta. In Spanien entspricht Requesón, in Portugal Requeijão weitgehend der italienischen Schafkäse-Ricotta. In Brasilien umfasst der Begriff Requeijão quarkartige Erzeugnisse, die mit Sahne oder Butter und Kochsalz versetzt und geschmolzen werden.

Cacioricotta, eine Art Labfrischkäse aus Schaf- und Ziegenmilch, stammt aus Süditalien. Für seine Herstellung wird die Milch zunächst auf 85 bis 90 °C erhitzt, dann auf 36 bis 40 °C abgekühlt und mit Zickleinlab dickgelegt. Die Gallerte wird zerteilt; der Bruch kommt zum Abtropfen in spezielle Körbe. Jung hat Cacioricotta, die fast wie Ricotta aussieht, einen elfenbeinfarbenen, weichen Teig. Entweder wird Cacioricotta frisch verkauft oder gesalzen und gereift (1 bis 3 Wochen); zum würzigen Reibkäse reift sie in 2 bis 3 Monaten.

Unter **Zieger** (in der Schweiz Ziger) wird allgemein die frische Masse verstanden, die sich beim Erhitzen von saurer Molke abscheidet. Es handelt sich dabei um eine streichbare, krümelig-weiche Masse, die weiß oder auch cremig-gelb sein kann. Da man Zieger auch aus Milch oder Milch-Molke-Mischungen gewinnen kann, wird zwischen Molkezieger, Milchzieger und Mischzieger unterschieden. Molkezieger sind zudem als Molkeneiweißkäse oder Albuminkäse bekannt. In Savoyen kennt man als Zieger Sérac oder Cérat, im Piemont Seirass. Neben dem unmittelbaren Genuss dient Zieger auch der Herstellung von Produkten wie Glarner Schabziger, Urda aus Südosteuropa oder auch Manouri aus Griechenland.

Schabziger, der schon seit vielen Jahrhunderten in der Schweiz hergestellt wird, gewinnt man durch Vermischen von gereiftem Zieger mit Ziegerklee *(Trigonella coerulea)*. Der leicht grünliche, trockene und rindenlose Käse hat einen typischen, unverwechselbaren Geschmack und 0,24 % Fett i. Tr.

Queso blanco oder **Queso del País** ist ein sehr populärer Frischkäse in Lateinamerika. Er wird bei etwa 80 °C aus Milch mit saurer Molke, sauren Fruchtsäften oder Säuren (bevorzugt Essigsäure) gewonnen, teilweise gepresst, geformt und leicht gesalzen. Varianten sind Campesino, Queso de hoja (in Blattform), Queso de Puna (jedoch mit Lab und Milchsäurebakterien hergestellt, in den USA Spanish cheese genannt) und Queso fresco.

← **Ricotta di pecora** entsteht aus der Molke, die bei der Schafmilchkäserei anfällt. Schafkäse-Ricotta (hier im Bild eine geformte) hat einen weißlichen, fein-geschmeidigen Teig.

Ricotta di vacca, ein im Körbchen geformter Molkeneiweißkäse aus der Molke von Kuhmilchkäse. Diesen Ricotta-Typ kennt man vor allem in den Provinzen Norditaliens. →

← **Ricotta piacentina** aus der Po-Ebene. Eine Kuhkäse-Ricotta, die im – bei der Herstellung verwendeten – Abtropftuch angeboten wird. Mit cremiger, leicht krümeliger Struktur.

Ricotta salata heißt »gesalzene Ricotta«. Sie ist vor allem als – durch längeres Abtropfen etwas trockenere – **Ricotta tipo moliterno** (hier aus Schafkäsemolke) bekannt. →

← **Ricotta salata** aus Kuhkäsemolke, mit kompakt-geschmeidigem Teig. Im Hintergrund eine **Ricotta salata affumicata,** deren Haut durch Räuchern goldbraun gefärbt ist.

Ricotta salata al forno ist eine gesalzene Ricotta, durch Backen im Ofen schmackhaft gemacht. Man kann sie des Öfteren auf den Speisekarten in Mittel- und Süditalien finden. →

Die Ziegen im Bergell werden in den Sommermonaten nach wie vor auf die Bergweiden getrieben. Die Herde von Giuseppe Merlot grast im Bergwald oberhalb von Stampa. Jede Ziege gibt im Schnitt etwa 6 l Milch – so kommt bei 30 Tieren ganz schön was zusammen.

Ziegenkäse sehr gefragt

Die **Ziegenkäse** bilden eine ganz spezielle Käsegruppe, die eine nahezu unüberschaubare Vielfalt an Sorten und Varietäten umfasst. Nicht immer wird bei der Herstellung ausschließlich Ziegenmilch verwendet, oft wird Kuh- oder Schafmilch beigemischt. Aus der Kennzeichnung muss das jedoch deutlich hervorgehen.

In Frankreich, wo das Wort »**chèvre**« (Ziege) auch die Kurzbezeichnung für Ziegenkäse generell ist, wird ein Käse aus reiner Ziegenmilch »chèvre« genannt, ein zur Hälfte aus Ziegenmilch hergestellter heißt »mi-chèvre«. In Deutschland bedarf die Verwendung von anderer Milch als Kuhmilch eines Hinweises auf die Tierart, hier somit Ziege beziehungsweise Ziegenkäse. In einigen anderen Ländern bestehen ähnliche Vorschriften.

Es kann sich dabei um rohe, thermisierte oder um pasteurisierte Milch handeln. Bei Teigbeschaffenheit und Reifungsverhalten, davon abhängig teilweise auch bei Aroma und Geschmack, lassen sich 3 Grundtypen erkennen. Bei dem ersten Typ dominiert beim Dicklegen die Milchsäurebildung, während die Labwirkung deutlich zurücktritt.

a Traditionelle Ziegenkäse-Herstellung: Die Milch wird im Kupferkessel über einem Holzfeuer erhitzt.

b Das Befeuern, Dicklegen der Milch und das Ausschwenken des Kessels erfordern viel Fingerspitzengefühl.

c Nun ist der Moment des Abschöpfens: die mit Löchern versehenen Blechdosen stehen schon parat.

d Mit einer Kelle wird der Käsebruch in die gelochten Dosen geschöpft, damit die Molke gut ablaufen kann.

e Nach etwa 1 Stunde werden die Dosen umgedreht und die Käse vorsichtig gestürzt.

f Nach dem Rollen in Salz kommen die frischen Ziegenkäse zum Reifen auf ein bereitgestelltes Holzbrett.

Der weißliche, feste Teig mit charakteristischer, feinkörniger Struktur bleibt nach dem Abtropfen erhalten (Beispiel: Selles-sur-Cher). Beim zweiten Grundtyp sind die Milchsäure- und die Labwirkung ausgewogener, so etwa bei den camembertähnlichen Käsen (Beispiel: Bougon). Der Käseteig wandelt sich bei der Reifung von fest-säuerlich zu weich-geschmeidig, nicht zuletzt unter dem Einfluss einer reifungsaktiven Oberflächenflora. Beim dritten Ziegenkäse-Grundtyp überwiegt die Labwirkung leicht, wie es beispielsweise bei Chevrotin der Fall ist.

Auch das **Formen,** das je nach Käse sehr unterschiedlich ausfallen kann, trägt zur Ziegenkäse-Vielfalt bei. Vier Arten lassen sich hier unterscheiden: Entweder wird die Gallerte direkt und vorsichtig mit einem Löffel in die Formen geschöpft, wie es zum Beispiel bei Selles-sur-Cher der Fall ist. Oder man füllt die Gallerte in Säcke oder Tücher und lässt sie mehrere Stunden abtropfen, wie bei Crottin. Für einige Käse wird die Gallerte ganz fein verrührt und die möglichst homogene, pastenartige Masse in Formen eingefüllt, wie bei Rocamadour. Bei anderen Käsen wiederum wird, wie üblich, ein Bruch bereitet, bearbeitet und geformt, so bei Bougon oder Chevrotin.

Ziegenkäse gibt es ohne Belag, blank, weißlich goldgelb oder bräunlich, mit weißlichem Milchschimmel oder mit weißlichem und/oder graubläulichem Schimmel, Hefen, Rotflora und »cendré«. Der Schimmel (Stämme des *Penicillium album*, früher als *Penicillium glaucum* bezeichnet) wächst zunächst weißlich an und wird dann allmählich bläulich.

Bei **Chèvre cendré** wird gepulverte Holzkohle auf den Käse gestäubt. Der Holzkohle ist oft etwas Kochsalz beigemischt, so dass mit dem Bestäuben zugleich auch ein Salzen erfolgt. Aroma und Geschmack variieren entsprechend stark.

Je nach Milchart, Herstellung und Reifung kann der Geschmack cremig-mild oder auch ausgeprägt kräftig sein. Spezielles Lab mit fettreifenden Komponenten (Enzymen) kann den »chèvre«-Charakter verstärken. Einige Sorten erhalten ein ganz eigenes Aroma durch Reifung in Trester, andere werden mit Kräutern, Gewürzen oder Weinblättern umhüllt und nehmen das entsprechende Aroma auf, oder sie werden direkt mit würzenden Zutaten vermischt.

Guiseppe Merlot, ein Bauer im südschweizerischen Bergell, stellt jeden Morgen frischen Ziegenkäse her – von Ostern bis Allerheiligen. Er vermischt dafür die frisch gemolkene Morgenmilch mit der Milch vom Vorabend.

Ziegenkäse aus bäuerlicher Produktion. Die Herstellung von Ziegenkäse liegt auch heute noch in vielen Ländern weitgehend in den Händen kleiner Handwerksbetriebe und Bauernhöfe. In der Schweiz, in Österreich und Deutschland, vor allem aber in Frankreich, tragen die »bäuerlichen« fermier-Käse zur legendären Käse-Vielfalt bei.

Von ganz frisch bis hin zu deftig ausgereift: Ziegenkäse ist gefragter denn je. Was sicherlich auch damit zusammenhängt, dass die individuell produzierten Käse noch geschmackliche Überraschungen bieten.

Auch Bauer Merlot kennt keinerlei Vermarktungsprobleme, die gesamte Käse-Produktion ist in der Regel vorbestellt. Zumal er einen besonderen Service bietet: Seine Kunden können im Voraus bestimmen, wie frisch oder gereift sie ihren Käse haben wollen.

Frische Luft ist bei der Lagerung wichtig. Von einem Fliegengitter geschützt, reifen die frischen Laibe bei Guiseppe Merlot in einem luftigen Regal heran, bis sie den vom Kunden gewünschten Reifegrad haben. Das ist meist ein Zeitraum zwischen 1 und 4 Wochen.

→ Hofproduktion von Ziegenkäse

Die Ziegenkäse-Herstellung auf (Bio-)Bauernhöfen nimmt auch in Deutschland wieder zu. Hergestellt werden nicht selten verschiedene Sorten, beispielsweise Ziegenfrischkäse, Weichkäse und Ziegen-Camembert; manchmal auch Schnittkäse aus Ziegenmilch. Die Produkte werden meist regional, auf Wochenmärkten vertrieben. Es lohnt, danach Ausschau zu halten!

Der frische Käsebruch, mit ein paar Körnchen Salz und einem Stück Brot, ist eine Delikatesse. Vom typischen Geschmack der Ziegenmilch merkt man bei diesem ganz frischen Käse noch nichts. So lässt er sich auch gut zu Desserts verarbeiten.

Frische Ziegenkäse mit Kräutern und Gewürzen werden in verschiedenen Ländern hergestellt. Sie enthalten gewöhnlich zwischen 45 und 50 % Fett i.Tr.

Andere französische Frischkäse sind Jonchée Niortaise und Aunis (in Dreieckform Trois cornes oder Sableau) und Cremet. In Deutschland und Österreich haben Ziegenkäse, Ziegenfrischkäse und Zubereitungen großen Zuwachs erfahren, oft in regionaler Verbreitung. Aus den Niederlanden kommt Limburgse Geitekaas. Im Nahen Osten gewinnt man Labneh durch Abtropfen von Laban, einer joghurtartigen Sauermilch.

Ziegenkäse wird in vielen Ländern, in großer Vielzahl jedoch in Frankreich, hergestellt, alle mit mindestens 45 % Fett i.Tr. und, meist, mindestens 40 bis 45 % Trockenmasse. Die Vielfalt französischer Ziegenkäse liegt auch darin, dass sich in den verschiedenen Orten und Landschaften unterschiedliche Namen für gleiche oder ähnliche Käse

→ Immer beliebter

In den letzten Jahren erfreut sich Ziegenkäse und insbesondere Ziegenfrischkäse zunehmender Beliebtheit. Der Grund: Er lässt sich aufgrund des milden Geschmacks vielfältig kombinieren. Pikant zu Vorspeisen und Salaten, süß in Verbindung mit Obst zum Dessert. Auch Käsekuchen kann man daraus backen.

Ziegenfrischkäse sind, wie Frischkäse allgemein, ungereifte Erzeugnisse, die für den unmittelbaren Verzehr bestimmt sind. Manche werden noch über einige Tage hinaus als »frisch« angesehen. In Spanien kennt man Fresco de cabra mit 45 % Fett i.Tr., so etwa den Fresco valenciano oder in Andalusien Cádiz und Málaga (der teilweise in Öl aufbewahrt wird), im Norden Spaniens den Camerano (Logroño), Soria und Valdeteja. In Italien erzeugt man verschiedene Caprini in den Bergregionen Piemonts, Formagetta in Ligurien und weiche sowie feste Caprini auf Sardinien, außerdem auch Ziegen-Caciotta, Caciotella und Cacioricotta aus Ziegenmilch. Auf Korsika gibt es, oft aus Mischungen mit Schafmilch, Brocciu, ein AOC-Käse, und Canestrelli, in der Provence Brousse.

Schweizer Ziegenmilch-Ziger. Fein und mild-aromatisch. Er wird durch Abscheiden des Eiweißes mit Säure bei starker Erhitzung der Milch gewonnen.

Ziegenfrischkäse aus Italien mit 45 % Fett i.Tr. Er ist cremig, mild im Aroma, schwach gesalzen und hat einen leicht säuerlichen Geschmack.

Chavroux ist ein französischer, fein gallertartiger Frischkäse mit sehr mildem Aroma. Erhältlich ist er in einer handlichen Verpackung.

Ziegenfrischkäse

herausgebildet haben, es andererseits auch gleiche oder ähnliche Namen für verschiedene Käse gibt.

Große Käse wie **Lingot** (»Barren«) sind für die Käsetheke gedacht. Er kommt mit blanker Oberfläche als Lingot blanc, mit Holzkohle als Lingot cendré auf den Markt und wird auch aus Kuhmilch hergestellt (Kennzeichnung beachten!).

Ligueil mit 48 % Fett i.Tr. trägt auf seinem Etikett den Aufdruck »Poitouraine« als Hinweis auf das Produktionsgebiet.

Ähnliche große Käse sind Soignon, Bûche du Poitou und Géant du Poitou, der »Riese vom Poitou«, mild bis leicht würzig, mit Weißschimmel oder, je nach Reifungsklima, auch mit Rotflora. Käse in Form einer abgeschnittenen Pyramide heißen einfach Pyramide. Ohne Belag nennt man sie Pyramide blanche, mit Holzkohle Pyramide cendré.

Crottin de Chavignol, der bekannteste unter den kleinen Crottins, ist seit 1976 ursprungsgeschützt. Benannt ist der AOC-Käse nach dem gleichnamigen Ort im Département Cher. Die kleinen Laibe haben einen Durchmesser von 4 bis 5 cm, sind 3 bis 4 cm hoch und wiegen frisch 140 g, gereift sind sie 60 bis 80 g schwer. Die Oberfläche ist blank, gelblich bis braun und oft mit graubläulichem Schimmel bewachsen. Die Reifezeit beträgt mindestens zehn Tage, meist jedoch zwischen zwei und vier Wochen. Nach zwei Wochen ist der Teig weiß oder elfenbeinfarben und noch weich, nach vier bis fünf Wochen Reifung ist er gelber, trocken und recht fest.

Crottin de Chavignol ist ein kleiner, fester Ziegenkäse aus Frankreich mit mindestens 45 % Fett i.Tr. Jung und ungereift wird er, wie andere junge Ziegenkäse auch, gern mit Kräutern in Öl eingelegt.

Lingot blanc (»weißer Barren«) aus dem Poitou in Frankreich ist ein Ziegenkäse mit einem relativ milden Aroma.

Limburgse Geitekaas ist ein holländischer Frischkäse mit 50 bis 60 % Fett i.Tr. Kräuter im Teig verleihen ihm besondere Würze.

Los Vazquez, ein spanischer Frischkäse aus Ziegen- und Kuhmilch hergestellt, mit einem relativ festen Teig. Kräftig im Geschmack.

Zick de Zwiener, ein deutscher Ziegenfrischkäse mit 50 % Fett i.Tr. Er hat einen milden, dennoch ausgeprägten Geschmack.

→ Kleine Ziegenkäse

Unter dem Namen Crottin, meist kombiniert mit dem Herkunftsort, werden verschiedene kleine Ziegenkäse angeboten. Crottin du Berry ist eine provenzalische Spezialität, bei der die milden kleinen Ziegenkäse in mit Pfeffer, Thymian, Rosmarin, Lorbeer, Wacholder und Knoblauch gewürztes Olivenöl eingelegt werden.

Ziegenkäsevielfalt
Mit Asche & Schimmel

Valençay aus dem Departement Indre und der sehr ähnliche Levroux sind bekannte, in Pyramidenform hergestellte Ziegenkäse. Nach mindestens einwöchiger Reifezeit schmecken sie mild bis deutlich nach Ziege. Der milchsäuerliche, weiße Teig ist fest, auf der Zunge jedoch fein schmelzend. Der aus roher Ziegenmilch hergestellte Valençay ist seit 1998 ursprungsgeschützt. Den AOC-Käse gibt es in verschiedenen Sorten: als fermier-Käse aus bäuerlicher Herstellung, als artisanal-Käse (aus Käsereien) und als industriel-Käse.

Der **Pouligny-Saint-Pierre** ist ursprungsgeschützt (AOC). Er darf nur im Westen des Département Indre hergestellt werden. Aroma und Geschmack ändern sich im Verlauf der 2- bis 4-wöchigen Reifung von mild bis zu ausgeprägt typisch. Der Teig ist milchsäuerlich, weiß und fest-geschmeidig. Die Pyramide ist mit 9 cm etwas höher als bei anderen Sorten, der Käse erhielt darum auch den Beinamen »Tour Eiffel« (Eiffelturm).

Ziegenkäse *finden im Reifekeller optimale Bedingungen vor: Konditionierte Temperatur und Luftfeuchtigkeit. So wird das Abtrocknen und der gewünschte Schimmelbewuchs gewährleistet.*

Selles-sur-Cher ist nach einem Ort im Département Indre benannt und ebenfalls ein AOC-Käse. Er hat einen Durchmesser von 9 cm, ist 2,5 bis 3 cm hoch und 150 g schwer und ist mit Holzkohle bestreut. Nach etwa 10-tägiger Reifung entwickelt sich weißlicher, bläulich werdender Schimmel. Der Teig ist weich und auf der Zunge schmelzend, das Aroma mild, zunehmend pikant. Der Käse wird gern als Dessertkäse genossen. Kenner schaben die Haut nicht ab, da diese zu seinem besonderen Charakter beiträgt. Cœur de Selles (andernorts ein Cœur de chèvre) ist wegen seiner dekorativen Herzform beliebt.

Pavé blésois aus der Gegend um Blois an der Loire ist eine weitere Variante des Selles-sur-Cher. Pavé Touraine, dessen Name bereits seine Herkunft verrät, ist rechteckig und meist etwas fester als Pavé blésois.

Graçay ist kegelstumpfförmig. Montoire, ziemlich fest, sonst ähnlich, wurde nach einem nördlich von Tours gelegenen Zuchtort für Ziegen benannt. Clochette aus Charentes-Poitou, ein glockenförmiger Käse von 250 g, hat einen relativ festen Teig.

Chabichou oder **Chabis** wird in verschiedenen Regionen Frankreichs hergestellt. Diese Bezeichnung darf nur für Käse in der traditionellen Bonde-Form verwendet werden: einem Zylinder mit maximal 6,5 cm Durchmesser und 5 bis 7 cm Höhe. Der Schimmelbelag ist bei Molkereikäsen weißlich, bei Bauernkäsen bläulich grau, manchmal entwickelt sich auch eine leichte Rotflora.

Ursprungsschutz genießt der **Chabichou du Poitou** (AOC) aus roher Ziegenmilch. Unten hat er 6 cm, oben 5 cm Durchmesser und ist 6 cm hoch.

Ähnliche Käse aus der Loire-Region sind Sancerrois, Sancerre, die etwas größeren Crézancy und Santranges. Im nordwestlichen Burgund (Yonne) gruppieren sich dem Crottin ähnliche Käschen um Vezelay, wie Dornecy, Lormes, Vermenton. Gien reift mit bläulichem Schimmel auf Blättern von Edelkastanien.

Aus der Landschaft zwischen dem Poitou und Cognac stammen zudem kleine runde Käse wie beispielsweise der Rond-de-Lusignan, Saint-Loup, auch Petit fromage de bique (»kleiner Ziegenkäse«) und Sauzé. Der Mothais ist laut Pierre Androuët der Archetyp der Fromages à la feuille in dieser Region.

← **Valençay,** nach einem Ort im Département Indre benannt. Mit gesalzener Holzkohleasche bedeckt. Mild, jedoch ausgeprägtes Ziegenmilcharoma.

← **Pouligny-Saint-Pierre** erhielt wegen seiner hohen Form den Beinamen »Eiffelturm«. Er hat eine natürliche Schimmelrinde und schmeckt mild bis fruchtig.

Pavé blésois, ein Käse → mit leichtem Belag von eiß- und Milchschimmel sowie Holzkohle, gibt es dratisch und rechteckig. Weicher Teig, mild.

Graçay stammt aus dem → Berry in Frankreich. Unter seiner recht festen, dunklen Haut hat er einen weichen und würzigen Teig.

← **Clochette,** ein französischer Ziegenkäse in der typischen Glockenform. Der Schimmel wächst weißlich an und wird dann bläulich. Volles Ziegenaroma.

← **Selles-sur-Cher** stammt aus dem »Centre«. Der zarte Teig unter der mit Schimmel und Holzkohle bedeckten Rinde schmeckt angenehm mild.

Bougon aus dem Poitou, → dem wichtigsten Ziegenzuchtgebiet in Frankreich. Ein pikanter Käse mit Weißschimmel und weichem Teig.

Cœur de Selles ist ein → Käse in Herzform in der Art des ursprungsgeschützten Selles-sur-Cher. Mild-aromatisch im Geschmack.

← **Crottin de Chavignol.** Als junger Käse mild-cremig, später, 4 bis 5 Wochen gereift trocken und fest. Charakteristisch und kräftig in Aroma und Geschmack.

← **Sancerre** wie Crézancy und Santranges eine Variante des Crottin de Chavignol. Er hat, einige Wochen gereift, einen ausgeprägten Geschmack.

Chabichou oder **Chabis,** → ier mit Holzkohlenbelag, n der traditionellen, sich nach oben verjüngenden Bondeform. Würzig in Aroma und Geschmack.

Chabichou mit anwachsendem Schimmel. Er → hat einen charakteristischen und, einige Wochen gereift, auch einen recht kräftigen Geschmack.

La-Mothe-Saint-Héray, ein Weißschimmelkäse aus Ziegenmilch mit geschmeidigem Teig und mit zunehmender Reife würzigerem Aroma.

Cabécou de Rocamadur oder **Rocamadur,** einer d bekanntesten unter den kleinen »chèvres«, mit za ter, goldgelber Haut, teils mit leichtem Schimmel. M

Pélardon des Cévennes aus dem Languedoc, eng mit dem Cabécou verwandt, gibt es in vielen Variationen. Mild bis aromatisch im Geschmack.

Picodon de l'Ardèche auch als Picodon de la Drôme bekannt, reift mit weißem und bläulichem Schimmel und/oder Milchschimmel, teils auch mit Rotflora.

Poivre d'âne (»Eselspfeffer«), dem Banon ähnlich, wird in Saturei und Rosmarin gerollt. Entsprechend aromatisch in Aroma und Geschmack.

Picodon de la Drôme ist ursprungsgeschützt und wird, wie viele Picodon-K se, im Département Drôr hergestellt. Sein mittelfe ter Teig schmeckt würzig

Banon aus der Provence wird traditionell mit Kastanienblättern umhüllt, oft auch noch mit Saturei bedeckt. Er schmeckt mild bis würzig.

Arômes au gène de marc wird aus mehreren zerkleinerten, reifen Ziegenkäsen gemischt. In Weintrester gewälzt, reift er dann noch weiter.

Meusnois stammt aus dem Berry. Dieser Ziegenkäse hat einen halbfesten Teig. Im Geschmack ist er leicht säuerlich-aromatisch.

Pourly aus dem Burgund ist frisch noch mild, gereift mit üppigem Milchschimmel überzogen, nussartiger Geschmack.

Bouton de culotte (»Hosenknopf«) aus dem Burgund. Je nach Reifegrad weich bis hart. Gereift kann er im Geschmack kräftig bis pikant sein.

Chevreton de Mâcon, Mâconnais kann, als Variante des Bouton de culotte, bei zunehmender Reifung fest und recht scharf werden.

Kleine chèvres von mild bis pikant

Bougon und **La-Mothe-Saint-Héray** stammen wie der Mothais, ein Laibchen mit 50 % Fett i.Tr., vom Plateau mellois. Varianten können auch Gewürze, beispielsweise Knoblauch, enthalten.

Quadratische Käse, die in Platanen- oder Kastanienblättern reifen und teilweise als Chèvre feuille angeboten werden, sind die pikanten Sorten Ruffec, Couhé-Vérac und Saint-Maixent mit graubläulicher, manchmal rötlich pigmentierter Haut. Pigouille aus dem Marais Poitevin ist würzig, ohne Schimmel.

Bouton de culotte (»Hosenknopf«) ist ein sehr kleiner Käse, der nur 40 bis 60 g wiegt. Er wird in allen Reifestadien verzehrt, von jung und weich bis gereift und hart. Um Mâcon heißt er Mâconnais, Cabrion de Mâcon (und Cabrion de Beaujolais oder Chevroton de Mâcon). Ähnlich sind Baratte und der feste Bressan.

Charolais oder **Charolles,** kleine tonnenförmige Käschen, und Montrachet mit bläulichem Schimmel sind oft pikant.

Mont d'Or de Lyon schmeckt kräftig, wie Rigotte de Pelussin und Rigotte des Alpes.

Brique du Forez (Brique de Saint-Etienne), Chevroton d'Ambert, die bläuliche Galette de la Chaise Dieu und Chevroton de Bourbonnais (Chevroton de Moulins) sind rechteckige Käse, manchmal auch rund, wie die verwandte, fruchtige bis pikante Tomme de Belley oder Chevret und Chevroton des Boutières.

Von **Cabécou** (umgangssprachlich »kleine Ziege«) sind zwei Varietäten berühmt: Cabécou d'Entraygues mit 90 bis 130 g Gewicht hat eine weiße, auch bläuliche Schimmeloberfläche.

Cabécou de Rocamadour, mit 30 bis 40 g, ist ein Ziegenkäse mit Ursprungsschutz (AOC seit 1996), bei dessen Herstellung die Gallerte möglichst fein verrührt, mit Salz vermischt und die pastenartige Masse in die Formen leicht eingedrückt wird. Die Haut ist entweder gelblich, rosafarben oder mit anfangs weißem, später auch mit bläulichem Schimmel bedeckt.

Ähnlich sind **Gramat** und **Mayrinhac**. Gut gereift nennt man sie auch Cuffi oder Truffi. Ein Verwandter des Cabécou im Languedoc heißt Cajassous; dort ist der Ort Ganges bekannt für seine würzigen Käse.

Picadou ist ein eingemachter Käse (Cabécou confit). Aus den Cevennen stammt der **Pélardon,** ein kleiner, runder, mit Cabécou verwandter Käse, von dem viele Varianten angeboten werden.

Die Heimat des **Picodon** sind Berglandschaften westlich und östlich der Rhône zwischen Valence und Orange.

Picodon de l'Ardèche und **Picodon de la Drôme** sind ursprungsgeschützte AOC-Käse. Die Laibchen sind 50 bis 100 g schwer; Aroma und Geschmack charakteristisch und mit zunehmender Reife kräftig ausgeprägt.

Man verarbeitet sie mit Wein, Öl oder Gewürzen, legt sie in Wein oder Trester ein und lässt sie unter Blättern reifen. Bekannte Sorten sind Picodon de Dieulefit und Picodon de Valréas, neben Tomme du Mont Ventoux, Cachat d'Entrechaux, Cachat de Gavoie und Malaucène, in den Cevennen Rogeret und Picodon des Cévennes.

Persillé bourguignon ist mit Holzkohle bestäubt und hat innen zwei Holzkohle-Schichten. Im Geschmack ist er mild bis leicht würzig.

Brin d'amour, auch **Brindamour,** mit dem ausgeprägten Aroma von getrockneten Kräutern. Elfenbeinfarbener, cremiger Teig.

Bûchette Sarriette mit dem dekorativen, Namen gebenden Satureizweig. Sie schmeckt mild-aromatisch.

Saint-Maure, Pavé & Ziegen-Camembert

Sainte-Maure ist als bäuerlicher Käse bläulich, als Molkereikäse weißlich. Ein Strohhalm verleiht dem zarten, zerbrechlichen Teig in der langen Form Festigkeit. Sehr mild im Geschmack.

Sainte-Maure de Touraine, benannt nach dem gleichnamigen Ort südlich von Tours, ist ein Käse mit AOC-Siegel. Produziert wird er in verschiedenen Regionen, darf aber – laut AOC-Bestimmungen – nur in den vorgeschriebenen Gebieten reifen. Zudem muss er aus roher Ziegenvollmilch hergestellt werden. Die Laibe wiegen 250 g und haben einen Fettgehalt von mindestens 45 % Fett i.Tr.

Die Reifezeit beträgt mindestens zehn Tage, in der Regel jedoch zwischen 2 und 4 Wochen. Das Aroma ist typisch und ausgeprägt, der Teig ist milchsäuerlich-zart. Vergleichbare Käse heißen einfach Chèvre long.

Ähnlich, aber kleiner, ist die **Bûchette d'Anjou,** ein Käse aus dem Loiretal – neben Poitou-Charentes die zweite bedeutende Ziegenkäse-Region Frankreichs. Die Rinde des jungen, in der Regel zwei Wochen gereiften Käses ist vollständig mit Holzkohlenpulver bedeckt. Man kann die Asche mitessen, des Geschmacks wegen entfernt man sie aber besser.

Banon ist benannt nach dem kleinen gleichnamigen Ort östlich von Avignon. Der kleine, zwischen 90 und 120 g schwere Käse wird heute meist andernorts hergestellt. Während der Saison von Frühjahr bis in den Herbst wird er häufig aus Ziegenrohmilch produziert oder auch aus Mischungen mit Schafmilch, das restliche Jahr über auch aus Kuhmilch. Wie die meisten Ziegenkäse hat auch er einen Fettgehalt von 45 % Fett i.Tr.

← **Pavé Touraine** zeigt die typische Pavé-Form (pavé heißt Pflasterstein). Er ähnelt dem Pavé blésois, ist jedoch oft mehr abgetrocknet und daher fester in der Konsistenz. Voller Geschmack.

← **Brique du Forez** oder **Chevreton d'Ambert** ist kräftig, bei Mischung mit Kuhmilch eher mild im Geschmack. Mit weißem Schimmel und 40 bis 45 % Fett i.Tr.

Bûchette d'Anjou ähnelt → dem Saint-Maure. Die Holzkohlenschicht wird mehr und mehr von weißlich-grauem Schimmel überwachsen. Mild, mit ausgeprägtem Ziegenmilcharoma.

Brique du Livradois, Briquette → ähnelt dem Brique du Forez, ist aber kleiner als dieser. Ein Ziegenkäse, der im Geschmack mild bis kräftig sein kann.

Angeboten wird Banon entweder blank und frisch, manchmal auch mit einer Auflage von Saturei, oder aber man bekommt ihn gereift, von weißlichem oder bläulichem Schimmel überzogen und in Kastanienblätter eingewickelt.

Banon à la feuille reift zunächst zwei Wochen, wird dann in Branntwein getaucht, in zuvor in Essigwasser gekochte Kastanienblätter gewickelt und mit Raphia-Bast oder auch mit Kunststoffbändern verschnürt. Das Eintauchen in Alkohol schützt den Käse vor ungewolltem Schimmel.

Manche der genannten Käse werden zerkleinert, mit Gewürzen vermischt und zu **Fromage fort,** eine Art Käseaufstrich, weiter gereift. Für diese vor allem in Weinbaugegenden beliebte deftige Spezialität lässt man zerkleinerte Käsereste mit Flüssigkeit (Molke, Milch oder Brühe) unter Zusatz von Schnaps oder Wein gären.

Ist Fromage fort ganz oder vorwiegend aus Ziegenmilch hergestellt, kennt man ihn auch unter der Bezeichnung Cachat oder Cacheilla.

Im Bergland von Nizza werden festere Käse aus Ziegenmilch und Mischungen mit Schafmilch erzeugt, wie Bairols und Annot, auch Tomme d'Annot. Es sind Laibe mit etwa 1 kg, ähnlich dem Tomme de Val de Blore und Sospel.

Auf Korsika werden, außer Sartène im Süden, feste Käse aus Ziegen- oder Schafmilch oder auch aus Mischungen von beidem hergestellt – vorwiegend im Norden der Insel. Beispielsweise die quaderförmigen Niolo, Ascot, Venaco und Calenzana.

Auch von **Tomme de chèvre** gibt es, wie auch bei Tommes aus Kuhmilch und aus Schafmilch, eine Menge an Variationen, Ziegenmilch-Tomme wird in unterschiedlicher Größe und Beschaffenheit hergestellt und oft werden die Käse mit lokalen Namen verkauft. Neben den schon genannten sind bekannte Sorten Tomme de Drôme, Tomme de Crest, Tomme de Vercors, Tomme de Chabeuil und Tomme de Romans – alles Käsesorten, die an Varianten des Saint-Marcellin erinnern.

Ziegenmilch-Camembert wird in verschiedenen Ländern hergestellt, immer mehr auch in Österreich und Deutschland – oft aus Biomilch, das heißt aus Milch von Tieren aus kontrollierter Haltung. Interessant sind diese Produkte auch für Allergiker oder Menschen mit Kuhmilchunverträglichkeit. Ziegenmilch-Camembert ist jung noch mild, erst mit zunehmender Reife kräftiger mit typischem Geschmack.

Der **Original-Geisberger** ist ein Camembert aus Ziegenmilch mit weißem Schimmelrasen und weichem Teig. Produziert wird er in zwei Größen, in Laibchen zu 100 g sowie in 500 g schweren Laiben. Der helle cremige Teig ist von unregelmäßig großen Rundlöchern durchzogen. Sein Geschmack ist mild-aromatisch und erhält mit zunehmendem Alter einen charakteristischen »Ziegen«-Geschmack. Mit 45 % Fett i.Tr.

Original Geisberger, ein Ziegen-Camembert aus Österreich mit feinem Camembert-Bouquet.

Ziegenkäse-Camembert aus Deutschland ist mild im Aroma. Mit einem Fettgehalt von 45 % Fett i.Tr.

← **Chèvre feuille,** ein Ziegenkäse aus dem Périgord, wird in Kastanien- oder Platanenblätter gehüllt. Je nach Käsetyp kann er mild bis kräftig schmecken.

← **Ziegenrolle** aus Holland. Typisch sind der helle Teig und der weiße Schimmelbelag. Lässt sich aufgrund der Rollenform gut portionieren. Ein Ziegenkäse mit kräftigem Geschmack.

oves des Garrigues aus →
er Provence. Die kleinen
kugelförmigen Laibchen
haben eine Rinde mit
Schimmel, einen festen
g und ein sehr kräftiges,
ch angenehmes Aroma.

Inntaler Ziegenrolle, → ein deutscher Ziegenkäse mit einer Auflage von getrockneten Kräutern der Provence, die im Geschmack deutlich hervortreten.

Schnittkäse aus Ziegenmilch

Ziegen-Gouda aus Holland. Ausgeprägtes, angenehmes Aroma.

Ziegen-Gouda aus Deutschland. Der Schnittkäse aus Ziegenmilch zeigt einen deutlich gereiften Teig unter einer festen Rinde. Würziger Geschmack.

Auch in anderen Ländern leiten sich aus alter Tradition Ziegenkäse unterschiedlicher Beschaffenheit her, im Schweizer Graubünden Bündner Geißkäse, im Berner Oberland Frutigkäse, Geitekaas in den Niederlanden, Getost in Schweden und Hardanger, ein Gjetost in Norwegen, der dort Rosendal heißt.

In den USA kennt man Cheddar (auch scharf und geräuchert) und Caerphilly aus Ziegenmilch, außerdem Blue goat cheese sowie den milden, cremigen Texas goat cheese (pur, mit Kräutern oder »vegetable ash«); ebenso den pikanten Ziegen-Monterey sowie kräftig-scharfe Tomme als Reibkäse.

Auch **Ziegenkäse aus Deutschland** haben eine lange Tradition. Man denke nur an den mit Kümmel gewürzten Altenburger Ziegenkäse, ein Käse mit geschützter Ursprungsbezeichnung (g.U.) aus dem östlichen Thüringen oder an den Einetaler Ziegenkäse aus dem Unterharz.

Die Palette der regional produziert und vertriebenen Sorten hat sich in den letzten Jahrzehnten erweitert. Neben den mittlerweile viel auf Höfen hergestellten und selbst vermarkteten Frischkäsen (ohne oder mit würzenden Zutaten) wird gelegentlich auch Schnittkäse ab Hof angeboten. Auch deutschen Ziegenkäse mit Blauschimmel gibt es, zum Beispiel den handgeschöpften Blaubergkäse. Die etwa 1 kg schweren Laibe haben einen milden Geschmack und 45 % Fett i.Tr. Chevagne ist ein frisch-rahmiger Ziegen-Schnittkäse aus Belgien.

Ziegen-Schnittkäse aus Spanien oder Portugal gibt es in vielen Varianten mit unterschiedlicher Beschaffenheit. Oft sind diese Käse aus Mischungen von Ziegen- und Schafmilch oder von Ziegen- und Kuhmilch hergestellt. Bei guter Reifung haben sie einen kräftigen, oft pikant-säuerlichen Geschmack.

Teils stammen sie von den Inseln, wie der **Majorero**, der auf Fuerteventura produziert wird. Ihn gibt es in drei Reifestufen: von »tierno« oder jung (Frischkäse) über »semicurado« (3 Monate gereift) bis »curado« (4 Monate alt). Sein Geschmack ist leicht säuerlich, teils mit pikanter Note. Zum Schutz wird die Rinde mit Öl und Paprika oder mit Gofio (geröstetem Maismehl) eingerieben.

Ibores, Los Ibores reift mindestens 2 Monate lang und hat einen weißlichen, weichen Teig mit vielen Löchern. Die Rinde wird zum Schutz häufig mit Öl und Paprikapulver eingerieben.

Monte Caprino, aus Ziegen- und Kuhmilch mit 45 % Fett i.Tr. Der mit Weißschimmel bedeckte Käse aus dem Tessin hat einen würzigen Ziegenmilchgeschmack.

Ziegett aus Österreich wird aus einer Mischung von 55 % Ziegen- und 45 % Kuhmilch hergestellt. Er hat ein angenehm mildes Aroma.

Hardanger, ein norwegischer Schnittkäse aus reiner Ziegenmilch, hat 45 % Fett i.Tr. Mit kompakt-geschmeidigem Teig, aromatisch und leicht herb.

Majorero, ein D.O.P.-Ziegenkäse von der Kanareninsel Fuerteventura. Die Rinde der Laibe ist naturbelassen, nur mit Öl und Paprikapulver oder mit Gofio behandelt.

→ Das Angebot

Die Mehrzahl der Ziegenkäse zählt zu den Weich- oder Frischkäsen, doch sind gelegentlich – wenngleich weniger häufig – auch Schnittkäse aus Ziegenmilch erhältlich. In Europa ist Frankreich das Land, das die meisten Ziegenkäse-Sorten produziert, über 100 sollen es sein, gefolgt von Italien und Spanien.

Tomme de chèvre gibt es in vielen Sorten. Die Oberfläche kann blank, mit weißlichem Schimmel oder Käserotflora überzogen sein. Meist mit 45 % Fett i.Tr.

Ibores aus der Extremadura/Spanien, ein halbfester Käse aus Ziegenrohmilch. Er hat mindestens 45 % Fett i.Tr. und einen feinsäuerlichen Geschmack.

Bleu de chèvre, französischer Ziegenkäse mit Blauschimmel aus der Haute Savoie. Mit schnittfestem Teig, 1,4 kg und mindestens 45 % Fett i.Tr. Würzig.

Murcia al vino, spanischer Ziegenmilch-Schnittkäse. Mindestens 45 % Fett i.Tr. Die Rinde bekommt durch Abreiben mit Rotwein ihre charakteristische Farbe.

Sauermilchkäse
Mager und kräftig

Verschiedene Sauermilchkäse aus Deutschland (im Uhrzeigersinn): Korbkäse mit leichter Käsegelbflora und Kümmel; daneben Vienenburger Schimmelkäse mit Edelschimmel, mild bis leicht würzig; Bauernhandkäse mit goldgelber Oberfläche; vorne im Bild der größere hausgemachte Bauernhandkäse mit Kümmel und, links daneben, Harzer-Käse, hier als pikanter Gelbkäse. Klein im Format, aber voll und kräftig im Geschmack. Traditionell als »Handkäse« populär.

Unter dem Begriff **Sauermilchkäse** versteht man in verschiedenen Ländern ganz unterschiedliche Produkte, teilweise Frischkäse wie Lactic cheese in Großbritannien oder Caillé lactique in Frankreich. In Deutschland, Österreich, Tschechien und der Slowakei verwendet man diesen Begriff für Käse, die aus Sauermilchquark hergestellt werden. In Deutschland unterscheidet man zwei Typen: Gelbkäse und Edelschimmelkäse.

Gelbkäse, goldgelb bis rötlich braun und pikant im Geschmack, sind Harzer-Käse und Mainzer-Käse, mit 25 bis 125 g Gewicht, und die 12 bis 17 g schweren Olmützer Quargel.

Der Typ **Edelschimmelkäse** ist mit Camembert-Schimmel bedeckt, Geruch und Geschmack sind milder. Einige Käse gibt es sowohl als Gelbkäse wie auch als Edelschimmelkäse: Handkäse, Bauernhandkäse, Korbkäse, Stangenkäse, Spitzkäse.

Traditionell sind Sauermilchkäse, die übrigens oft Kümmel als Zusatz enthalten, Magerkäse. Entsprechend dem Wassergehalt zählen sie zu den Halbfesten Schnittkäsen und Weichkäsen.

Bei der Herstellung wird zunächst Sauermilchquark mit Kochsalz und Reifungssalzen vermischt und nach ein paar Stunden zu Laibchen geformt. Diese werden für Gelbkäse mit Gelb- oder Rotschmierebakterien gereift. Für Edelschimmelkäse besprüht man die frischen Laibchen mit Camembert-Schimmel. Im alpenländischen Raum kennt man mehrere Arten magerer Sauermilchkäse, die mit oder ohne Schimmel oder Käserotflora reifen.

Korbkäse mit einem weißen Edelschimmelbelag, der vor allem als mild-aromatischer Frühstückskäse angeboten wird.

Olmützer Quargel, die nur als Gelbkäse hergestellt werden, mit der typischen Oberflächenflora, einem sehr festen Teig und kräftigem Geschmack.

Steirischer Graukäse, im Volksmund auch Steirerkas genannt. Wie bei Tiroler Graukäse spiegelt der Name die durch den Schimmelbewuchs bedingte Farbe wieder. Der bei 60 °C nachgewärmte Sauermilchquark wird geformt und 2 bis 3 Wochen gereift, teils mit natürlicher Schimmelentwicklung, teils mit Roquefort-Schimmel geimpft.

Sura-Käs, ein Sauerkäse aus Vorarlberg, hat Ähnlichkeit mit Quargel. Ein Schweizer Sauerkäse (»Surchäs«) ist Toggenburger Ploderkäse, eine altangestammte Käsesorte.

Weithin bekannt ist **Glarner Kräuterkäse (Schabziger)** aus der Schweiz. Für ihn wird gereifter Ziger mit Kochsalz und Zigerklee (»Zigerchruut«) vermischt, zu Zigerstöckli geformt. Gemahlen wird er auch in Streudosen angeboten.

Gamalost ist ein brauner Sauermilchkäse aus Norwegen mit charakteristisch-pikantem Geschmack.

Die norwegischen **Brunost (»Braunkäse«)** sind Erzeugnisse ganz anderer Art.

Gjetost, am meisten als **Gudbrandsdal Gjetost** (35 % Fett i.Tr.) verbreitet, ist als Brotbelag wie für Desserts, Obstsalate und in der warmen Küche beliebt. Daneben gibt es in Norwegen viele regionale Mysost-Arten (von »Myse«, Molke). Sie unterscheiden sich hauptsächlich durch das Mischungsverhältnis von Kuh- und Ziegenkäsemolke sowie den Sahnezusatz, können aber auch vollständig aus Ziegenkäsemolke mit Sahnezusatz bestehen, wie Ekte Geitost, oder nur aus Kuhkäsemolke, wie der Fløtemysost. Prim enthält 20 % Fett i.Tr., Mager Mysost 10 % Fett i.Tr., beide sind streichbar.

Gjetost, ein sehr fester Brunost aus Norwegen, mit karamellig-süßlichem Geschmack. Lässt sich gut in Scheiben hobeln.

Steirischer Graukäse wird herkömmlich durch spontane Säuerung aus abgerahmter Milch gewonnen. Einen Monat gereift, wird er zum kräftigen Reibkäse.

Gamalost, ein bekannter norwegischer Schimmelkäse mit braunem, körnigem Teig, wird mit Köpfchenschimmel *Mucor* versetzt. Pikanter Geschmack.

Tiroler Graukäse wird seit alters her auf Höfen und in Käsereien hergestellt. Den säuerlich bis scharfen Käse isst man gern mit Essig, Öl und Zwiebeln.

Zillertaler Zieger, ein kräftiger Koch- und Reibkäse. Aus Rohmilch hergestellt, von Hand geformt, getrocknet und mit blaugrauem Schimmel gereift.

→ **Brunost-Käse**
werden durch Eindampfen der Molke, oft unter Zugabe von Sahne, hergestellt (ganz im Gegensatz zu den Molkeneiweißkäsen, bei denen das Eiweiß aus der Molke durch Säure unter Erhitzen abgetrennt wird). Die bräunliche Farbe entsteht durch die natürliche Karamellisierung des Milchzuckers beim Eindampfen, daher schmecken die Käse leicht süßlich und nach Karamell.

Schmelzkäse
Käse-Zubereitungen

Schon früh waren vornehmlich die Käse-Exportländer bemüht, den Käse haltbarer zu machen, um ihn vor Qualitätsminderungen beim Versand in ferne Erdteile zu bewahren – was schließlich zur Erfindung des Schmelzkäses führte.

Den Beginn der Herstellung von **Schmelzkäse** datiert man auf das Jahr 1911, als in der Schweiz durch das Schmelzen von Emmentaler mit Salzen der Zitronensäure ein – im Vergleich zum stets weiter reifenden Käse – haltbares, in Geschmack und Konsistenz befriedigendes Produkt entstand. In den USA gelang 1916 das Gleiche bei Cheddar, der mit Salzen der Phosphorsäure geschmolzen wurde. Es war damit möglich geworden, die zerkleinerten Käse zu erhitzen, ohne dass das Eiweiß gummiartig wurde und sich das Fett absonderte.

→ Schmelzkäse-Vielfalt
Das Sortiment an Schmelzkäse ist groß, die Verwendungsmöglichkeiten sind vielfältig: Pur oder gewürzt, streichfähig oder schneidbar, Schmelzkäse dient nicht nur als Brotbelag, sondern auch als Zutat in der kalten und warmen Küche. Beliebt sind auch die cremig-weichen Zubereitungen mit Sahne, Kräutern, Schnittlauch, Gurken, Paprika, Salami oder Schinken – oder Convenience-Produkte, wie die Scheiben zum Überbacken. In den USA sehr geschätzt – speziell für die Pizzazubereitung – sind fertig geraspelter und gewürzter Schmelzkäse oder Schmelzkäse-Pasten aus der Plastikdose (»squeezable cheese«). Über die Hälfte der Schmelzkäse-Produkte wird mit 45 % Fett i.Tr. hergestellt, es gibt aber auch fettreichere und fettärmere Sorten.

Schmelzkäse gibt es in den unterschiedlichsten Formen: als streichfähige Paste, als klassische Ecke, natur, mit Gewürzen oder als Scheiben zum Überbacken.

Räucherkäse sind Schmelzkäse oder -zubereitungen, die zusätzlich geräuchert werden. Die braunrote Haut umschließt einen schnittfesten Teig.

Mit dem neuen Verfahren ließen sich das Eiweiß ganz fein verteilen und Fett und Wasser unter Rühren darin emulgieren. In den 20er Jahren verbreitete sich das Produkt rasch auch in anderen Ländern. Aus dem einstigen »Emmentaler-Schachtelkäse« oder »Emmentaler ohne Rinde«, wie man sie damals bezeichnete, hat sich in wenigen Jahrzehnten eine vielgestaltige Palette von Schmelzkäse-Erzeugnissen entwickelt, für deren Herstellung und Zusammensetzung in den Haupterzeugungsländern sehr genaue Vorschriften bestehen.

Voraussetzung für die Qualität solcher Produkte sind die nach Qualität und Reifegrad, Aroma und Geschmack sorgfältig ausgewählten Käse. Diese werden zunächst zerkleinert und gemahlen, dann mit etwa 1 bis 2 % Schmelzsalzen und anderen Zusätzen wie Sahne, Butter, Molkepulver, aber auch Salami oder Schinken sowie würzenden Zutaten wie Kräuterklee, Gurken oder Paprika vermischt und, je nach gewünschter Festigkeit, auch mit Wasser. Durch Erhitzen unter Rühren entsteht ein flüssiger bis pastöser, feiner Teig, der sofort, noch heiß, abgefüllt und in Kühltunneln abgekühlt wird.

Das Angebot an Sorten variiert in den verschiedenen Ländern entsprechend den Verzehrgewohnheiten. In der Schweiz beispielsweise dominieren Produkte aus festen Käsen, wie Emmentaler, in den USA solche aus Cheddar, in anderen Ländern weichere Varianten. Sehr verbreitet haben sich überall, nicht zuletzt mit der Fastfood-Welle, die Schmelzkäse-Scheiben, die vorzugsweise zum Überbacken Verwendung finden.

Ganz milde, süßlich schmeckende Erzeugnisse werden vor allem von Kindern und Jugendlichen geschätzt. Dem Wunsch nach Abwechslung kommen Mini-Packungen in Form von Ecken, Talern, Schiffchen und Schälchen entgegen, die es auch sortiert in Schachteln oder Dosen gibt. Besondere Bedeutung haben Schmelzkäse-Erzeugnisse in warmen und heißen Ländern, wo es kaum Milch gibt.

Kochkäse, heute zu den Schmelzkäsezubereitungen zählend, wird durch Schmelzen von Quark (auch mit Zusätzen) hergestellt. Vergleichbare Erzeugnisse in Österreich sind Gesottener Käse, Glundner Käse und Steirer Käse, in Frankreich Cancoillotte, hergestellt aus Metton, einem aus Magermilch oder Molke gereiften Zieger. In den USA ist Kochkäse als Cook cheese oder Koch Kaese bekannt.

Kochkäse, durch Schmelzen von Sauermilch- oder Labquark produziert; meist mit Kümmel. Würzig. Der Teig ist homogen und den Fettstufen (10 bis 60 % Fett i.Tr.) entsprechend streichfähig.

Fjäll Brynt aus Schweden, ein feincremig geschmolzenes Produkt mit einem leicht süßlichen Geschmack. Streichfähig, auch als Brotbelag verwendbar.

zter wird in Bayern und Österreich gern zu Bier nossen. Es handelt sich abei um eine Mischung eifem Camembert, vernischt mit Zwiebeln und ka, oft auch mit Pfeffer.

Liptauer. Mischung aus Schafmilch-Brimsenkäse (Bryndza), Butter, Gewürzen, Zwiebeln, Paprika, Kapern, Petersilie. Heute meist nach Liptauer Art aus Quark, Sahne, Butter Zwiebeln, Paprika.

Boule des moines, eine Käsezubereitung aus Frankreich (Burgund). Die Käsemischung ist mit Kräutern aromatisiert und von Hand zur Kugel geformt.

Boulette d'Avesnes. Basis der mit Pfeffer, Petersilie, Estragon und Nelken gewürzten französischen Spezialität ist Buttermilch oder zerkleinerter junger Maroilles. Mit Annatto gefärbt.

Larzac ist eine Käsezubereitung aus Frankreich, hergestellt aus Roquefort-artigem Käse und Caillé, einem dem deutschen Speisequark ähnlichen Frischkäse.

Cold-pack cheese food. Käsezubereitungen aus den USA, in Form von Rollen oder Bällchen beliebt, mit süßenden oder würzenden Auflagen. Hierzu zählt auch Club cheese und Pot cheese.

Geschichtete Torte. Hier eine Komposition aus schnittfestem Käse mit Schichten von Mascarpone und Walnusskernen dazwischen. Sollte frisch verzehrt werden.

Torta crema, geschichtet aus fettreichem Mascarpone und Gorgonzola. Eignet sich gut für die Pasta-Küche, da beide Käse zusammen eine gute, nicht zu pikante Mischung ergeben.

Dekorative Käsetorte auf Schmelzkäsebasis. Hell mit Schichten von unklerer Walnusscreme dazwischen. Mit Nusstückchen. Wird wie eine Torte in Stücke geteilt.

Mit Pekannüssen als Auflage ist diese längliche Schmelzkäsetorte recht dekorativ. Stücke von Pekannüssen finden sich zudem auch im Teig.

Küchenpraxis, Einkauf und Lagerung

Käse ist ein sensibles Naturprodukt, das ständigen Veränderungen unterliegt und auf verschiedene Einflüsse sehr empfindlich reagieren kann. Daher gilt es, im Umgang mit Käse einige Regeln zu beachten: Entscheidend ist die Qualität beim Einkauf, aber auch eine fachmännische Lagerung ist unverzichtbar. Zudem alles Wichtige über das Reiben, Schneiden und Schmelzen von Käse.

Einkaufen beim Spezialisten

Besondere Käsesorten und à point gereifte Käse sind nur bei spezialisierten Käsehändlern und Affineurs erhältlich. Links oben im Bild »Paxton & Whitfield« in London, ein Käsegeschäft, das sich auf die traditionellen englischen Sorten spezialisiert hat.

Aber auch auf Märkten – an den Käseständen – oder auf Käsemärkten kann man interessante regionale Spezialitäten in guter Qualität entdecken. Oft verkaufen bäuerliche Hersteller ihre Produkte dort. Im Bild links unten ein Käsestand auf einem Markt in Palermo.

Hier dominieren einheimische sizilianische Käse, beispielsweise Pecorini, Ragusani und Ricotte salate, die in allen Reifegraden zur Auswahl stehen.

Vorsicht ist geboten bei Rohmilchkäse – ihn erwirbt man besser im Fachgeschäft. Weist ein Käse angetrocknete oder verfärbte Schnittflächen oder gar unerwünschten Schimmelbefall auf, »schwitzt« er oder ist überreif, sollte man besser vom Kauf absehen.

Hilfreich beim Einkauf von ausländischem Käse können die verschiedenen Gütesiegel sein. Das älteste unter ihnen ist das in Frankreich vergebene AOC-Siegel (Appellation d'Origine Contrôlée). Derzeit tragen es – neben vielen Weinen – auch 41 französische Käsesorten.

Die Auflagen für die einzelnen Käse sind unterschiedlich, vier Hauptkriterien sind heute jedoch definiert: Ein mit dem AOC-Siegel ausgezeichneter Käse muss seinen Ursprung in einem geografisch genau festgelegten Gebiet haben; von dort muss die Milch stammen und dort muss auch mindestens ein Teil der Reifung stattfinden. Geregelt sind zudem die Herstellungsbedingungen, die typischen Merkmale eines Käses (Größe, Konsistenz, Mindestfettgehalt, Gestalt der Rinde und Aroma).

Zu erkennen sind die AOC-Käse an einem Vermerk auf Rinde, Etikett oder Verpackung.

Käse einkaufen

Wo die Qualität stimmt

Käse-Einkauf ist Vertrauenssache! Dies wird zwar auch vom Kauf anderer Lebensmittel behauptet, trifft jedoch für Käse, und hier vor allen Dingen für Rohmilchkäse, ganz besonders zu. Dabei ist es unerheblich, ob man als Single seinen geringen Bedarf im Käseladen deckt oder als Großverbraucher beim Käse-Großhändler kauft. Die Qualität sollte stimmen, und hier muss der Verbraucher sich ganz auf den Fachmann verlassen können.

Natürlich gibt es einige wichtige Kriterien, wie beispielsweise den Reifegrad von Käse, die Teigbeschaffenheit, das Aroma oder auch den Zustand der Rinde, anhand derer ein Fachmann die Qualität eines Käses erkennen kann; sie jedoch alle zu kennen, dürfte den Verbraucher angesichts Hunderter verschiedener Käsesorten überfordern. Tatsächlich fehlt dem Käufer heutzutage meist die Möglichkeit, derartige Kontrollen durchzuführen; so wird eine fachkundige Beratung immer wichtiger.

Der Fachmann oder Affineur kennt als Spezialist sein Sortiment genau. Er kauft die Käse vom Hersteller, pflegt und lagert sie, bis jeder einzelne Laib den optimalen Reifegrad (à point) erreicht hat. Da für die meisten Käse-Liebhaber eine optimale Lagerung zu Hause ein Problem darstellen dürfte, empfiehlt es sich, beim Einkauf lieber kleinere Mengen zu ordern. Von einem guten Händler sollte man zudem verlangen können, dass er das sich ständig verändernde Naturprodukt Käse in jeder Reifephase beurteilen kann.

Entscheidende Bedeutung auf die Qualität von Käse hat die Milch, aus der er hergestellt wird: Der Zusatz »silagefrei« oder »Bio-Käse« weist auf eine höhere Qualität hin. Für Bio-Käse muss die gesamte Tierhaltung den Vorschriften der Bio-Verbände entsprechen.

Zunehmende Bedeutung haben auch die verschiedenen Gütesiegel erlangt. Neben dem bereits erwähnten französischen AOC-Siegel gibt es auf europäischer Ebene weitere Auszeichnungen nach AOC-Vorbild. Die Europäische Kommission vergibt die geschützte Ursprungsbezeichnung (g. U.), die geschützte geographische Angabe (g.g.A.) sowie die garantiert traditionelle Spezialität (g.t.S.). Ziel ist dabei unter anderem, dem Verbraucher durch Produktinformationen über Erzeugnisse mit Herkunftsbezeichnungen eine Orientierungshilfe zu geben.

Neben dem Käsefachgeschäft bieten meist auch die Käsetheken großer Kaufhäuser (Feinkostabteilung) ein gutes Sortiment. Der Käsekenner kann hier gut einkaufen, wenn es sich um gängige Sorten oder regionale Spezialitäten handelt. Die Beratung wird dem breiten Angebot allerdings nur selten gerecht. Im Zweifelsfall ist eine Kostprobe die beste Entscheidungshilfe.

Supermärkte können bei der Käsepflege nicht den gleichen Aufwand betreiben wie das Käsefachgeschäft, was Auswirkungen auf das Sortiment hat. Daher sind im Kühlregal der Filialen überwiegend abgepackte, oft industriell gefertigte Käse anzutreffen, die, gut verpackt, keiner weiteren Pflege bedürfen, aber ebenfalls ihre Liebhaber finden. Will man Hart- und Schnittkäse noch etwas aufbewahren, kauft man ihn besser am Stück, so trocknet er weniger stark aus.

Per Fingerdruck kann man abgepackten Weichkäse prüfen. Junger Käse fühlt sich fest an, reifer gibt etwas nach.

→ Gütesiegel
für Käse garantieren meist geografischen Ursprungsschutz, jedoch nicht unbedingt die Qualität eines Käses. Daher kann es hilfreich sein, zudem den Erzeuger zu kennen.
In Spanien, Italien und Portugal lautet die Abkürzung für »geschützte Ursprungsbezeichnung« DOP, in Großbritannien PDO, in Frankreich AOP – hier dominiert bisher jedoch noch das AOC-Siegel.

Die moderne Aufschnitt-Theke großer Kaufhäuser garantiert in der Regel eine frische und große Auswahl an verschiedenen Käsesorten.

Im Fachgeschäft wird Beratung groß geschrieben: Im Käseladen von Pierre Androuët gehören eine exzellente Auswahl und Service zusammen.

Im Käselager muss alles stimmen: Ideal ist eine konstante Temperatur von etwa 5 °C und eine Luftfeuchtigkeit zwischen 80 und 90 %.

Käse ist ein Naturprodukt, das vom Tag der Herstellung bis zum Moment des Verzehrs einem Reifungsprozess unterliegt. Daher muss nicht nur das Käselager im Restaurant oder Handel nach fachgerechten Kriterien gestaltet sein, auch Käse für den Eigenbedarf sollte – um Geschmack und Aroma optimal zu erhalten – entsprechend aufbewahrt werden. Wichtig bei der Lagerung von Käse ist in erster Linie die Temperatur: Ist es zu warm, reift der Käse zu schnell, Kälte hingegen unterbindet die Aromabildung. Und strenge Kälte (beispielsweise beim Tiefkühlen) kann Käse gar bitter werden lassen. Deshalb sollte man Käse auch nur in Ausnahmefällen einfrieren. Am besten überstehen noch Schnitt- und Hartkäse den Kälteschock beim Tiefkühlen.

Empfehlenswert ist dagegen eine konstante Temperatur von 10 bis 15 °C; dann treten in der Regel weder Geschmacksveränderungen auf, noch wird der Reifungsprozess unterbunden. Je nach Käsesorte sind 4 bis 6 °C für eine längere und 10 bis 12 °C für eine kurzfristige Lagerung erforderlich.

Heutzutage verfügen nur noch wenige Haushalte über einen dunklen und luftigen Naturkeller oder über eine kühle Speisekammer, in denen meist ideale Bedingungen in puncto Temperatur und Luftfeuchtigkeit anzutreffen sind. Für die meisten kommt daher nur eine Lagerung im Kühlschrank in Frage. Es empfiehlt sich, den Käse entsprechend verpackt ins Gemüsefach zu legen, da dort mit 7 bis 9 °C die wärmsten Temperaturen innerhalb des Kühlschranks herrschen.

Seinen optimalen Geschmack behält Hartkäse bei 12 bis 15 °C, junge Sauermilch- und Weichkäse benötigen für ihre Reifung etwa 14 °C. Reifere Weichkäse-Exemplare oder auch Halbfester Schnittkäse bleiben bei 8 °C geschmacklich gut. Die kälteste Umgebung von allen Käsesorten benötigen Frischkäse.

Feuchte Tücher sind für die Lagerung ideal: sie schützen hervorragend vor Austrocknung. Allerdings sollten sie einmal täglich ausgewaschen werden.

Jeder angeschnittene Käse sollte einzeln verpackt werden. Klarsichtfolie ist hier eine gute moderne Alternative zu beschichtetem Papier.

Käse richtig lagern: Kühlschrank oder Keller

Sie bleiben nur bei kühlen 4 bis 6 °C schmackhaft. Zu beachten gilt zudem: Optimal gereifter Weichkäse ist nicht mehr lagerfähig, Hart- oder Schnittkäse kann bei entsprechend kühler, luftiger Lagerung auch mehrere Wochen aufbewahrt werden.

Während der Lagerung muss Käse so geschützt sein, dass er nicht austrocknet, aber dennoch atmen kann. Angeschnittene Käselaibe oder -stücke verpackt man in der Regel einzeln. Die Materialien, in die man Käse einwickeln kann, sind vielfältig und richten sich nach Käsesorte und persönlicher Vorliebe. Klarsichtfolie wird von manchen Fachleuten abgelehnt, da Käse darin schwitzen kann. Um dem vorzubeugen, legt man zwischen einzelne Käsescheiben eine Lage Pergamentpapier oder deckt größere Stücke nur an der Schnittfläche mit Folie ab. Auf diese Weise kann die Rinde weiteratmen, der Käse aber ist vor Austrocknung geschützt.

Eine weitere Möglichkeit ist beispielsweise, angeschnittenen Hartkäse in einen Steinguttopf mit Salz zu legen und mit einem wein- oder salzwassergetränkten Tuch abzudecken. Hartkäsestücke können aber auch vollständig in ein feuchtes Tuch eingeschlagen werden – dieses dann einmal täglich auswaschen und neu befeuchten.

Auch für die Lagerung von Schnittkäse empfiehlt sich Frischhaltefolie oder das Einwickeln in feuchte Tücher. Alufolie kommt nur dann in Frage, wenn sie perforiert wurde und der Käse durch die Löcher atmen kann. Sie eignet sich beispielsweise gut für Käse mit Innenschimmel, er behält so Aroma und Geschmack.

Für stark riechende Sorten wie Mainzer- oder Harzer-Käse bieten sich gut schließende Kunststoffdosen oder ungelochte Alufolie an. Weichkäse mit Rotschmiere sollte in Pergamentpapier oder in beschichtetem Papier aufbewahrt werden; Frischkäse sowie Schmelzkäse sind im Kühlschrank in ihrer handelsüblichen Verpackung am besten aufgehoben. Wichtig: den Käse während der Lagerung in regelmäßigen Abständen prüfen.

Käseglocken eignen sich ausschließlich zum kurzfristigen Aufbewahren. Beachtet werden muss zudem, dass immer nur eine Käsefamilie untergebracht wird: Die Käse infizieren sich sonst gegenseitig mit ihrem Schimmel. Für eine längerfristige Lagerung ist die Glocke ungeeignet, da der Käse nicht mit ausreichend Luft versorgt wird.

Auch für die Aufbewahrung in einem großen Käselager gilt: Jeder angeschnittene Käse muss einzeln verpackt werden. Zudem ist Käse keine Stapelware – große Emmentalerlaibe dürfen nicht gestapelt werden, dagegen können bei kleineren Laiben, etwa Gouda, auch mal zwei Laibe übereinander liegen. Im Käselager sollte eine konstante Temperatur von 5 °C herrschen, da so sichergestellt ist, dass der Käse nicht verdirbt. Ideal ist dabei eine Luftfeuchtigkeit von 80 bis 90 %.

Käse entfaltet nur dann sein volles Aroma, wenn er ausreichend Zeit bekommt, sich auf Zimmertemperatur zu erwärmen. Weich-, Hart- und Schnittkäse sollten daher knapp 1 Stunde vor dem Verzehr aus der Kühlung genommen werden. Anders bei Frischkäse – er schmeckt gekühlt am besten.

Alufolie zum Einschlagen eignet sich dann, wenn sie in kleinen Abständen perforiert wird. Nur so kann der Käse atmen und schwitzt nicht.

Käseglocken sind für eine lange Lagerung ungeeignet, da der Käse darin nicht atmen kann. Sie kommen nur für eine kurzfristige Aufbewahrung in Frage.

Naturkeller mit hoher Luftfeuchtigkeit und einer Temperatur von etwa 10 °C sind selten geworden. Das ist bedauerlich, denn sie bieten für die Käselagerung geradezu perfekte Voraussetzungen.

→ A point gereifter Weichkäse schmeckt einfach am besten. Leider lässt sich Weichkäse, der seinen optimalen Reifegrad erreicht hat, nicht mehr lange lagern. Weichkäse kauft man aus diesem Grund besser nur in kleinen Mengen und verzehrt ihn dann möglichst bald.

Käse schneiden mit Draht, Beil & Spaten

Gerade Kanten und saubere Schnittflächen sind für die Präsentation von Käse absolute Voraussetzung. Mit dem richtigen Werkzeug und der entsprechenden Technik ist präzises und sauberes Portionieren kein Problem. Allerdings haben sich bei bestimmten Käsesorten bestimmte Werkzeuge besonders bewährt. Ob man zu Messer, Beil oder Draht greift, hängt zum einen von der Größe des Laibes, vor allem aber von der Art des Käses ab: Hartkäse in Stücke teilen funktioniert anders als das Schneiden von Weich- oder Schimmelkäse.

Große Hart- oder Schnittkäselaibe wie Emmentaler oder Gouda schneidet man am besten mit dem Käsespaten. Ein glatter Schnitt durch den ganzen Laib ist allerdings nicht möglich. Will man große Hartkäselaibe sauber halbieren, ritzt man die Rinde erst mit einem Rindenschneider ein und teilt den Laib dann mit dem Käsedraht. Mit dem Draht erhält man eine glatte Schnittfläche, wenn dieser ohne abzusetzen durch den Käse gezogen wird. Kleinere Hart- oder Schnittkäselaibe lassen sich ebenfalls mit dem Draht oder Käsespaten teilen. Reicht die Breite eines Doppelgriffmessers aus, so kann auch dieses unter Einsatz eines gewissen Kraftaufwands verwendet werden.

Manche Käsesorten werden traditionell nicht geschnitten, sondern in Hälften und Stücke gebrochen, wie etwa der Asiago oder Montasio aus Norditalien. Hierfür schneidet man den Laib ringsum an der gewünschten Sollbruchstelle mit dem Käsespaten 1 bis 2 cm tief ein, legt an der entsprechenden Stelle ein etwa 1 cm hohes und 1,5 bis 2 cm breites Vierkantholz unter und bricht den Laib dann über diesem auseinander. Das funktioniert hervorragend und recht mühelos.

Mit einem Hartkäsemesser lassen sich sogar große Parmesan-Trommeln einritzen. Möchte man den Laib brechen, verwendet man zunächst ein Hartkäsemesser mit spitzer Klinge, ritzt ihn damit ein und bricht den Laib an der eingeritzten Stelle auseinander. Hartkäsemesser gibt es mit unterschiedlicher Klingenform. Sie sind, neben dem Ritzen, auch dazu geeignet, Stücke von Extrahartkäsen abzubrechen. Dies ist von Vorteil, da sich diese nicht mehr gut schneiden lassen. Für kleine Laibe oder größere Käsestücke sind zudem verschiedene Drahtschneidegeräte im Handel.

Zum Schneiden von Schimmelkäse ist Draht die beste Lösung. Bei großen Käsen senkrechte und gerade Kanten zu erhalten ist allerdings nicht ganz einfach. Darum wurden verschiedene Geräte mit Führung entwickelt, die senkrechte gerade Schnitte ermöglichen. Relativ unproblematisch sind kleinere Edelpilzkäse mit geschmeidigem Teig, problematischer wird es etwa bei Roquefort, der einen recht bröckeligen Teig aufweist. Auch der Reifegrad hat großen Einfluss: Je reifer und weicher der Käse ist, desto schwieriger lässt er sich zerteilen, die Scheiben kleben zudem nach dem Schneiden schnell wieder aneinander. Besser geht es, wenn der Käse frisch aus dem Kühlraum kommt. Wird ein Messer verwendet, empfiehlt sich für Edelpilzkäse ein Weichkäsemesser, das man dann immer wieder in heißes Wasser taucht.

Weichkäse können je nach Sorte und Reifegrad im Teig von fest bis weich variieren, darum sollte man vor dem Anschneiden per Daumendruck den Reifegrad überprüfen. Bei vollreifen Käsen kann man durch Anlegen einer schmalen Leiste ein »Auslaufen« des Teiges verhindern. Spezielle Weichkäsemesser ermöglichen fachgerechtes Zerteilen. Der

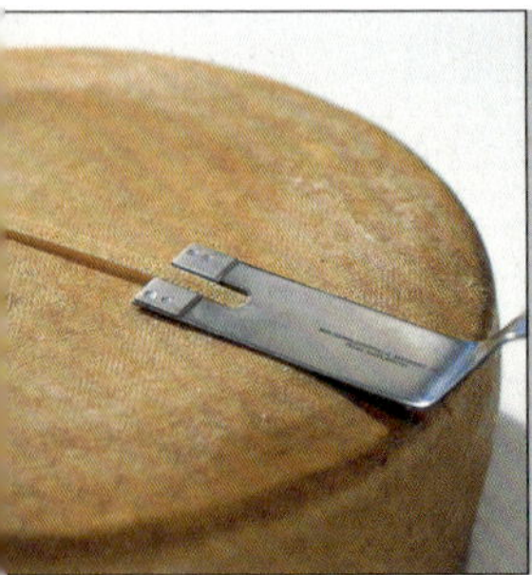

Halbieren: den Hartkäselaib mit dem Rindenschneider einritzen.

An der Schnittstelle den Käselaib mit einem Käsedraht durchschneiden.

Brechen: Den Hartkäselaib einritzen und über einem Vierkantholz brechen.

Mittelgroße, halbe Laibe portioniert man mit dem Käsespaten.

Erst ein trapezförmiges Mittelstück markieren, dann äußere Stücke abschneiden.

Das Mittelstück abtrennen. Diese Technik ermöglicht ein Portionieren ohne Verlust.

Griff liegt dabei höher als die Klinge, so dass sich der Käse ganz durchschneiden lässt. Die Klingen sind entweder sehr schmal und keilförmig, gelocht oder geätzt, damit ein Ankleben des Teiges verhindert wird.

An der Käsetheke im Geschäft sollte man stets verschiedene Messer verwenden, zum einen, um eine unerwünschte Aromaübertragung zu vermeiden. Zum andern, um saubere Schnittkanten zu erhalten. Dies gilt auch dann, wenn beispielsweise mehrere Käsesorten nacheinander für eine Käseplatte vorbereitet und geschnitten werden.

Denn nicht nur eine Aromenübertragung ist unerwünscht, auch sind Käseplatten nur attraktiv, wenn alle präsentierten Käse saubere Schnittkanten aufweisen – denn das Auge isst schließlich mit.

Mit dem Drahtschneider lassen sich gleichmäßig dicke Scheiben vom Käsestück abziehen.

Quadratische Schnittkäse halbiert man am besten mit einem großen Doppelgriffmesser.

Mit dem Draht teilt man zylindrische Schimmelkäse in Scheiben, diese rollen und dadurch trennen.

Tortenstücke und Scheiben lassen sich mit dem Drahtschneidegerät abschneiden.

Halbe Schimmelkäse halbiert man mit dem Draht. Zum Trennen den Käse etwas anheben.

Vom halbierten Blauschimmelkäse mit dem Drahtschneider einzelne Tortenstücke abschneiden.

Pyramidenförmiger Ziegenkäse wird mit dem Draht zunächst halbiert, dann geviertelt.

Rotschmierkäse kann man mit dem Draht oder Weichkäsemesser teilen.

Für Camembert oder Brie ist das keilförmige, extrem schmale Messer bestens geeignet.

Ovale Weichkäse portioniert man am besten in Scheiben, gut geht dies mit dem Weichkäsemesser.

Für Käseblüten schneidet man dem Käse (Tête de Moine) mit dem Doppelgriffmesser einen Deckel ab.

Mit der Girolle (Spezialhobel) lassen sich »Käseblüten« abhobeln. Rinde zuvor entfernen.

Parmesan, einer der härtesten Käse, sollte man immer frisch und am besten direkt am Tisch fein reiben. Er entfaltet dann sein ganzes Aroma und würzt Pastagerichte aufs Beste.

Ob Gratin, Pasta oder Saucen zu Gemüse – Käse verleiht vielen Gerichten eine feine Würze und ist somit oft das Tüpfelchen auf dem »i«. Aber Würze ist nicht gleich Würze: Um das ganze Aroma zu erhalten, sollte Käse grundsätzlich am Stück gekauft und erst bei Bedarf frisch gerieben oder geraspelt werden. Greift man zu den – ohne Frage praktischen – abgepackten, bereits geriebenen Käsen, so muss man Qualitätseinbußen in Sachen Geschmack und Aroma in Kauf nehmen. Bereits geriebener Käse aus der Tüte oder auch auf Vorrat selbst gerieben, sollte in jedem Fall kühl und dunkel gelagert und innerhalb von 3 Tagen aufgebraucht werden. Er muss zudem immer abgedeckt aufbewahrt werden, sonst trocknet er aus. Bereits geriebenen Käse tiefzukühlen, empfiehlt sich nur bedingt – er büßt auch hier schnell sein Aroma ein.

Zum fachgerechten Reiben und Raspeln gibt es heute eine große Auswahl an geeigneten Hilfsmitteln. Einfache Handreiben leisten gute Dienste solange sie scharf sind. Sie eignen sich besonders für kleinere Mengen und nicht zu harte Käse. Um den eher schwer zu reibenden Extrahartkäse zu zerkleinern, benötigt man eine sehr scharfe Reibe. Holzreiben mit einer Walze zermahlen den Käse »Finger schonend« zu einem feinen streufähigen Granulat, das in einer Lade darunter aufgefangen wird. Mit einer solchen Holzreibe lassen sich auch mühelos größere Mengen Parmesan reiben.

Praktische und stabile Holzreiben gibt es inzwischen auch in Form einer großen Handreibe. Das Gehäuse dieser Reiben ist meist aus robustem Buchenholz und die Reibfläche aus Edelstahl gefertigt. Auch hier fängt eine Schublade den geriebenen Käse auf. In der Regel ist bei solchen Geräten die Edelstahlreibe abnehmbar und kann problemlos gereinigt werden.

Zudem gibt es für Parmesan und andere Hartkäse auch Reiben komplett aus Edelstahl, Reibe und Auffangbehälter können hier einfach in die Spülmaschine gesteckt werden.

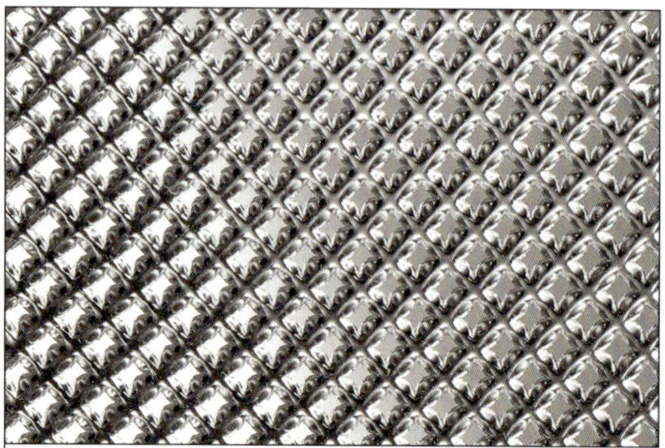

Zackige sternförmige Reiben eignen sich gut für weniger fette Hart- und Extrahartkäse, wie etwa Gruyère oder Parmesan.

Mit dieser Reibe lässt sich ein feinkörniges Granulat herstellen. Es ist sehr aromatisch und eignet sich somit hervorragend auch zum »Würzen«.

Käse reiben & raspeln

Für würzigen Schmelz

Möchte man Extrahartkäse direkt am Tisch reiben, empfiehlt sich eine kleine Handreibe, die es in unterschiedlichen Formen und Größen im Handel gibt. Sie kommt vor allem für kleine Mengen Käse in Frage.

Für alle, die harten Käse und besonders kleine Stücke frisch über ihre Pasta reiben möchten, eignet sich eine kleine dekorative Edelstahl-Walzenreibe besonders gut, die den Käse – angetrieben von einer Kurbel – zermahlt. Mit dieser Reibe lassen sich auch Randstücke leicht zerkleinern. Wer die Anstrengung des Käsereibens scheut, der kann mittlerweile auch auf elektrisch betriebene Käsereiben zurückgreifen. Eine kleine Akkureibe eignet sich ebenfalls für das Reiben am Tisch.

Seit einiger Zeit wird hier zu Lande aber nicht nur frisch geriebener Käse zu Pasta immer beliebter, auch hauchdünn gehobelter Käse, beispielsweise Parmesan, erfreut sich immer größerer Beliebtheit. Mühelos herstellen lassen sich die Käsespäne mit Hilfe eines in der Stärke verstellbaren Käsehobels. Frisch über Pasta oder Salat gehobelt, sind sie außerordentlich aromatisch und sowohl für das Auge als auch für den Gaumen ein echter Genuss.

Weichere Käsesorten, wie Schnittkäse oder gar Halbfesten Schnittkäse, sollte man vor dem Reiben oder Raspeln unbedingt kühl stellen. Als Grundregel gilt: Je weicher der Käse, desto grober sollte man ihn raspeln.

Nur ein gekühlter Käse liegt gut in der Hand und lässt sich wie gewünscht verarbeiten. Beim Reiben gilt es, darauf zu achten, nicht zu viel Druck auf das Käsestück auszuüben – so verhindert man ein unerwünschtes Schmieren des Käses auf der Reibfläche. Feine Schnittkäseraspel soll man zudem nur kurz – besonders an warmen Orten – stehen lassen, da diese zum Zusammenkleben neigen und sich, zu warm geworden, dann nicht mehr streuen lassen. Also am besten gleich verbrauchen oder bis zur weiteren Verwendung zugedeckt kühl stellen.

Extrahartkäse wie Parmesan bricht man mit einem spitzen Hartkäsemesser in für die Walzenreibe geeignete Stücke.

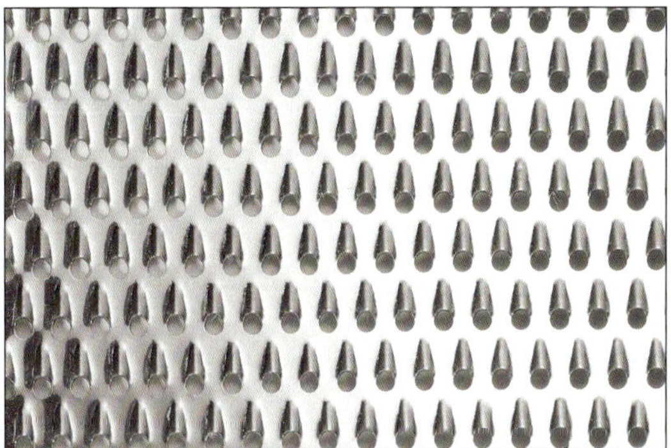

Eine kleine, gerade Lochung empfiehlt sich für weichere Käsesorten wie beispielsweise Gouda, Edamer oder andere Schnittkäsesorten.

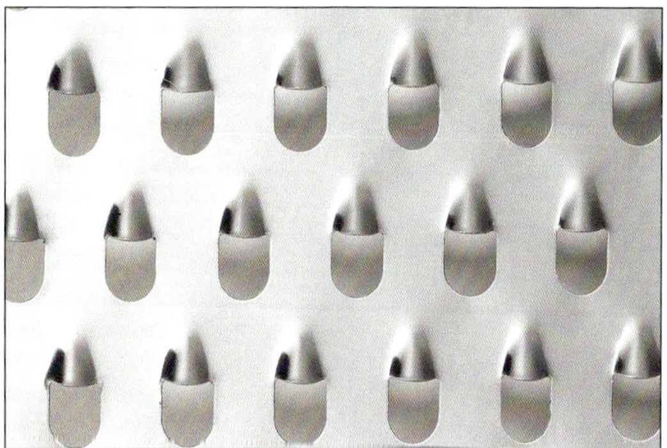

Mit einer groben Lochung erzeugt man sehr grobe Käsestreifen. Mit dieser Reibe lässt sich Halbfester Schnittkäse oder Mozzarella problemlos raspeln.

Die feinen Käseraspel schmelzen sehr schnell und lassen sich beispielsweise gut unter einen Mürbeteig, Waffelteig oder Eierguss mischen.

Die groben Käsestreifen eignen sich hervorragend für das Überbacken von Aufläufen, für Quiches und andere pikante Kuchen.

Käse schmelzen
Welcher zerläuft wie?

Roquefort schmilzt leicht, aber durch die Schimmeladern nicht ganz gleichmäßig. Durch sein pikantes Aroma ist er überall dort geeignet, wo viel Geschmack erwünscht ist. Vorsicht beim Salzen!

Gouda mit recht geringem Fettgehalt (30 % Fett i.Tr.) ist zum Schmelzen nicht besonders gut geeignet.

Aufgrund des fehlenden Fettgehalts zerläuft der Käse kaum und zeigt eine eher gummiartige Konsistenz.

Emmentaler ist geschmacklich und durch seine gute Schmelzeigenschaft zum Überbacken zu empfehlen.

Emmentaler reagiert schnell auf Hitze und läuft stark an den Rändern. Gerieben ist er ideal für Aufläufe und Gratins.

Für geschmolzenen Käse gibt es in der Küche vielfältige Einsatzmöglichkeiten: Käse bringt ein kräftiges Aroma in Suppen und Saucen oder verleiht – geschmolzen – durch die goldbraune Kruste vielen Gerichten den letzten Schliff. Und nicht zu vergessen: die Vielzahl an Toastvarianten, die sich als Snack großer Beliebtheit erfreuen.

Welche Käsesorte man für ein bestimmtes Gericht zum Überbacken oder Schmelzen verwendet, wird von mehreren Faktoren beeinflusst. In erster Linie soll der Käse geschmacklich mit den restlichen Zutaten harmonieren. Je nach Verwendung sollte er dann aber auch bestimmte Schmelzeigenschaften mitbringen. Von Bedeutung ist beispielsweise, ob er seine Form beibehält, ob er schnell und gleichmäßig schmilzt oder stark verläuft, ob er Fäden zieht oder eher brüchig und »kurz« bleibt.

Maßgebend für das Schmelzverhalten ist die Relation von Wassergehalt zur Trockenmasse. Weichkäse mit einem hohen Feuchtigkeitsgehalt schmilzt schneller als Extrahartkäse wie Parmesan. Sehr feuchter Käse neigt dazu, sein Fett beim Schmelzen abzusondern. Sehr trockener Extrahartkäse, wie beispielsweise Parmesan, schmilzt beinahe ohne Fäden zu ziehen.

Entscheidend ist auch das Alter eines Käses, da es in direktem Zusammenhang mit dem Feuchtigkeitsgehalt steht. Je älter und gereifter ein Hartkäse ist, desto weniger Wasser enthält er. Junger Käse reagiert auf Hitzeeinwirkung in der Regel spontaner als weit gereifte Käse. Sehr alter Käse hat jedoch ebenso wie sehr feuchter Käse den Nachteil, dass sich beim Erhitzen das Fett von der festen Masse abtrennen und auslaufen kann.

Beim starken Erhitzen gerinnt das Eiweiß im Käse und trennt sich vom Fett – der Käse zieht Fäden. Grundsätzlich verträgt ein harter, ausgereifter Käse höhere Temperaturen als feuchter. Am gleichmäßigsten ist das Schmelzverhalten von Käse bei Strahlungshitze, die von oben auf den Käse einwirkt.

Hartkäse, wie Gruyère, Comté oder der extraharte Parmesan, schmecken besonders in Aufläufen und Gratins. Sie sind den Schnittkäsen vorzuziehen, da sie kein Nitrit bilden, aber für eine köstliche goldbraune Kruste sorgen – beim Überbacken sollte die Hitze allerdings nicht zu stark sein und auch nicht zu lange einwirken. Schichtet man den Käse mit in den Auflauf, so hat er zusätzlich eine angenehm bindende Wirkung.

Ramequin, der traditionsreiche Käse-Brot-Auflauf aus der Westschweiz, ist ein gutes Beispiel für geschmolzenen Käse, der scheibenweise verwendet wird. Der leicht schmelzende Emmentaler ist hierfür ideal, weil er sich bestens mit den Brotscheiben verbindet. Für Toasts empfehlen sich Käsesorten, die nicht zu sehr verlaufen. Gut eignen sich Cheddar, Gouda, Trappisten- und Steppenkäse in Scheiben. Praktisch sind auch die eigens für Toasts entwickelten Schmelzkäsescheiben. Hier bleibt es jedoch ganz dem eigenen Geschmack überlassen, zu welchem Produkt man greift.

Gut schmeckt auch überbackener Ziegenfrischkäse. Junger Ziegenkäse schmilzt gut und schmeckt leicht gebräunt, mit oder ohne Brot, hervorragend zu einem frischen Sommersalat.

Bei der Herstellung von Suppen und Saucen gilt es zu beachten, dass Käse, der stark erhitzt wird, je nach Fettgehalt und Alter, mehr oder weniger Fäden zieht. Eine mit geriebenem Käse verfeinerte Suppe oder Sauce wird daher nur leicht erhitzt – gerade so stark, dass der Käse schmilzt. Käsesaucen dürfen nicht kochen. Und auch durch ein erneutes Erwärmen oder zu langes Warmhalten leidet die Konsistenz und die Sauce wird klumpig.

Schmelzkäse: Einige dieser Sorten – wie hier der Gouda – sind speziell für das Überbacken entwickelt worden.

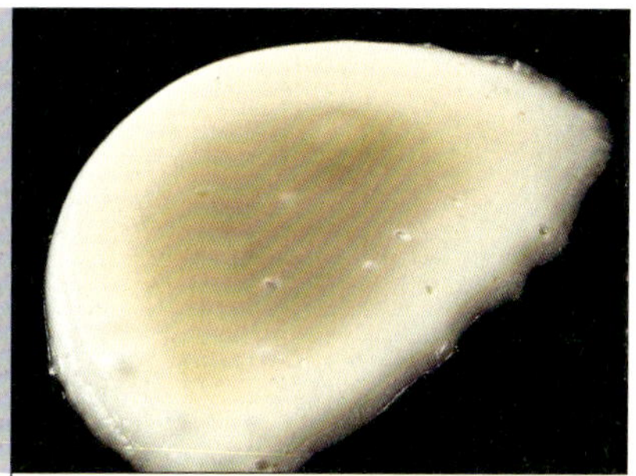

Der Vorteil: Schmelzkäse läuft nur wenig, da er von einer dünnen Haut überzogen ist. Das Innere bleibt weich.

Trappistenkäse verfügt über gute Schmelzeigenschaften. Käse dieser Familie eignen sich besonders für Toasts.

Trappistenkäse bleibt schön in Form. Er zerfließt nicht, aber ist geschmolzen angenehm weich und geschmeidig.

Fontina und der verwandte Fontal schmelzen ausgesprochen gut. Beide empfehlen sich für Saucen.

Das starke Zerlaufen ist vor allem auch dann hilfreich, wenn sich die Unterlage gut mit dem Käse verbinden soll.

Weichkäse mit Schimmelrinde. Sein fettreicher Teig ist sehr weich und schmilzt daher schnell.

Die Rinde und der Innenschimmel bleiben beim Schmelzen »stehen«. Die oft bittere Rinde besser abschneiden.

Geräte & Werkzeuge hilfreich für die Käseküche

← Schneiden und Zerteilen

(Rechts hinten): großer und kleiner Käsespaten für das leichte Zerteilen von runden Schnittkäselaiben. Keilstücke in beliebiger Größe lassen sich mit den Spaten herausschneiden. (Links davon): großes (mit Doppelgriff), mittelgroßes und kleines Käsemesser (mit einem Griff) ebenfalls für Schnittkäse. Alle drei sind geeignet für das Schneiden von kleineren Käselaiben.

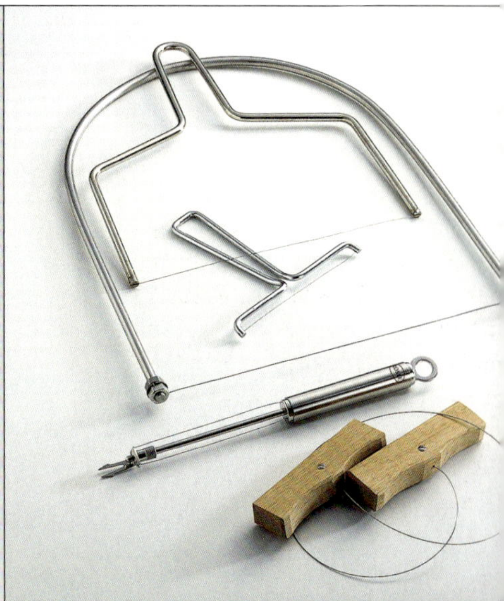

Hartkäsemesser →

Messer zum Abbrechen von Stücken von extraharten Reibkäsen, die sich nicht schneiden lassen. (Von oben nach unten): drei Messer mit stumpfer Spitze zum Abbrechen von Stücken. Darunter zwei Messer mit Spitze, mit ihnen kann man zusätzlich die Rinde einritzen. Sie sind sehr nützlich zum Ritzen und Brechen von Parmesanlaiben.

Zum Reiben von Hand

(Vorne): Stabile Kronenreibe aus Edelstahl, sie empfiehlt sich zum Reiben von fettarmen Hartkäsen. Stabile Feinreibe, geeignet auch für weichere Käsesorten. Beide Reiben sind praktisch in der Handhabung, da die Gummifüße ein Wegrutschen verhindern. (Hinten): Drei Handreiben aus Edelstahl mit unterschiedlichen Raspelgrößen zum Reiben von mittelharten und weicheren Käsesorten.

← Zum Hobeln ideal

(Von oben nach unten): Großer stabiler Tischhobel mit einem Holzrahmen zum Hobeln von sehr hartem Käse. Davor ein Spezial-Käsehobel, Girolle genannt. Mit ihm lassen sich aus Tête de Moine dekorative und aromatische Käseblüten hobeln. (Vorne): Ein in der Stärke verstellbarer Käsehobel (auch zum Hobeln von Trüffeln geeignet) und ein kleiner Käsehobel für das Hobeln von Hand.

Schneidedrähte

(von oben nach unten). Verschieden geformte, unterschiedlich große Drahtschneider für das Schneiden von Keilstücken oder Scheiben. Mit dem kleinen Drahtschneider (2. von unten) lassen sich dünne Scheiben vom Emmentaler oder anderen Hartkäsen abziehen. Auch Edelpilzkäse schneidet man mit Draht in akurate Keilstücke. Für sehr große Laibe eignet sich die Drahtschlinge mit Holzgriffen (unten).

← Hartkäsereiben

(Links hinten): Mühle mit Handkurbel zum feinen Zerreiben von Extrahartkäse wie Parmesan. (Rechts daneben): Standreibe aus Metall und Holzrahmen, geeignet zum Reiben größerer Mengen Hartkäse. (Links davon): Standreibe ganz aus Metall und mit gewölbter Reibe. (Vorne): drei Handreiben aus Edelstahl für kleinere Mengen. Geeignet zum direkten Darüberreiben von Käse, beispielsweise bei Pastagerichten.

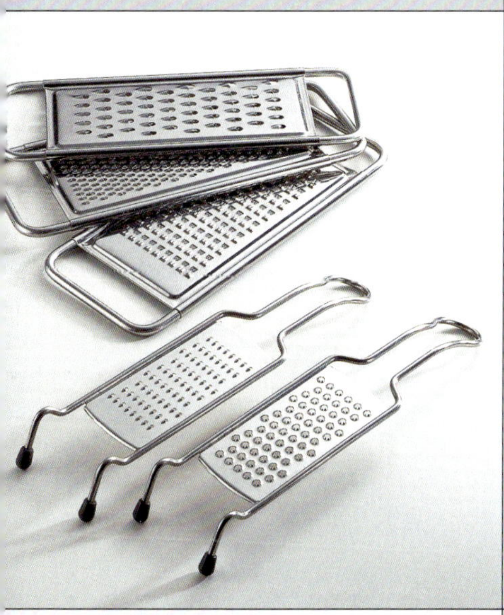

Zum Schmelzen →

(von oben nach unten): Käsefonduetopf (Caquelon) mit Stövchen und Gabeln zum Aufspießen der Brotwürfel. (Rechts unterhalb): elektrisch beheiztes Raclette-Gerät für ein Racletteessen zu Hause: ein halber Laib oder großes Stück Raclettekäse wird in das Gerät gespannt und der Käseanschnitt geschmolzen. (Daneben): Racletteschäufelchen, die moderne Variante von Raclette.

Weichkäsemesser

(Oben): Weichkäsemesser mit geätzter und geraffelter Klinge zum Portionieren von nicht zu dünnen Scheiben oder Keilstücken aus recht jungem Käse. Für größere und reifere Weichkäse empfiehlt sich ein Messer mit Lochung (Mitte), die ein Ankleben des cremigen Teiges verhindert. Für Camembert und Brie – egal, ob jung oder alt – ist das sehr schmale, keilförmig geschliffene Messer ideal (unten).

← Zum Garen im Ofen

(Oben): Runde Backformen mit verschiedenem Durchmesser zum Backen von süßen oder pikanten Kuchen und Wähen. Eckige Form und kleine runde Formen zum Backen von kleineren Quiches und Tarteletts. (Vorne): eckige feuerfeste Formen aus Keramik unterschiedlicher Größen für Aufläufe und Gratins. Große und kleine Soufflé-formen mit glatten geraden Wänden für das Backen von Soufflémassen.

Käse auf dem Büfett & Fingerfood

Käsebüfetts und Fingerfood zu einem schönen Anlass erfreuen jeden Gast: Zur Auswahl stehen raffinierte Käsehäppchen mit Obst, sahnige Käsekugeln, fein gefüllte Brandteigringe und Pumpernickel, oder auch Klassiker wie Petit fours und Canapées. Nicht zu vergessen hübsch arrangierte Platten auf dem Büfett sowie Käse innerhalb des Menüs.

Käse kombiniert mit Obst und Nüssen

Birnen mit Ziegenfrischkäse oder Tête de Moine mit Feigen – Beispiele für das köstliche Zusammenspiel von Früchten und Käse. Der Clou der Birne mit Ziegenfrischkäse sind die glasierten Kürbiswürfel, die die fruchtige Note noch unterstreichen. Zum aromatischen Tête de Moine passen kräftig marinierte Feigen besonders gut.

Ob als essbare Schale oder Bestandteil von Käsehäppchen – Obst harmoniert perfekt mit vielen Käsesorten. Wichtig bei der Auswahl der Früchte sind Konsistenz und Geschmack. Neben vielen bewährten, klassischen Kombinationen, wie beispielsweise Birnen und Gorgonzola, gibt es auch solche, die man vermeiden sollte: So ist stark säurehaltiges Obst generell ungeeignet und bei sehr saftigen Früchten sollte man darauf achten, sie nicht direkt mit dem Käse in Berührung zu bringen, er wird sonst schnell fleckig und unansehnlich. Aber nicht nur Früchte, auch verschiedene Nüsse oder Wachteleier können Käsehäppchen perfekt abrunden.

Pochierte Birnen mit Ziegenfrischkäse

Für die Birnen:

2 Birnen (Williams oder andere Tafelbirnen)
300 ml Weißwein, Saft von 1/2 Zitrone
30 g Zucker, 1 Zweig Rosmarin
160 g Ziegenfrischkäse (etwa Lingot blanc)
je 30 g Walnuss- und Pinienkerne
20 g schwarze Nüsse
40 g Kürbisfruchtfleisch, etwas Puderzucker
20 g Honig, 1 Prise gemahlener Rosmarin

Für die Garnitur:

einige Rucolablätter, etwas Aceto balsamico
Walnussöl zum Beträufeln
30 g Kürbisfruchtfleisch, gewürfelt u. pochiert
einige Spritzer Balsamico bianco

1. Die Birnen halbieren und das Kerngehäuse auslösen, dabei den Stiel nicht entfernen. Den Weißwein mit Zitronensaft, Zucker und Rosmarinzweig aufkochen und die Birnenhälften darin 5 Minuten pochieren. Herausheben und die Hälften zum Trocknen beiseite legen.

2. Den Ziegenkäse durch ein Sieb streichen, Walnüsse, Pinienkerne und schwarze Nüsse klein hacken. Das Kürbisfruchtfleisch würfeln und in einer erhitzten Pfanne mit etwas Puderzucker glasieren. Die Nüsse und die Kürbiswürfel mit Honig und Rosmarin vermischen und unter die Ziegenkäsecreme rühren.

3. Die Ziegenkäsemasse in die Birnenhälften füllen, so dass die Oberfläche bedeckt ist und die Birnen bei 140 °C für etwa 5 Minuten in den vorgeheizten Ofen schieben. Die Rucolablätter waschen, trockenschleudern, auf Tellern auslegen und mit Aceto balsamico und Walnussöl beträufeln. Die pochierten Kürbiswürfel darüber streuen und mit weißem Balsamessig beträufeln. Je zwei gefüllte Birnenhälften darauf anrichten und servieren.

Tête de Moine mit Feigen

4 mittelgroße frische Feigen

Salz, frisch gemahlener Pfeffer

1 EL Rotweinessig

2 bis 3 EL roter Portwein

12 Tête-de-Moine-Rosetten (mit der Girolle vom Käselaib zu »Blüten« abgeschabt)

12 Walnusskerne, einige Blätter Friséesalat

1. Die Feigen waschen, trockenreiben und in 3 bis 4 mm dicke Scheiben schneiden, leicht salzen und pfeffern. Den Essig mit dem Portwein verrühren und die Feigen darin 10 Minuten marinieren, herausheben und auf Küchenpapier abtropfen lassen.

2. Die Käseblüten auf Teller verteilen, die marinierten Feigenscheiben daneben anrichten und mit Walnusskernen sowie Friséesalat garnieren und servieren. Wer möchte, träufelt noch etwas Essig-Portwein-Marinade über die Friséeblätter.

← **Blauschimmelkäse mit Trauben:** Blauschimmelkäse würfeln. Weiße sowie blaue Trauben halbieren oder vierteln, eventuell entkernen. Trauben mit einem Zahnstocher auf den Käsewürfeln fixieren.

Emmentaler mit Walnüssen: → Emmentaler besitzt selbst ein »nussiges« Aroma und harmoniert somit bestens mit Nüssen. Emmentaler in Würfel schneiden und je einen halben Walnusskern aufstecken.

← **Englischer Cheddar:** schmeckt pur hervorragend zu einem Glas Martini. Aber auch klassisch mit Oliven oder Piri piri kombiniert ist er ein Genuss. Nach Belieben mit Thymian garnieren.

Greyerzerherzen mit Paprika: → Herzen aus einer 1 cm dicken Greyerzerscheibe ausstechen und mit edelsüßem Paprikpulver bestreuen. Mit halbierten gekochten Wachteleiern und Schnittlauchröllchen garnieren.

← **St. Paulin mit Ananas:** Eine St.-Paulin-Scheibe in Rauten schneiden und je 1 Blatt Zitronenmelisse, 1 Ananasstück und 1 Himbeere mit Zahnstochern auf den Rauten fixieren.

Birne mit Mango & Gorgonzola: → Birne halbieren, Stiel und Kerngehäuse entfernen und die Hälften nochmals vierteln. Je ein Stück Mango und Gorgonzola mit einem Zahnstocher auf den Birnenschnitzen feststecken.

Mild oder pikant
Käsekugeln und Cremes

← Roquefort-Kugeln
100 g Butter und 200 g Roquefort mit der Gabel zerdrücken. Salz, Pfeffer und 1 TL in Salz eingelegte, abgespülte und gehackte Kapern untermengen. 100 g Fontina in 20 Stücke teilen, jeweils mit Roquefort-Creme umhüllen und zu Kugeln formen. Die eine Hälfte der Kugeln in Bröseln aus 2 bis 3 Schwarzbrotscheiben, die andere in 4 EL gehackter Petersilie wälzen und im Kühlschrank fest werden lassen.

Parmesan mit Aceto balsamico →
In der Emilia Romagna ist Parmesan mit gutem (mehrere Jahre altem) Aceto balsamico eine beliebte Vorspeise. Der Kontrast des süßlichen Acetos zum würzigen Parmesan bietet ein außergewöhnliches Geschmackserlebnis: Auf einem Teller etwas Aceto balsamico verteilen, Parmesanstückchen darauf anrichten und den Käse einfach eintauchen.

Brandteigeclairs mit Roquefortcreme
Je 150 g Roquefort und Camembert (ohne Rinde) durch ein Sieb streichen und mit 70 g weicher Butter, 1 Eigelb, 1 EL Zwiebelwürfel, 1/2 zerdrückten Knoblauchzehe, Salz und Pfeffer schaumig rühren. 2 EL gehackte Kräuter (Petersilie, Thymian, Basilikum, Dill) einrühren und 80 ml steif geschlagene Sahne unterziehen. Brandteigeclairs halbieren, mit der Creme füllen

← Brandteigringe mit Gorgonzolacreme
120 g reifen, milden Gorgonzola und 50 g Magerquark mit einer Gabel zerdrücken. 50 g frisch geriebenen Grana padano, 1/2 zerdrückte Knoblauchzehe, wenig Salz und 1 TL gehackten grünen Pfeffer unterrühren. 60 ml steif geschlagene Sahne unterziehen. Brandteigringe halbieren und die Creme auf die Böden spritzen. Deckel aufsetzen und servieren.

ꞏikante Pistazienkugeln

ꞏ0 g weiche Butter mit 100 g mittel-
ltem, frisch geriebenem Gouda und
50 g mildem Blauschimmelkäse
etwa Cambozola) schaumig rühren.
00 g fein gewürfelten Rohschinken
nterrühren. Die Masse mit 1/2 zer-
rückten Knoblauchzehe, Salz sowie
'feffer würzen und daraus 30 bis
5 gleichmäßige Kugeln formen. In
00 g gehackten Pistazien wälzen und
n Kühlschrank fest werden lassen.

← Mürbeteigschiffchen mit Fromage Royal

200 g Bleu de Bresse oder Cambozola mit 125 g Doppelrahmfrischkäse, 50 g frisch geriebenem Gruyère und 1 Eigelb verrühren. Die Käsecreme mit Salz und Pfeffer würzen. 50 ml Sahne und 1 EL gehackte Petersilie unterrühren. Käsecreme in Mürbeteigschiffchen füllen, mit gehackter Petersilie bestreuen und nach Belieben mit 1 kleinen roten Chilischote (Piri piri) garnieren.

Parmesankugeln →

80 g Parmesan fein reiben und mit 60 g weicher Butter vermischen. 120 g trockenen Quark, 70 g fein geriebenes Weißbrot vom Vortag ohne Rinde, 4 Eigelbe und 4 TL Mehl unterrühren. Masse mit Salz, Pfeffer und frisch geriebener Muskatnuss würzen und 1 Stunde kühl ruhen lassen. Aus der Käsemasse gleichmäßig große Kugeln formen, in der Fritteuse bei 170 °C goldbraun ausbacken.

ꞏchabzigercreme ꞏn Blätterteigpastetchen

00 g Schabziger fein reiben. 100 g
Magerquark in ein Tuch füllen und gut
usdrücken, mit dem Schabziger ver-
nischen und mit 1 Messerspitze Salz
ind frisch gemahlenem Pfeffer glatt
ühren. 100 g Mayonnaise und 2 EL
Schnittlauchröllchen unterrühren.
Die Blätterteigpastetchen mit der
Schabzigercreme füllen und mit ge-
ackten Pistazien bestreut servieren.

← Mascarpone-Konfekt

50 g weiche Butter mit 120 g Mascarpone schaumig rühren. 60 g geraffelten Mozzarella und 20 g Kokospüree untermengen, salzen und pfeffern. 1 bis 2 Blatt kalt eingeweichte weiße Gelatine ausdrücken und in 1 EL warmem Kokoslikör auflösen; unter die Käsemasse ziehen. Sobald sie zu gelieren beginnt, Kugeln formen, mit 1 Haselnuss füllen, fest werden lassen. In leicht gerösteten Kokosraspeln wälzen.

Brigand mit Oliven-Tapenade

8 rund ausgestochene Toastbrotscheiben
Rosmarin-Thymian-Butter zum Braten
10 g Butter
einige Blätter Kopfsalat
240 g reifer Brigand
etwas Radicchio, in Streifen
8 TL schwarze Oliventapenade
Außerdem:
16 Mandarinenfilets
Basilikumblättchen
gehobelter Brigand

1. Die Toastscheiben in der Rosmarin-Thymian-Butter von beiden Seiten rösten, abkühlen lassen und dünn mit Butter bestreichen.

2. Salatblätter auflegen. Den Käse in Dreiecke schneiden und je 2 auf die Toastscheiben legen. Radicchiostreifen darüber verteilen und je 1 Klecks Tapenade aufsetzen. Die Brotscheiben mit Mandarinenfilets, Basilikumblättchen und dünn gehobeltem Brigand garniert servieren.

Brin d'amour mit Paprika & Sardine

200 g rote Paprikaschoten
etwas Olivenöl
2 EL weißer Balsamicoessig
1 Knoblauchzehe, fein gewürfelt
40 g Schalotten, fein gewürfelt
Salz, Pfeffer, 1 Prise Zucker
1 EL fein geschnittene Kräuter (Basilikum, Petersilie, Rosmarin)
8 Scheiben Vollkornbrot (Ø 7 cm)
30 g Kräuterbutter
2 EL schwarze Olivenpaste
240 g Brin d'amour
8 geräucherte Sardinenfilets
Basilikumblättchen für die Garnitur

1. Paprikaschoten vierteln, Stielansätze, Samen und weiße Scheidewände entfernen. Olivenöl in einer Grillpfanne erhitzen und das Fruchtfleisch darin braten. Die Haut abziehen, das Fruchtfleisch klein würfeln und mit Essig, Knoblauch, Schalotten, Gewürzen und Kräutern vermischen.

2. Die Brotscheiben in Kräuterbutter rösten und mit der Olivenpaste bestreichen. Den Käse in Scheiben schneiden und auf dem Brot verteilen. Paprika sowie Sardinenfilets auflegen und die Brote mit Basilikum garnieren.

Vacherin Mont d'Or auf Weißbrot

8 Scheiben Baguette (8 mm dick)
20 g Thymianbutter
etwas Butter zum Bestreichen
50 g Feldsalat, geputzt
200 g Vacherin Mont d'Or
40 g schwarze Sommertrüffeln
2 TL Nussbutter (gebräunte Butter)
je 1 EL roter Portwein und Sherry
Kerbelblättchen zum Garnieren

1. Die Baguettescheiben in der Thymianbutter beidseitig rösten, abkühlen lassen und dünn mit Butter bestreichen. Die Feldsalatblätter kranzförmig und leicht überstehend auf die Brotscheiben legen und je eine Nocke Vacherin (mit einem Esslöffel ausstechen) in die Mitte setzen.

2. Trüffeln klein würfeln und in der Nussbutter anbraten. Mit Portwein und Sherry ablöschen und reduzieren. Die Mischung abkühlen lassen und auf dem Vacherin verteilen. Die belegten Baguette-Scheiben mit Kerbel garnieren und servieren.

Reblochon mit Rindertatar

Für das Tatar:

150 g Rinderfilet

1/2 TL fein gehackte Kapern

1 Sardellenfilet, fein gehackt

30 g Gewürzgurken, fein gehackt

20 g Schalotte, fein gehackt

1 EL fein geschnittene Kräuter (Majoran, Petersilie, Basilikum)

1 Eigelb, 1/2 TL mittelscharfer Senf

1 TL Ketchup, 1 TL Olivenöl

Salz, Pfeffer, geriebene Muskatnuss

Außerdem:

8 Vollkornbrotscheiben (Ø 7 cm)

40 g Butter, 240 g Reblochon

Brunnenkresseblättchen, 1 EL Öl

50 g frisch geriebener Parmesan

1. Das Rinderfilet in sehr feine Würfel schneiden und mit den restlichen Tatarzutaten vermischen, kalt stellen.

2. Brotscheiben in 30 g Butter rösten, abkühlen lassen und mit der restlichen Butter bestreichen und dekorativ mit Tatar, Reblochon und Kresse belegen. Eine Pfanne mit Öl ausreiben, erhitzen, geriebenen Parmesan einstreuen und zu länglichen Kräckern ausbacken. Tatar mit den Kräckern garnieren.

Geräucherter Scamorza & Krabben

120 g Nordseekrabben

Salz, frisch gemahlener Pfeffer

1 Spritzer Limettensaft

20 g Schalotte, fein gewürfelt

1 EL fein geschnittener Dill

1 TL Olivenöl, 2 EL Crème fraîche

80 g fein gewürfeltes Tomatenfruchtfleisch

Außerdem:

50 g Radieschen, 240 g Scamorza

8 Scheiben Toastbrot (Ø 7 cm)

20 g Butter, Dillstängel

1. Die Krabben mit Salz, Pfeffer, Limettensaft, Schalottenwürfeln, Dill, Olivenöl, Crème fraîche und Tomatenwürfeln vermengen. Die Radieschen putzen, waschen und in dünne Scheiben schneiden. Scamorza ebenfalls in Scheiben schneiden.

2. Die Brotscheiben in einer Pfanne beidseitig in Butter rösten, abkühlen lassen und mit den Scamorzascheiben belegen. Die Krabbenmischung mit Hilfe eines Ringes auf den Käse setzen und die Brote mit Radieschenscheiben und Dillzweigen garniert servieren.

Marinierter Stilton mit Rosmarin-Feige

100 g Stilton

je 1 TL roter und weißer Portwein

1 EL fein geschnittene Kräuter (Estragon, Petersilie, Basilikum, Kerbel, Rosmarin, Thymian)

1 Messerspitze feine Chiliwürfel

20 g Schalottenwürfel, in wenig Butter angeschwitzt

Salz, frisch gemahlener Pfeffer

Außerdem:

je 100 ml roter Port und Madeira

1/2 TL gehackte Rosmarinnadeln

2 frische Feigen, in Spalten

8 Baguettescheiben, 20 g Butter

einige Blätter Kopfsalat

8 Rosmarinzweige, in Öl gebraten

1. Stilton mit der Gabel leicht zerdrücken, mit rotem und weißem Portwein, Kräutern, Chili, Schalotten, Salz und Pfeffer vermengen.

2. In einer Kasserolle Portwein und Madeira auf 1/3 reduzieren, Rosmarin einstreuen und die Feigenspalten einlegen. Feigen und Käse jeweils 1 Tag marinieren. Die Brotscheiben in Butter rösten, mit Salatblättern und Stilton belegen und mit je 2 Feigenspalten und Rosmarinzweigen garnieren.

Mit Käsecremes gefüllt

Petit fours & Pumpernickel

← Bunte Petit fours

Vorne: 200 g Frischkäse mit 1 TL Zitronensaft, 1 EL Sauerrahm, Salz, Pfeffer und Zucker glatt rühren. Käsecreme mit dem Spritzbeutel in blind gebackene Mürbeteig-Förmchen füllen. Mit edelsüßem Paprika und Silberzwiebeln garnieren. Hinten: Je 100 g Stilton und entrindeten Camembert mit 50 g Quark, je 50 g Cheddar- und Parmaschinkenwürfeln, 1 EL Zwiebelwürfel, etwas Knoblauch, Senf, Salz und Pfeffer verrühren. In Förmchen füllen, mit gehackten Kräutern bestreuen.

Kräcker mit Frischkäse →

Aus 300 g Doppelrahmfrischkäse, 30 ml Sahne, Salz, Pfeffer und 1/4 zerdrückter Knoblauchzehe eine glatte Creme herstellen und mit dem Spritzbeutel (Sterntülle) auf Kräcker spritzen. Die Hälfte der Kräcker mit edelsüßem Paprikapulver bestreuen und mit ausgestochenen Roquefortscheiben belegen. Die andere Hälfte der Kräcker mit gehackten grünen Pfefferkörnern bestreuen und mit ausgestochenen Chesterrosetten belegen.

Petit fours mit Forellenkaviar oder Oliven

Aus Mürbeteig kleine Förmchen backen. Jeweils eine Frischkäse- und Käsecreme mit Stilton zubereiten, wie im ersten Rezept oben links beschrieben. In die Hälfte der Mürbeteigförmchen die Frischkäsecreme spritzen und mit Forellenkaviar und Dill garnieren. Die Stiltoncreme in die restlichen Förmchen füllen und mit je 1 kleinen schwarzen Olive garnieren.

← Gefüllte Brandteigringe

Aus je 1/8 l Milch und Wasser, 125 g Butter, 1/2 TL Salz, 220 g Mehl und 5 bis 6 Eiern einen Brandteig herstellen. Ringe auf ein Blech spritzen, mit grobem Salz, Mohn oder Kümmel bestreuen und nach Sicht goldgelb backen. 600 g Doppelrahmfrischkäse, 60 ml Sahne, Salz, Pfeffer und 1/2 gehackte Knoblauchzehe glatt rühren. Die Ringe quer halbieren, die Käsecreme auf die Böden spritzen, mit gehackten Kräutern bestreuen, Deckel aufsetzen.

Gefüllte Blätterteigkissen

Aus Blätterteig (frisch oder tiefgekühlt) Rechtecke ausschneiden, mit Eigelb bestreichen und mit Mohn, weißem oder schwarzem Sesam bestreuen. Bei 200 °C nach Sicht goldgelb backen. Für die Füllung 600 g Doppelrahmfrischkäse mit 60 ml Sahne, 1/2 TL Salz und Pfeffer schaumig rühren. Bei Bedarf noch etwas Sahne unterrühren – die Creme sollte spritzfähig sein. Blätterteigkissen halbieren, Käsecreme auf die Böden spritzen, Deckel aufsetzen.

← Miniwindbeutel mit Meerrettich-Creme

Aus Brandteig Mini-Windbeutel backen. Für die Käsecreme 125 g Doppelrahmfrischkäse glatt rühren. Je 80 g frisch geriebenen Greyerzer und Sbrinz unterrühren, alles mit Salz, Pfeffer und Muskatnuss würzen. Etwas Knoblauch, 1 EL frisch geriebenen Meerrettich und 100 g geschlagene Sahne unterziehen. Die Käsecreme auf die unteren Hälften der Windbeutel setzen, mit Paprikapulver bestreuen und die Deckel aufsetzen.

Gefüllte Datteln →

Frische (das heißt nach der Ernte schockgefrostete) oder auch getrocknete Datteln der Länge nach aufschneiden, vom Kern befreien und etwas auseinander drücken. Für die Käsecreme 600 g Doppelrahmfrischkäse mit 60 ml Sahne, 1/2 TL Salz und 1 Prise Cayennepfeffer verrühren. Die Creme in einen Spritzbeutel mit Sterntülle füllen und dekorativ in die Früchte spritzen. Datteln mit gehackten Walnusskernen bestreuen.

Bunte Käseschnittchen

300 g Doppelrahmfrischkäse, 100 g Butter, 50 ml Sahne, 1/2 TL Salz und Pfeffer glatt rühren, die Masse dritteln. Unter das 1. Drittel 3 EL gehackte Kräuter und 1/4 gehackte Knoblauchzehe rühren. Das 2. Drittel mit 1 EL Tomatenmark und 1 TL edelsüßem Paprika würzen. Je 1 Scheibe Pumpernickel mit einer der 3 Cremes bestreichen, die Scheiben aufeinander legen und mit 1 Scheibe Pumpernickel abschließen, beschweren und kühlen. In 8 Würfel schneiden.

← Petit fours, mal mit Olive, mal mit Ossietra-Kaviar

Einmal Frischkäse- und einmal Käsecreme herstellen, wie im 1. Rezept beschrieben. Mürbeteigförmchen backen und auskühlen lassen. Die Hälfte der Förmchen mit der Stiltoncreme füllen, mit Currypulver bestreuen und mit einer halbierten Olive garnieren. Die Frischkäsecreme in die restlichen Förmchen spritzen und mit einem Stück gelber Paprika, gehackter Petersilie und Ossietra-Kaviar garnieren.

Internationale Käseplatten von mild bis pikant

Die Auswahl der einzelnen Käsesorten ist hier lediglich als Vorschlag zu verstehen. Wichtig ist nur, dass man die Grundrichtung beibehält.

Pikante Käseplatte

FÜR 8 BIS 10 PERSONEN

300 g Blauschimmelkäse

400 g Allgäuer Emmentaler

200 g Toma Piemontese, 100 g Sage Derby

3 Buttons de Culotte, je etwa 30 g

200 g Österkron (Blauschimmel aus Österreich)

100 g Rougette, 125 g Rohmilch-Camembert

100 g Brin d'amour, 100 g Valençay

Für den marinierten Schafkäse:

1 rote Peperoni, 400 g Feta, gewürfelt

2 Knoblauchzehen, in feinen Scheiben

40 g weiße Zwiebel, in Ringen

40 g kleine schwarze Oliven, ohne Stein

2 EL ghackte Kräuter (Basilikum, Petersilie, Rosmarin, Thymian und Minze)

80 g Cocktailtomaten, halbiert

Salz, Pfeffer, 1/8 l gutes Olivenöl

Für das Lauchstroh:

80 g Lauch, Öl zum Frittieren, Salz

Außerdem:

Petersilie, Butterkugeln, Trauben, 1 Weinblatt

1. Für den Schafkäse die Peperoni vom Stielansatz befreien, in Scheiben schneiden und dabei die Samen entfernen. Fetawürfel, Knoblauch, Peperoni, Zwiebel, Oliven, Kräuter und Tomaten in einem tiefen Teller mit Salz sowie Pfeffer bestreuen. Mit Olivenöl übergießen und den Käse 2 bis 3 Stunden – am besten über Nacht – ziehen lassen.

2. Für das Lauchstroh den Lauch putzen, längs halbieren, waschen, gut abtropfen lassen und in sehr feine, 6 bis 7 cm lange Sreifen schneiden. Das Öl auf 170 °C erhitzen, die Streifen darin kurz frittieren, herausheben und auf Küchenpapier abtropfen lassen. Leicht salzen und abkühlen lassen.

3. Blauschimmelkäse, Emmentaler, Toma und Sage Derby in Scheiben schneiden und auf einer Platte mit den Buttons de Culotte und Österkron anrichten. Mit Petersilie und Lauchstroh garnieren. Restlichen Käse und Butterkugeln auf einer zweiten Platte anrichten und mit Weinblatt und Trauben garnieren. Mit mariniertem Feta servieren.

Herzhafte Käseplatte

FÜR 6 BIS 8 PERSONEN

200 g Gorgonzola piccante

150 g Deutscher Tilsiter

300 g Schafkäse aus dem Baskenland

Herzhaft und deftig: Würzige Käsesorten sind zu einer deftigen Brotzeit ein Genuss. Und danach ein aromtischer, nicht zu kühler Birnenbrand.

Cremig und mild: Sahnige Käsesorten bieten eine große Vielfalt. Sie schmecken gut zu einem Brunch und lassen sich bestens mit Früchten kombinieren.

1 Stück Weinkäse (62,5 g)
200 g Bacchus Weinkäse, 100 g Taleggio
100 g Mimolette vieille
100 g Tinajeros cabra, 120 g Chevrochon
1 Crottin de Chavignol (80 bis 100 g)
3 Stück Harzer, je etwa 30 g

Für den marinierten Käse:

2 Romadur, je 100 g, quer in 1/2 cm dicke Scheiben geschnitten
60 g Zwiebel, in dünnen Ringen
60 g Radieschen, in feinen Scheiben
30 g Frühlingszwiebeln, in Ringen
1 bis 2 EL Weinessig, Salz, Pfeffer
3 bis 4 EL Sonnenblumenöl

Für die Garnitur:

rote Zwiebelringe, Kümmel, Petersilie

1. Für den marinierten Käse den Romadur in einem tiefen Teller mit Zwiebelringen, Radieschen, Frühlingszwiebeln und der Mischung aus Essig, Salz und Pfeffer vermengen. Das Öl darüber gießen und das Ganze ziehen lassen.

2. Gorgonzola, Tilsiter, Schafkäse, Ziegenkäse, Bacchus Weinkäse sowie Taleggio in Scheiben schneiden und auf einer Platte anrichten. Mimolette in Stücke bröckeln und mit den restlichen Käsesorten auf der Platte verteilen. Weinkäse mit Zwiebelringen und die Harzer mit Kümmel garnieren. Marinierten Romadur dazustellen und die Käseplatte nach Belieben mit Birnenbrand oder auch einem Bier servieren.

Milde Käseplatte

120 g Formai de Mut
250 g Grünländer
300 g Le Montagnou (französischer Butterkäse)
200 g Montagnolo
50 g Champignon Cremieur (extra cremig)
100 g Paglietta
1 Mini Cœur de Lion (37,5 g)

Für die Garnitur:

Kräuter, Himbeeren

Den Formai de Mut in mittelgroße Würfel und den Grünländer in Scheiben schneiden. Alle Käsesorten dekorativ auf einer Platte anrichten und mit Kräutern sowie Himbeeren garniert servieren.

Käse zum Frühstück oder im Rahmen eines Menüs

Auf einem Frühstücksbüfett darf Käse nicht fehlen, morgens empfehlen sich vor allen Dingen milde Sorten. Kleine Laibe bleiben ganz, Schnitt- und Hartkäse reicht man in Scheiben. Frischkäse und/oder Quark stellt man in Schälchen dazu, oft in Kombination mit Obst. Man rechnet hier 125 g Käse pro Portion.

Käseauswahl zum Frühstück

150 g Ricotta, 1 Ecke Rosso bianco
1 Picandou mit Erdbeermarmelade
1 Champignon de Luxe
1 Champignon Camembert, halbiert
1 Ecke französischer Brie
200 g Bärlauchkäse, in großen Stücken
1 Ecke Montagnolo
1 Stück Schweizer Emmentaler

Für die Garnitur:

Erdbeeren und Himbeeren
glatte Petersilie, Butterkugeln

Für die Käseauswahl die Ricotta in ein Glasschälchen füllen und mit Erdbeeren sowie Himbeeren garnieren. Alle weiteren Käsesorten dekorativ auf einem Holzbrett anrichten und mit Petersilie garnieren. Die Butterkugeln auf Eis legen und dazustellen. Zum Frühstück reichen.

Auch im Rahmen eines klassischen Menüs spielt Käse eine große Rolle. Man rechnet dafür 75 g pro Portion und serviert die einzelnen Käselaibe oder -stücke im Ganzen, meist auf dem Wagen oder auf einem Tablett.

Käsewagen

300 g Bleu d'Auvergne, 200 g Saint-Nectaire
250 g Morbier, 100 g Fiore Corse Brin
200 g Le Fium'Orbo (Korsischer Schafkäse)
150 g Taupinière, 100 g Bresso
200 g Langres, 200 g Fourme d'Ambert
125 g Rohmilchcamembert, 80 g Livarot
160 g Cœur de Neufchâtel
200 g Tianjeros Cabra (Ziegenkäse)

Außerdem:

Kräuter für die Garnitur

Die Käsesorten auf dem Tablett des Wagens arrangieren, nach Belieben mit Kräutern garnieren. Bei der Bestückung eines Käsewagens gilt es, einige Regeln zu beachten: Die einzelnen Käse sollten optimal gereift und gut aufeinander abgestimmt sein. Am besten stellt man sie nach einem Thema zusammen, etwa nach Ländern (klassisch französisch, italienisch oder spanisch) oder nach Regionen geordnet. Wichtig dabei: verschiedene Käsetypen kombinieren. Beim Essen beginnt man mit der mildesten und endet mit der kräftigsten Sorte.

Suppen & Salate

Salatsaucen gibt würziger Käse den letzten Schliff und auch in einem Bauernsalat oder Schweizer Wurstsalat darf er nicht fehlen. Mediterran eingelegt ist Käse ideal als Snack, deftig mariniert schmeckt er zum Bier. Für kühlere Tage empfehlen sich pikante Suppen mit Käse, klassisch Zwiebelsuppe oder Zuppa pavese, raffiniert Apfelsüppchen mit Gorgonzola oder Parmesancreme.

Salatsaucen mit würzigem Käse

Mit Käse – von Frischkäse über Blauschimmel- bis hin zu Hartkäse – bringt man köstliche Geschmacksnoten und Abwechslung in den Salat. Dort, wo es erwünscht ist, macht Käse das Dressing zudem herrlich sämig.

Roquefort-Dressing

60 g Roquefort, 2 EL Joghurt

1 bis 2 EL Sahne

1 bis 2 EL Zitronensaft, 2 bis 3 EL Haselnussöl

Salz, frisch gemahlener Pfeffer

Den Roquefort durch ein feines Sieb streichen und mit Joghurt, Sahne sowie Zitronensaft glatt rühren. Das Öl nach und nach einrühren, vorsichtig salzen und die Sauce mit Pfeffer würzen.

Mascarpone-Sauce

80 g Mascarpone, 2 EL Joghurt (1,5 %)

3 EL gehackte Kräuter (etwa Majoran, Petersilie, Kerbel und Schnittlauch)

1/2 Knoblauchzehe, Salz, weißer Pfeffer

1/4 TL scharfer Senf, 2 bis 3 EL Kräuteressig

Mascarpone mit Joghurt, Kräutern und zerdrücktem Knoblauch im Mixer verrühren. Die Sauce mit Salz, Pfeffer, Senf und Essig würzen.

Ziegenkäse-Salatsauce

70 g Ziegenfrischkäse, 40 g Joghurt

1 1/2 EL Sherryessig, 3 bis 4 EL Olivenöl

Salz, Pfeffer, 1 TL gehackter Thymian

Frischkäse durch ein Sieb streichen, mit dem Joghurt glatt rühren. Essig, dann das Öl einrühren. Vorsichtig salzen, pfeffern und Thymian zufügen.

Radieschen-Käse-Dressing

200 g Ziegenfrischkäse oder anderer Frischkäse

50 g Mascarpone, 2 TL Himbeeressig

2 TL Balsamico bianco, 1 TL Zitronensaft

eventuell etwas Milch, 20 ml Haselnussöl

Salz, gemahlener Pfeffer, 1 Prise Zucker

1/2 Knoblauchzehe, geschält und zerdrückt

50 g Radieschenstreifen, 3 EL Schnittlauch

10 g Kümmel, grob gehackt

Frischkäse mit Mascarpone, Essigen, Zitronensaft, eventuell etwas Milch und Öl im Mixer cremig rühren. Mit Salz, Pfeffer, Zucker und Knoblauch würzen, glatt rühren und die Radieschen, den Schnittlauch sowie den Kümmel untermischen.

Reibkäse-Dressing

80 g Crème fraîche, 5 EL Joghurt (1,5 %)

60 g frisch geriebener Käse (Parmesan, Grana padano, Pecorino oder Sbrinz)

2 bis 3 Sardellenfilets

2 bis 3 EL Rot- oder Weißweinessig

1 kleine Knoblauchzehe, Salz, Pfeffer

Crème fraîche, Joghurt und Käse glatt rühren. Gehackte Sardellenfilets und Essig einrühren, Knoblauch dazupressen, vorsichtig salzen und pfeffern.

Schabziger-Salatsauce

60 g Schabziger, 50 g Mascarpone

1 bis 2 EL Kräuteressig, 3 EL Sojaöl

1/2 EL gehackter Ziegerklee (ersatzweise Brunnenkresse oder Schnittlauch)

Salz, frisch gemahlener Pfeffer

Den Schabziger durch ein Sieb streichen und den Mascarpone unterrühren. Den Kräuteressig, Öl und Ziegerklee unterrühren. Die Sauce nur vorsichtig salzen und mit Pfeffer würzen.

Joghurt mit Hüttenkäse

150 g Joghurt, 2 EL Zitronensaft, Salz

weißer Pfeffer, 1 Prise Zucker, 80 g Hüttenkäse

Den Joghurt mit Zitronensaft glatt rühren. Mit Salz, Pfeffer und Zucker würzen und den Hüttenkäse vorsichtig unterheben.

Mascarpone-Salatsauce passt zu einer Vielzahl von Salaten – sie ist herrlich cremig.

Ziegenkäse-Dressing harmoniert sehr gut mit Eisbergsalat, römischem Salat und Feldsalat.

Radieschen-Käse-Dressing schmeckt wunderbar als Dip zu kross ausgebackenen Käsestückchen.

Wunderbar kräftig schmeckt diese Salatsauce mit geriebenem Käse, Sardellenfilets und Knoblauch.

Schabziger-Sauce passt zu Kartoffeln und Tomaten. Brunnenkresse ist ein guter Ersatz für Ziegerklee.

Joghurt-Hüttenkäse-Dressing harmoniert mit allen Salaten, die Früchte, Geflügel und Käse kombinieren.

Salatvielfalt bunt & gesund

Mediterraner Nudelsalat

250 g rote Farfalle, Salz, 100 g Chorizo

2 EL Olivenöl, 100 g Schalotten, fein gewürfelt

1 TL gehackter Rosmarin und Thymian

80 g Vongole Verage, ohne Schale

80 g breite Bohnen, 1/2 Bund Bohnenkraut

2 kleine Fenchelknollen

80 g Kirschtomatenfruchtfleisch, geviertelt

1/2 Avocado, gewürfelt

60 g Eiweiß, in einer rechteckigen Form im Wasserbad gestockt und gewürfelt

50 g Pinienkerne, geröstet

100 g Pecorino, gewürfelt, 80 g Comtéstreifen

2 EL gehackte Kräuter (Estragon, Basilikum, Petersilie und Koriander)

1 Messerspitze Chilipulver, Salz, Pfeffer

Für die Marinade:

30 g Joghurt, 80 ml Aceto balsamico bianco

20 ml Geflügelfond, reduziert

1/2 Paprikaschote, gewürfelt und angeschwitzt

1 Knoblauchzehe, 7 reife Kirschtomaten

1 Schalotte, geschält

80 ml gutes Olivenöl, 10 ml Haselnussöl

Saft und abgeriebene Schale von 2 Limonen

Salz, frisch gemahlener Pfeffer, Zucker

Zutaten für die Marinade pürieren und 30 Minuten ziehen lassen. Farfalle in Salzwasser al dente garen und kalt abschrecken. Gewürfelte Chorizo im heißen Olivenöl anbraten, Schalotten und Kräuter unterrühren. Vom Herd nehmen, Muscheln zufügen und darin schwenken. Bohnen mit Bohnenkraut in Salzwasser blanchieren, abschrecken und in längliche Streifen schneiden. Fenchel putzen und in dünne Scheibchen schneiden, leicht salzen. Nudeln, Chorizomischung, Gemüse und restliche Zutaten mit der Marinade vermengen und den Salat auf Tellern anrichten.

Bauernsalat

1 Kopfsalat, 200 g Tomaten, 150 g Salatgurke

120 g Paprikafruchtfleisch (grün und gelb)

80 g weiße Zwiebeln, geschält, 200 g Schafkäse

80 g kleine schwarze Oliven, etwas Pimpinelle

Für die Marinade:

2 EL Weißweinessig, 2 EL Fleischbrühe

1/2 TL mittelscharfer Senf, Salz, Pfeffer

1/2 TL Knoblauch, 1 TL gewürfelte Peperoni

1 EL gehackte Petersilie, 4 EL Olivenöl

Kopfsalat putzen, waschen und zerpflücken. Tomaten waschen, von den Stielansätzen befreien und achteln. Gurke waschen und in dünne Scheiben

Blattsalat, Gemüse und Schafkäse sind in diesem Salat lecker kombiniert, der mit Oliven und Pimpinelle abgerundet wird.

Knackiges Grün und aromatischer Ziegenkäse machen den Reiz dieses Salats aus. Die Ziegenkäserollen sind in buntem Pfeffer gewälzt und somit besonders würzig und optisch attraktiv.

schneiden. Paprika in Streifen und Zwiebeln in Ringe schneiden. Schafkäse zerbröckeln und die Zutaten für die Marinade verrühren. Alles auf Tellern anrichten und mit der Marinade beträufeln.

Salat mit Ziegenkäse

1 kleiner Kopf Frisée, 1 Radicchio Trevisano

80 g rote Zwiebeln, 100 g Champignons

2 Ziegenfrischkäserollen mit Pfeffer, je 100 g

4 hart gekochte Wachteleier, Kerbelblättchen

Für die Vinaigrette:

2 EL Aceto balsamico rosso, Salz, Pfeffer

1 EL gehackte Kräuter (Petersilie, Schnittlauch)

4 EL Olivenöl mit Limone

Frisée und Radicchio zerpflücken. Zwiebeln schälen, Pilze putzen und beides in Scheibchen schneiden. Käse in 1/2 cm breite Scheiben schneiden. Eier schälen und halbieren. Salatzutaten mit Kerbel anrichten. Essig, Gewürze, Kräuter und Öl verrühren, die Vinaigrette über den Salat träufeln.

Schweizer Wurstsalat

250 g Emmentaler, 250 g Jagdwurst

60 g Frühlingszwiebeln

100 g Radieschen, 1 EL Schnittlauchröllchen

Für die Salatsauce:

2 EL Rotweinessig, Salz, gemahlener Pfeffer

1 TL mittelscharfer Senf, 5 EL Maiskeimöl

Käse und Wurst in dünne Scheiben schneiden, die Wurst nochmals quer halbieren. Frühlingszwiebeln putzen, waschen und in Ringe schneiden. Alles auf Tellern anrichten, mit Schnittlauch bestreuen. Essig, Salz, Pfeffer, Senf und Öl verrühren und die Sauce darüber träufeln.

Herzhaft und bodenständig ist dieser Wurstsalat mit kräftigem Emmentaler, Frühlingszwiebeln und Radieschen.

Mariniert und eingelegt

Kräuterwürzig eingelegter Feta. Die Fetascheiben in eine flache Form legen, Peperoni, Knoblauch und Oliven darauf verteilen. Rosmarinnadeln, Salbei, Thymian- und Minzeblättchen über den Käse streuen. Salzen, pfeffern und mit dem Olivenöl übergießen. Feta zugedeckt über Nacht im Kühlschrank marinieren.

Feta in Kräutermarinade

2 runde, griechische Schafmilch-Feta (je 250 g)
1 rote Peperoni (etwa 15 g), 2 Knoblauchzehen
50 g kleine schwarze Oliven
1 Rosmarinzweig, 5 bis 6 Salbeiblättchen
2 Thymianzweige, 1 kleiner Stängel Minze
Salz, grober Pfeffer, etwa 200 ml Olivenöl

Feta halbieren, in 1 cm dicke Scheiben schneiden. Peperoni in feine Ringe schneiden, dabei Samen entfernen. Knoblauch schälen, in Scheiben schneiden und weiterarbeiten, wie links unten beschrieben.

Pecorino marinato

80 g Stangensellerie
250 g Pecorino, in dünnen Scheiben
Salz, frisch gemahlener Pfeffer, gutes Olivenöl
2 Cocktailtomaten, halbiert

Sellerie putzen, quer in dünne Scheiben schneiden und weiterverfahren, wie rechts beschrieben.

Mozzarella e Pomodori

2 Mozzarella di Bufala (je etwa 150 g)
600 g Tomaten, 2 EL Basilikumblättchen
Salz, frisch gemahlener Pfeffer
1 EL Kapern in Salz, 16 schwarze Oliven
30 g fein gewürfelte rote Zwiebel, Olivenöl

Käse und Tomaten in 1/2 cm dicke Scheiben schneiden. Weiterverfahren, wie rechts beschrieben.

Marinierter Ziegenkäse

300 g Ziegenkäserolle mit Asche, in 1/2 cm dicke Scheiben geschnitten
1 Knoblauchzehe, 1 TL grüne Pfefferkörner

80 g Frühlingszwiebeln, geputzt, in Scheiben

1 EL kräftiger Rotwein, 4 EL gutes Olivenöl

Salz, Pfeffer, 1 EL Schnittlauchröllchen

Käsescheiben auf Tellern anrichten. Geschälten Knoblauch fein würfeln. Abgetropfte Pfefferkörner grob hacken. Weiterarbeiten, wie beschrieben.

Weißlacker mit Paprika

350 g Weißlacker, 1,5 cm groß gewürfelt

60 g Frühlingszwiebeln, in 4 cm langen Streifen

je 50 g rote und gelbe Paprikawürfel

1 geschälte Knoblauchzehe, in Scheibchen

4 EL Weinessig, Salz, Pfeffer

6 bis 8 EL Sonnenblumenöl, Brunnenkresse

Käse mit Frühlingszwiebeln, Paprika und Knoblauch anrichten. Weiter, wie rechts beschrieben.

Handkäs mit Musik

120 g weiße Zwiebeln, geschält

8 kleine reife Harzer Bauernhandkäse (je 30 g)

4 EL Weinessig, 8 EL Pflanzenöl, 1 Prise Zucker

Salz, edelsüßes Paprikapulver, 1 TL Kümmel

Die Zwiebeln in feine Ringe schneiden und weiterverfahren, wie rechts beschrieben.

Marinierter Limburger

400 g Limburger ohne Rinde, 60 g Zwiebelringe

80 g Radieschen, in Stiften

2 EL Schnittlauchröllchen, 2 EL Weinessig

Salz, Pfeffer, 4 bis 5 EL Sonnenblumenöl

Käse in 5 mm dicke Scheiben schneiden, mit Zwiebeln, Radieschen und Schnittlauch anrichten. Weiterverfahren, wie rechts beschrieben.

Gereifter Pecorino harmoniert gut mit Stangensellerie. Zum Anrichten Pecorinoscheiben zusammenklappen, mit dem Sellerie auf Teller verteilen. Mit Salz und reichlich Pfeffer würzen, mit Olivenöl beträufeln und mit je 1/2 Cocktailtomate garnieren.

Mozzarella und Tomaten pikant
Käse- und Tomatenscheiben auf Tellern anrichten, mit Basilikum, Salz und Pfeffer bestreuen. Die Kapern vom Salz befreien, mit Oliven und Zwiebeln auf den Käse- und Tomatenscheiben verteilen und alles mit Öl beträufeln.

Würzig eingelegter Ziegenkäse
Für die Marinade Frühlingszwiebeln, Knoblauch, grüner Pfeffer, Rotwein und Öl vermischen, salzen, pfeffern und den Schnittlauch einrühren. Die Marinade über den Ziegenkäse gießen und gut durchziehen lassen.

Weißlacker in Paprikamarinade
Für die Marinade den Essig, 4 EL Wasser, Salz, Pfeffer sowie das Öl verrühren, den Käse damit beträufeln und mindestens 10 Minuten durchziehen lassen. Mit ein paar Blättchen Brunnenkresse garnieren und servieren.

Deftig: Handkäs mit Musik
Die Käse auf eine Platte oder auf Teller setzen, Zwiebelringe daneben legen. Essig mit Öl, Zucker, Salz, 1 Messerspitze Paprikapulver und Kümmel verrühren. Marinade über den Käse gießen. Mit Petersilie garnieren.

Limburger würzig mariniert
Für die Marinade Essig mit Salz und Pfeffer verrühren, bis sich das Salz gelöst hat. Das Öl unterschlagen und die Marinade über die Käsescheiben gießen. Mit Radieschenstücken garnieren, servieren.

Busecca

VORBEREITUNG: Die Bohnen über Nacht in kaltem Wasser einweichen.

50 g getrocknete Borlotti-Bohnen
150 g überbrühte Kutteln
65 g Butter
je 60 g Weißkohl- und Lauchstreifen
je 30 g Sellerie- und Möhrenstifte
1 l Fleischbrühe, Salz, Pfeffer
20 g Pancetta oder geräucherter durchwachsener Speck
1 Knoblauchzehe, geschält
je 2 Salbei- und Basilikumblätter
2 Weißbrotscheiben, 50 g Parmesan

1. Eingeweichte Bohnen abgießen. Kutteln in feine Streifen schneiden. 25 g Butter zerlassen, Gemüse und Kutteln darin anschwitzen, Bohnen zufügen. Brühe angießen, salzen, pfeffern und köcheln lassen, bis die Bohnen weich sind (1 1/2 bis 2 Stunden).

2. Pancetta, Knoblauch und Kräuter fein hacken und im Mörser zu einer Paste verarbeiten. Weißbrot würfeln und in der restlichen Butter goldbraun rösten. Speck-Kräuter-Mischung in die Suppe rühren, diese in Teller schöpfen, mit Brotwürfeln und frisch geriebenem Parmesan bestreuen. Die Suppe 3 Minuten im 200 °C heißen Ofen gratinieren und sofort servieren.

Zwiebelsuppe

400 g Zwiebeln
40 g Butter
100 ml trockener Weißwein
800 ml kräftige Fleischbrühe
Salz, gemahlener schwarzer Pfeffer
1 Knoblauchzehe
1 EL Olivenöl
8 Scheiben Baguette
50 g frisch geriebener Beaufort oder Laguiole

1. Die Zwiebeln schälen, halbieren und in feine Streifen schneiden. Die Butter in einem Topf zerlassen und die Zwiebeln darin hell anschwitzen. Weißwein und Brühe zugießen, die Mischung aufkochen lassen, salzen und pfeffern und die Zwiebelsuppe etwa 30 Minuten köcheln.

2. Die Knoblauchzehe schälen, durch die Presse drücken und mit dem Olivenöl verrühren. Die Brotscheiben mit der Öl-Knoblauch-Mischung bestreichen und rösten.

3. Die heiße Suppe in vorgewärmte tiefe Teller schöpfen, je 2 geröstete Brotscheiben auflegen, mit dem Käse bestreuen und unter dem vorgeheizten Grill gratinieren. Sofort servieren.

Fenchel-Tomaten-Suppe & Manchego

320 g Strauchtomaten, gehäutet
Salz, Pfeffer, 1 Prise Zucker
1 Fenchelknolle, 4 EL Olivenöl
1 bis 2 Knoblauchzehen, geschält
1 Thymianzweig
1/8 l Weißwein, 1 l Geflügelfond
80 g schwarze Oliven, grob gehackt
40 g Schalottenwürfel
1 Prise gemahlene Kurkumawurzel
120 g Manchego curado, gehobelt

1. Tomatenfruchtfleisch achteln, Samen beiseite stellen. Mit Salz, Pfeffer und Zucker bestreuen, ziehen lassen. Das Grün vom Fenchel abtrennen, beiseite legen und den geputzten Fenchel in 2 cm große Rauten schneiden. 2 EL Öl erhitzen, Fenchelabschnitte, Knoblauch und Thymian darin anschwitzen. Wein und Fond zugießen, aufkochen. Tomatensamen zufügen, alles bei reduzierter Hitze 15 Minuten ziehen lassen. Die Brühe passieren.

2. Fenchelrauten, Oliven und Schalotten im restlichen Öl anschwitzen. Mit Kurkuma, Salz und Pfeffer würzen. Brühe zugießen, aufkochen und Tomatenfilets einlegen. Die Suppe in Teller schöpfen, mit Fenchelgrün und Manchego bestreuen und servieren.

Apfelsüppchen mit Gorgonzola

8 Granny-Smith-Äpfel

Saft von 1 Zitrone

etwas Honig zum Glasieren

4 cl Calvados

80 g Gorgonzola, in Würfeln

1. Aus 2 bis 3 Äpfeln mit einem Ausstecher kleine Kugeln auslösen. Etwas Zitronensaft, Honig und Calvados in einer Pfanne erhitzen und die Apfelkugeln darin glasieren.

2. Apfelabschnitte mit Zitronensaft beträufeln. Die restlichen Äpfel achteln und ebenfalls mit Zitronensaft beträufeln. Apfelachtel und -abschnitte in einen Entsafter füllen und entsaften. Den gewonnenen Apfelsaft mit dem restlichen Zitronensaft und Honig würzen, kalt stellen.

3. Den kalten Apfelsaft in geeiste tiefe Teller schöpfen, die glasierten Apfelkugeln einlegen und die Gorgonzolawürfel gleichmäßig darauf verteilen. Sofort servieren. Diese kalte Fruchtsuppe schmeckt im Sommer als leichter Käsegang ganz hervorragend.

Zuppa pavese

1 l kräftige Fleischbrühe

Salz, frisch gemahlener Pfeffer

12 Scheiben Baguette

4 Eier

40 g frisch geriebener Parmesan

1. Die Fleischbrühe aufkochen und mit Salz sowie Pfeffer würzen. Die Baguettescheiben rösten und je 3 in tiefe vorgewärmte Teller legen.

2. Jeweils 1 Ei vorsichtig in die Teller schlagen – dabei darauf achten, dass das Eigelb ganz bleibt. Die kochend heiße Brühe vorsichtig dazugießen und den geriebenen Parmesan über die Brotscheiben streuen.

3. Die Suppe unter dem vorgeheizten Grill kurz gratinieren und sofort servieren, damit die Brotscheiben nicht zu sehr aufweichen.

Parmesancreme & schwarze Nüsse

50 ml Olivenöl

60 g Schalotten, gewürfelt

40 g Kartoffel, gewürfelt

1 Knoblauchzehe

2 Thymianzweige

100 ml Weißwein

8 eingelegte schwarze Nüsse

800 ml heller Geflügelfond

200 ml Sahne

50 g frisch geriebener Parmesan

Salz, Pfeffer, 2 cl Amaretto

Thymianblättchen zum Garnieren

1. Das Olivenöl erhitzen, Schalotten, Kartoffel, Knoblauch und Thymian darin anschwitzen. Mit Weißwein und dem Fond der Nüsse ablöschen, reduzieren, den Geflügelfond angießen und etwa 15 Minuten köcheln. Knoblauch und Thymian wieder entfernen und die Sahne angießen. Parmesan Salz, Pfeffer und Amaretto zufügen und die Suppe fein pürieren.

2. Die schwarzen Nüsse in dünne Scheiben schneiden und kurz erwärmen. Parmesancreme in Suppenteller schöpfen, die Nüsse darüber verteilen und die Suppe mit Thymianblättchen garnieren. Sofort servieren.

Für Auge und Gaumen
Suppeneinlagen mit Käse

In einer klaren Brühe kommen Eierstich, Klößchen oder Pfannkuchen mit Käse geschmacklich wie optisch am besten zur Geltung.

Käsebiskuit

Für die Biskuitmasse:

2 Eigelbe, 1/4 TL Salz
frisch geriebene Muskatnuss
2 Eiweiße
40 g frisch geriebener Emmentaler oder Sbrinz
30 g Mehl, 15 g Butter

Die Eigelbe für die Biskuitmasse verrühren, wie im ersten Step der Bildfolge unten gezeigt *[siehe a]*. Eiweiße zu steifem Schnee schlagen und weiterarbeiten, wie gezeigt *[siehe b bis e]*. Die Biskuitmasse sofort bei 200 °C im vorgeheizten Ofen 8 bis 10 Minuten nach Sicht backen, herausnehmen und auf eine Arbeitsfläche stürzen. Leicht abkühlen lassen und in kleine Quadrate schneiden *[siehe f]*. Erst kurz vor dem Servieren in die Suppe einlegen.

Eierstich mit Käse

70 ml Milch, 1 Ei
Salz, gemahlener weißer Pfeffer
frisch geriebene Muskatnuss
30 g frisch geriebener Gruyère
Butter für die Form

1. Die Milch erhitzen. Das Ei verquirlen und die Milch unterrühren. Die Eiermilch mit Salz, Pfeffer und Muskat würzen und weiterverfahren, wie in der Bildfolge rechts oben gezeigt *[siehe a und b]*. Eine hitzebeständige rechteckige Form mit Butter ausstreichen und die Eiermilch eingießen *[siehe c]*.

2. Die Form in ein Wasserbad stellen und den Eierstich bei 130 °C im vorgeheizten Ofen in 45 bis 50 Minuten stocken lassen. Herausnehmen, erkalten lassen, den Eierstich auf eine Arbeitsfläche stürzen und in Stücke schneiden oder Formen nach Belieben ausstechen. Als Einlage in Kraftbrühe oder Tomatensuppe servieren.

Quarkklößchen

15 g Butter, 1 Eigelb
80 g Schichtkäse
Salz, frisch geriebene Muskatnuss

a **Käsebiskuit herstellen:** Eigelbe mit dem Schneebesen gut verrühren, mit Salz und Muskatnuss würzen.

b Den geriebenen Käse auf die verrührten Eigelbe schütten und das Mehl darüber streuen.

c Eischnee mit einem Holzlöffel sorgfältig unter die Eigelb-Käse-Mischung heben.

d Butter zerlassen und lauwarm unter die Masse ziehen, dabei unnötiges Rühren vermeiden.

e Die Käsebiskuitmasse auf einem mit Pergamentpapier ausgelegten Blech 1 cm dick verstreichen.

f Die abgekühlte Biskuitplatte mit einem großen Messer in gleichmäßige Quadrate schneiden.

etwa 1 EL gehacktes Basilikum oder Estragon

25 g Weißbrot vom Vortag

1. Butter zerlassen. Eigelb verrühren, mit der flüssigen Butter vermischen und den Schichtkäse einrühren, wie rechts gezeigt *[siehe a]*. Mit Salz, Muskat und Kräutern würzen, glatt rühren. Weißbrot reiben oder zerbröseln, unterrühren und die Käsemasse 30 Minuten quellen lassen.

2. Mit Hilfe eines Teelöffels aus der Masse Klößchen formen und in kochendes Salzwasser gleiten lassen, wie gezeigt *[siehe b und c]*. In 4 bis 5 Minuten gar ziehen lassen, mit dem Schaumlöffel herausheben und die Klößchen abtropfen lassen.

Pfannkuchen mit Käse

45 g Mehl, 100 ml Milch, 1 Ei, Salz

weißer Pfeffer, 1/2 EL zerlassene Butter

50 g frisch geriebener Parmesan

1 EL Schnittlauchröllchen, Butter zum Backen

1. Mehl mit der Milch glatt rühren, Ei, Salz, Pfeffer und flüssige Butter, Käse und Schnittlauch unterrühren *[siehe a]*. Teig 30 Minuten quellen lassen.

2. In einer Pfanne nur so viel Butter wie nötig zerlassen, etwas Teig eingießen *[siehe b]*, die Pfanne schwenken. Sobald der Pfannkuchen auf einer Seite goldbraun ist, vorsichtig wenden und auf der anderen Seite fertig backen. So nacheinander den ganzen Teig verarbeiten. Pfannkuchen auskühlen lassen, übereinander legen, aufrollen und schneiden, wie gezeigt *[siehe c]*. Kurz trocknen lassen.

a **Eierstich zubereiten:** Eiermilch durch ein feines Sieb gießen.

b Den geriebenen Käse in die Ei-Milch-Mischung rühren.

c Eiermilch 1 cm hoch eingießen.

a **Quarkklößchen herstellen:** Den Schichtkäse unterrühren.

b Kleine Portionen mit dem Löffel von der Handfläche streifen.

c Klößchen ins Wasser gleiten lassen.

a **Pfannkuchen herstellen:** Butter, Käse und Kräuter einrühren.

b Nur so viel Teig eingießen, dass er dünn den Boden bedeckt.

c Eierkuchen in 1/2 cm breite Streifen teilen.

Warme Snacks & Vorspeisen

Da greift jeder gerne zu! Goldbraune Crostini, fantasievoll belegte Toasts oder knusprig ausgebackene Leckerbissen mit Käse: Börek, Queso fritto und Croques au Gruyère. Sehr delikat auch die Kombination von Ei und Käse – ob als Puffer, Omelett oder Tortilla. Und nicht zu vergessen, Käsesoufflé, die Köstlichkeit aus der französischen Küche.

Crostini, Crostada und Toastvariationen

← Crostini mit Pecorino

50 g Ricotta durch ein Sieb streichen, mit 150 g frisch geriebenem Pecorino, 1 Ei, 1 Eigelb und 2 EL Weißwein glatt rühren. 4 gehackte Sardellenfilets, 1 TL gehackte Kräuter (Thymian und Petersilie), 2 gepresste Knoblauchzehen, Salz und Pfeffer unter die Käsemasse rühren. 4 Scheiben Weißbrot toasten, mit der Masse bestreichen und bei 250 °C im vorgeheizten Ofen gratinieren. Mit Sardellenfilets und Kräutern garnieren.

Crostini mit gegrilltem Gemüse und Feta →

60 g Zwiebel, 80 g Zucchini, 200 g Tomaten und 1 Paprika in 1 cm dicke Scheiben schneiden, salzen und in der Grillpfanne in etwas Knoblauchöl rösten. Gemüse nicht zu fein hacken und mit 1 EL Olivenöl, Zitronensaft, Zucker und Pfeffer vermischen. Geröstete Baguettescheiben mit dem Gemüse und 80 g gewürfeltem Feta belegen, im vorgeheizten Ofen bei Oberhitze 4 bis 6 Minuten gratinieren.

Crostini mit Bisonroast beef und Sage Derby

200 g Bisonroastbeef am Stück (ode Roastbeef vom Rind) in Olivenöl medi um braten. 40 g getrocknete Tomater 20 g schwarze Oliven und 10 g geröste te Pinienkerne hacken und mit 1 TL Oli venöl vermengen. 4 Baguettescheibe mit etwas Knoblauch in Olivenöl röster auf Küchenpapier entfetten. Roastbee dünn aufschneiden, auf das Brot leger pfeffern. Mit der Tomatenmischung un 30 g gehobeltem Sage Derby garnierer

← Spanische Crostada

300 g Schafskäse (jungen Manchego) fein zerkrümeln und mit 100 ml Weißwein glatt rühren. Käsemasse mit Salz, Pfeffer, 1 TL Oregano und 3 gepressten Knoblauchzehen würzen. 4 Scheiben Bauernbaguette mit Olivenöl beträufeln und die Käsemasse darauf verstreichen. 1 verquirltes Ei darauf verstreichen und die Brote bei 250 °C im vorgeheizten Ofen 3 Minuten gratinieren. Mit Petersilie bestreuen und servieren.

;rostini mit Frischkäse, ?inienkernen und Spinat

:0 g Pinienkerne und 1 gehackte Knob-
auchzehe in 1 TL Olivenöl rösten.
:0 g blanchierten und gehackten
pinat zufügen und die Masse mit
alz, Pfeffer und Muskatnuss würzen.
bkühlen lassen und 80 g Frischkäse
nterarbeiten. 8 Scheiben Vollkorn-
aguette in Olivenöl beidseitig rösten,
bkühlen lassen und mit der Spinat-
rischkäse-Creme bestreichen.
/lit Pinienkernen garniert servieren.

Getoastetes Brot mit Roquefort & Birne

20 g Zucker karamellisieren und mit 2 cl rotem Portwein ablöschen. 120 g gewürfelte Birne darin weich dünsten. Die Flüssigkeit (Birnenfond) durch ein Sieb passieren, bei Bedarf reduzieren. 100 g Roquefort durch ein Sieb streichen und mit dem Birnenfond verrühren. 8 Vollkorn-Partyrounds kurz toasten, mit der Roquefortcreme bestreichen und im vorgeheizten Ofen kurz gratinieren. Das kalte Birnenragout darauf verteilen.

Toast mit Schweinebäckchen & Bavaria blu

200 g gepökelte, gekochte Schweinebäckchen in dünne Scheiben schneiden. 4 Weißbrotscheiben toasten und mit den Bäckchen belegen. 4 bis 8 gekochte Spargelstangen längs halbieren, in 5 cm lange Stücke schneiden und auf dem Toast verteilen. 80 g Bavaria blu in Scheiben schneiden und über den Spargel legen. Die Toasts im vorgeheizten Ofen bei Oberhitze 4 bis 6 Minuten gratinieren.

;rostini mit Bohnencreme, Balsamico und Parmesan

20 g weiße Bohnen einweichen, am
ächsten Tag mit 1 Schalotte, 1 Thymi-
anzweig, 1 Knoblauchzehe und 300 ml
Geflügelfond weich garen. Abgießen,
Bohnen pürieren und mit etwas Balsa-
nico (mehrere Jahre alt), 2 Sardellen-
ilets, 1 EL Olivenöl, Salz, Pfeffer und
Zucker vermengen. 8 Baguettschei-
pen in Olivenöl rösten, die Creme auf-
streichen und die Crostini mit gehobel-
em Parmesan garnieren.

Toast mit Ziegenkäse und Rosmarinhonig

4 Scheiben viereckiges Vollkornbrot toasten und in Dreiecke halbieren. Jedes Dreieck mit 2 Scheiben Sainte-Maure (Ziegenkäse) belegen und mit etwas Rosmarinhonig beträufeln. Nach Belieben Blütenpollen darüber streuen (aber Vorsicht, zu viele Pollen machen den Geschmack seifig). Die Toasts im vorgeheizten Ofen kurz gratinieren. Mit einigen Rosmarinnadeln garnieren und sofort servieren.

← **Camembertecken** in Mehl wenden und durch das Ei ziehen. In der Weißbrot-Nuss-Mischung wälzen, diese gut andrücken und im 170 °C heißen Öl ausbacken. Abtropfen lassen und mit Kompott servieren.

Für den Queso fritto reichlich Öl → in einer Pfanne auf etwa 170 °C erhitzen. Käsescheiben darin beidseitig goldbraun ausbacken, auf Küchenpapier entfetten. Mit Petersilie garnieren und den frittierten Käse sofort servieren.

← **Ziegenkäsestifte** zweimal in den Bröseln wälzen, die Panade andrücken. Die Käsestifte im 170 °C heißen Öl ausbacken, entfetten und mit Gurkenscheiben garniert servieren.

Die Käsefritters zum Braten in → Mehl wenden, durch das Ei ziehen und zweimal in den Bröseln wenden, diese gut andrücken. Im 170 °C heißen Öl ausbacken und entfetten. Mit Tomatenachteln und Radicchio servieren.

← **Die Croques au Gruyère** durch das Ei ziehen und zweimal in den Bröseln wenden. Die Panade gut festdrücken. Im 170 °C heißen Öl 2 bis 3 Minuten frittieren, entfetten und mit Salat servieren.

Käseplätzchenmasse mit dem → Schnittlauch, Salz, Pfeffer und Muskat würzen; 2 bis 3 Stunden quellen lassen. 8 Plätzchen formen und im heißen Öl beidseitig je 2 Minuten braten. Mit Schnittlauchhalmen garniert servieren.

Knusprig ausgebacken

Gebackener Camembert

1 Camembert (125 g), 1 Ei, 1 EL Pflanzenöl
je 30 g geriebenes Weißbrot und Walnusskerne
etwas Mehl, Pflanzenöl zum Frittieren
Wildpreiselbeer-Kompott

Camembert achteln. Ei mit Öl in einem tiefen Teller verquirlen. Weißbrot mit den geriebenen Nüssen vermischen. Weiter, wie links beschrieben.

Queso fritto

250 g Schafkäse (etwa junger Manchego)
Salz, frisch gemahlener Pfeffer
4 Knoblauchzehen, durch die Presse gedrückt
3 EL gehackte Kräuter (Petersilie und Thymian)
etwas Mehl, 1 Ei und 1 Eigelb, verquirlt
Pflanzenöl zum Ausbacken, Petersilie

Käse in 8 Scheiben schneiden, leicht salzen und pfeffern. Knoblauch mit Kräutern vermengen. Käsescheiben damit auf beiden Seiten bestreichen, in Mehl wenden, durch das verquirlte Ei ziehen und ausbacken, wie links erklärt.

Knuspriger Ziegenkäse

400 g Ziegenschnittkäse (Ziegengouda)
1 EL edelsüßes Paprikapulver, 2 EL Mehl
1 Ei, 150 g Semmelbrösel, Öl, Gurkenscheiben

Ziegenkäse (ohne Rinde) in Stifte (1,5 x 6 cm) schneiden. Paprikapulver mit dem Mehl vermischen, die Käsestifte darin wälzen, durch das Ei ziehen und weiterverfahren, wie links beschrieben.

Käsefritters

400 g mittelalter Gouda
120 g roh geräucherter durchwachsener Speck
etwas Mehl, 1 Ei,verquirlt, 150 g Semmelbrösel

Zarter Schmelz | *Außen knuspriger Teig, innen köstlich zerlaufener Käse: So präsentieren sich die Appenzeller-Würfel von ihrer besten Seite. Mit Sicherheit ein Hit auf jeder Party. Allerdings sollten die heißen Käse-Snacks nach dem Ausbacken nicht stehen, sondern sofort serviert werden.*

Pflanzenöl zum Ausbacken
einige Cocktailtomaten, geviertelt
einige Radicchioblätter

Den Käse in mittelgroße Würfel und den Speck in dünne Scheiben schneiden. Die Käsewürfel jeweils in eine halbe Speckscheibe wickeln und die Käsefritters fertig stellen, wie links beschrieben.

Croques au Gruyère

30 g Butter, 35 g Mehl, 1/4 l Milch
2 Eigelbe, 50 g frisch geriebener Gruyère
30 g frisch geriebener Pecorino
1 Prise frisch geriebene Muskatnuss
Salz, 1 Thymianzweig
Mehl, 1 Ei, verquirlt, 150 g Semmelbrösel
Pflanzenöl zum Frittieren, Salatblätter

Zunächst eine Béchamelsauce herstellen. Dafür die Butter zerlassen, Mehl darin unter Rühren farblos anschwitzen. Nach und nach die Milch zugießen, glatt rühren und alles 20 Minuten köcheln, dabei von Zeit zu Zeit umrühren. Vom Herd nehmen, Eigelbe einzeln einrühren. Béchamel nochmals kurz aufkochen, durch ein Sieb gießen. Beide Käse, Muskat, wenig Salz und Thymianblättchen einrühren. Masse auf einem Stück (16 x 12 cm) gebutterter Alufolie ausstreichen, mit Folie bedecken und 1 bis 1,5 Stunden kühlen. Längs in 3 Teile, diese dann quer in 1,5 cm breite Stifte schneiden, in Mehl wälzen und weiterarbeiten, wie links erklärt.

Käseplätzchen

40 g Edelpilzkäse, 100 g Schichtkäse, 1 Ei
30 g flüssige Butter, 20 g frisch geriebener Sbrinz
50 g geriebenes Weißbrot vom Vortag
2 EL Schnittlauchröllchen, Salz, Pfeffer
frisch geriebene Muskatnuss, Öl, Schnittlauch

Edelpilzkäse und Schichtkäse durch ein Sieb streichen, vermengen. Das Ei verquirlen und mit Butter, Sbrinz und Bröseln unter den Käse rühren. Weiterarbeiten, wie links beschrieben.

Appenzeller-Würfel

75 g Mehl, 110 ml Weißwein, 1 Eigelb, Salz
300 g Appenzeller, 1 Eiweiß, 1/2 TL Zucker
etwas Mehl, Pflanzenöl zum Frittieren

Mehl mit Wein glatt rühren, Eigelb unterrühren, leicht salzen und den Teig 20 Minuten quellen lassen. Käse in mittelgroße Würfel schneiden. Eiweiß mit Zucker steif schlagen, unterheben. Käsewürfel in Mehl wälzen, durch den Teig ziehen und 2 Minuten in Öl frittieren. Entfetten und heiß servieren.

Käsefüllungen in knuspriger Hülle

Frittierte Käsetaschen mit zwei Füllungen

ERGIBT 48 Stück

Für den Teig:
450 g Mehl, 30 g frische Hefe
5 EL lauwarmes Wasser, 1 EL Zucker
3 Eier, 1 EL Salz
50 g weiche Butter
Für die Mozzarella-Ricotta-Füllung:
je 125 g Mozzarella und Ricotta, 2 Eigelbe
1 EL gehacktes Basilikum
30 g Weißbrotbrösel
Salz, frisch gemahlener Pfeffer
Für die Speck-Ricotta-Füllung:
100 g Zwiebeln, 100 g geräucherter Speck
1 EL Olivenöl, 1 EL gehackte Petersilie
150 g Ricotta, Salz, frisch gemahlener Pfeffer
Außerdem:
Mehl, 1 Eigelb mit 2 EL Wasser verquirlt
24 Basilikumblättchen
Pflanzenöl zum Frittieren

1. Das Mehl in eine Schüssel sieben und die Hefe in einer Tasse mit dem lauwarmen Wasser auflösen. Hefe, Zucker, Eier, Salz, Butter und Mehl zu einem glatten Teig verkneten. Die Schüssel mit einem Tuch abdecken und den Teig an einem warmen zugfreien Ort 30 Minuten gehen lassen.

2. Für die Mozzarella-Ricotta-Füllung den Mozzarella im Mixer pürieren. Mit Ricotta, Eigelben, Basilikum und Bröseln vermengen, salzen und pfeffern. Für die Speck-Ricotta-Füllung Zwiebeln schälen und klein würfeln. Den Speck ebenso würfeln. Zwiebeln im erhitzten Öl hell anschwitzen, den Speck 3 bis 4 Minuten mitbraten, die Petersilie unterrühren und die Masse abkühlen lassen. Ricotta untermischen, salzen und pfeffern.

3. Den Teig halbieren und beide Hälften auf einer bemehlten Arbeitsfläche 2 mm dünn ausrollen. Aus der einen Platte 24 Kreise von je 8 cm Durchmesser ausstechen. Je 1 TL Mozzarellafüllung in die Mitte der Kreise setzen und darauf je ein Basilikumblatt legen. Die Ränder mit Eigelb bestreichen, die Kreise zusammenklappen und die Ränder gut andrücken. Die Taschen 10 Minuten gehen lassen und anschließend im auf 170 °C erhitzten Öl unter Wenden 3 bis 4 Minuten ausbacken. Aus der zweiten Teigplatte 48 Kreise (Ø 6 cm) ausstechen. Auf 24 Kreise je 1 TL der Speckfüllung setzen, die Ränder mit Eigelb bestreichen und die restlichen Kreise bündig darauf setzen. Die Ränder gut andrücken, die Taschen 10 Minuten gehen lassen und wie die Mozzarellataschen ausbacken.

Mozzarella in Carozza

2 Kugeln Mozzarella, je 150 g
2 Eier, 150 ml Milch
24 dünne Scheiben Baguette
4 Sardellenfilets, gehackt
Salz, frisch gemahlener schwarzer Pfeffer
Paniermehl, 160 g Butterschmalz

1. Die Mozzarellakugeln abtropfen lassen und in je 6 Scheiben schneiden. Eier mit der Milch sorgfältig verquirlen. Die Brotscheiben nacheinander auf eine Gabel spießen und mit der Eiermilch tränken. Die Mozzarellascheiben auf die Brote legen, mit den gehackten Sardellen bestreuen und mit Salz und Pfeffer würzen. Die restlichen Brotscheiben auflegen und fest andrücken.

2. Das Paniermehl auf einen flachen Teller schütten und die Brotschnitten darin wenden. Die Panade gut andrücken. Butterschmalz in einer Pfanne erhitzen und die Brote darin unter Wenden beidseitig goldbraun braten. Je zwei Brote auf Tellern anrichten und nach Belieben mit Salat servieren.

Börek mit Käsefüllung

1 Yufka-Teigplatte, etwa 45 cm Ø
Für die Füllung:
150 g Schafkäse (Feta)
40 g weiße Zwiebel, 1 Knoblauchzehe
1 EL fein geschnittene Petersilie
1 EL fein geschnittener Dill
grob gemahlener schwarzer Pfeffer
Außerdem:
1 verquirltes Eiweiß zum Bestreichen
Sonnenblumenöl zum Frittieren
schwarze Oliven für die Garnitur

1. Schafkäse für die Füllung mit einer Gabel zerdrücken. Die Zwiebel und den Knoblauch schälen, beides fein würfeln. Kräuter, Zwiebel, Knoblauch und groben Pfeffer unter den Käse mengen.

2. Die Teigplatte vorsichtig auseinander falten, mit dem Messer vierteln und jedes Viertel in drei gleich große Dreiecke schneiden. Auf das breite Ende der Dreiecke jeweils etwas von der Käsemischung setzen und ringsherum mit Eiweiß bestreichen. Die Dreiecke an den Seiten leicht einschlagen und vollständig aufrollen. Die Spitze mit Eiweiß am Teigröllchen festkleben.

3. Das Öl in einem großen Topf auf 170 °C erhitzen und die gefüllten Röllchen darin portionsweise knusprig und goldgelb frittieren. Mit einem Schaumlöffel herausheben und auf Küchenpapier gut abtropfen lassen. Börek auf Tellern anrichten, mit Oliven und nach Belieben mit Tomatenachteln garnieren und sofort servieren.

Börek, die leckeren Röllchen aus der Türkei, kommen schön knusprig aus dem heißen Öl. Ihre Schafkäsefüllung bildet einen erfrischenden Kontrast zur Teighülle.

Eier mit Käse

Puffer, Omelett und Tortilla

Reibekuchen mit Käse und Paprika

je 80 g rote, grüne und gelbe Paprikaschote

3 Eier, 4 EL Sahne, 6 EL Mehl

1 kg mehlig kochende Kartoffeln

150 g Zwiebeln, fein gehackt

1 Knoblauchzehe, fein gehackt

60 g durchwachsener Bauchspeck, fein gewürfelt

150 g Bergkäse, klein gewürfelt

Außerdem:

Butter und Öl zum Braten

1. Paprikaschoten waschen, halbieren, Stielansätze und weiße Scheidewände entfernen. Das Fruchtfleisch in 1/2 cm große Würfel schneiden.

2. Die Eier mit der Sahne und dem Mehl sorgfältig in einer großen Schüssel verrühren.

3. Kartoffeln waschen, schälen, fein raspeln und kurz in kaltes Wasser legen. Herausheben und mit Hilfe eines Küchentuchs ausdrücken. Die Kartoffelraspel, Paprikawürfel, Zwiebeln, Knoblauch, Speck und Käsewürfel unter die Eimischung rühren. Butter und Öl zu gleichen Teilen in einer Pfanne erhitzen, pro Reibekuchen 1 gehäuften EL der Masse hineingeben, glatt streichen und von beiden Seiten ausbacken, warm halten. Restliche Masse nacheinander zu Reibekuchen ausbacken. Auf Tellern anrichten und sofort servieren.

Käse-Omelett

ERGIBT 1 Portion

Für das Omelett:

3 Eier

30 g frisch geriebener Parmesan

Salz, frisch geriebene Muskatnuss

Für das Gemüse:

1 mittelgroße Tomate, 40 g Zucchini

2 EL Olivenöl, 1 Prise Zucker

1 TL gehackte Petersilie

Außerdem:

10 g Butter zum Braten

1. Für das Gemüse die Tomate blanchieren, kalt abschrecken, häuten und vierteln. Die Samen entfernen und das Fruchtfleisch klein würfeln. Die Zucchini waschen, Blüten- und Stielansatz entfernen und das Fruchtfleisch in feine Streifen schneiden.

2. Das Olivenöl in einer Pfanne erhitzen, Zucchinistreifen darin anschwitzen, die Tomate kurz mitbraten und den Zucker untermischen, kurz ziehen lassen. Die gehackte Petersilie darüber streuen und die Gemüsemischung warm halten.

Knusprig und direkt aus der Pfanne sind diese Reibekuchen einfach unwiderstehlich. Wer möchte, serviert sie zu Türmchen gestapelt.

Ein klassisches Omelett wird hier mit Käse verfeinert. Als Begleitung bietet sich kurz gedünstetes Gemüse an.

Tortilla mit Zucchini – eine köstliche Variante der bekannten spanischen Tortilla. Sie schmeckt als Snack zwischendurch, als leichtes Mittagessen oder bereichert ein sommerliches Büfett aufs Beste.

3. Für das Omelett Eier, Parmesan und Gewürze in einer Schüssel verquirlen. Die Butter in einer Pfanne zerlassen, die Eimasse hineingießen und mit einer Gabel rühren, bis sie zu stocken beginnt – dabei die Schicht am Boden nicht verletzen. Das Omelett mit einer Gabel an den Pfannenrand schieben und durch Klopfen auf den Pfannenstiel überklappen lassen.

4. Das fertige Omelett in eine vorgewärmte Auflaufform gleiten lassen, das Gemüse darauf anrichten und sofort servieren.

Tortilla mit Käse und Zucchini

500 g fest kochende Kartoffeln

Salz, etwas Kümmel

750 g Zucchini, 150 g Zwiebeln

2 Knoblauchzehen

60 ml Olivenöl

frisch gemahlener Pfeffer

1 EL Thymianblättchen

10 Eier

80 g frisch geriebener spanischer Hartkäse (etwa Mahón oder Roncal)

Außerdem:

2 beschichtete, feuerfeste Pfannen mit 24 cm Durchmesser

2 EL Olivenöl

einige Spritzer Aceto balsamico

grobes Meersalz

einige Thymianblättchen

Cocktailtomaten zum Garnieren

1. Die Kartoffeln gründlich waschen, in einem Topf mit Wasser bedecken, salzen und etwas Kümmel einstreuen. Die Kartoffeln in 20 bis 25 Minuten garen, abgießen, etwas abkühlen lassen, pellen und in nicht zu dünne Scheiben schneiden. Beiseite legen.

2. Die Zucchini waschen, von Blüten- und Stielansatz befreien und leicht schräg in 1 cm dicke Scheiben schneiden. Zwiebeln und Knoblauch schälen, die Zwiebeln halbieren und in feine Scheiben schneiden, den Knoblauch fein hacken. In einer Pfanne die Hälfte des Olivenöls erhitzen und die Hälfte der Zucchinischeiben darin braten, ohne dass sie Farbe nehmen. Mit Salz, Pfeffer und 1/3 des Thymians würzen und die Masse in eine Schüssel füllen.

3. Die 2. Hälfte der Zucchinischeiben im restlichen Olivenöl braten, würzen und mit einem weiteren Drittel der Thymianblättchen vermischen und zu den anderen Zucchini in die Schüssel füllen. Zwiebelscheiben im verbliebenen Öl glasig schwitzen, Knoblauch kurz mitschwitzen, die Mischung leicht salzen, mit dem restlichen Thymian bestreuen und die Zwiebeln unter die Zucchinischeiben mischen.

4. Die Eier in einer separaten Schüssel miteinander verquirlen, leicht salzen, pfeffern und den Käse unterrühren. Die Kartoffelscheiben unter die Zucchini mengen, die verquirlten Eier darüber gießen und alles vorsichtig vermischen.

5. In jeder Pfanne 1 EL Olivenöl erhitzen und die Tortillamischung gleichmäßig auf beide Pfannen verteilen. Die Tortilla bei 160 °C im vorgeheizten Ofen etwa 40 Minuten backen, eventuell nach der Hälfte der Zeit die Tortilla mit Alufolie abdecken, damit sie nicht zu dunkel wird.

6. Die Pfannen aus dem Ofen nehmen, Tortillas herausnehmen, kurz ruhen lassen und in kleine Tortenstücke schneiden. Auf Tellern oder einer Platte anrichten und mit Aceto balsamico, Meersalz, Thymianblättchen sowie Tomatenhälften garniert servieren.

Leicht & luftig

Köstliches Käsesoufflé

Käsesoufflé – das ist Käsegenuss auf leichte und luftige Art. In Frankreich gehört diese pikante Köstlichkeit aus dem Ofen ganz selbstverständlich zum Küchenalltag. So ist die Grundzubereitung eines Soufflés auch gar nicht so schwer: Wichtig ist vor allem schnelles Arbeiten, um möglichst wenig an Volumen zu verlieren, das mit dem Unterheben von Eischnee gewonnen wurde. Ein Soufflé verträgt neben Wartezeit auch keine Zugluft. Die aufgelockerte Soufflémasse muss daher sofort – ohne Öffnen der Ofentür – gebacken werden und sofort nach dem Herausnehmen auf den Tisch gelangen. Ein fertig gebackenes Käsesoufflé erkennt man an seiner kräftigen Bräunung und daran, dass es hoch aufgegangen ist. Die Risse in der aufgegangenen Kruste glänzen nicht mehr feucht. Geeignet zum Backen von Soufflés sind feuerfeste Formen, die innen glattwandig sind und über einen hohen, geraden Rand verfügen – so kann die Soufflémasse perfekt aufgehen.

Käsesoufflé

60 g Butter, 30 g Mehl, 1/4 l Milch

1/2 TL Salz, frisch gemahlener Pfeffer

etwas frisch geriebene Muskatnuss

4 EL Sahne, 5 Eigelbe

120 g frisch geriebener gereifter Gouda oder Gruyère

5 Eiweiße

Außerdem:

Butter zum Fetten, Souffléform von 1 l Inhalt

1. Für die Soufflémasse zunächst eine Béchamelsauce herstellen. Dafür die Butter in einer Kasserolle zerlassen und das Mehl einrühren, wie in den ersten beiden Bildern der Stepfolge *[siehe a und b]* gezeigt. Die Milch zugießen und weiterverfahren, wie gezeigt *[siehe c und d]*. Sahne zugießen, glatt rühren, dabei mit dem Schneebesen am Topfboden entlangfahren, um ein Ansetzen der Masse zu verhindern. Die Béchamel vom Herd nehmen, Eigelbe und Käse einarbeiten, wie gezeigt *[siehe e und f]*.

2. Die Eiweiße zu steifem Schnee schlagen. Käsemasse in eine Rührschüssel umfüllen und lauwarm abkühlen lassen. Den Eischnee mit einem Holzspatel unter die lauwarme Masse heben *[siehe g]*. Die Souffléform mit Butter ausstreichen, die Käsemasse einfüllen *[siehe h]* und das Soufflé bei 180 °C im vorgeheizten Ofen auf der untersten Schiene 20 Minuten backen. Die Temperatur auf 200 °C erhöhen und das Soufflé in weiteren 20 bis 25 Minuten fertig backen. Sofort servieren.

a **Käsesoufflé herstellen:** Das Mehl auf einmal in die Butter schütten.

b Das Mehl unter Rühren bei reduzierter Hitze 2 bis 3 Minuten farblos anschwitzen.

c Milch nach und nach unter Rühren zugießen, glatt rühren. Mit Salz, Pfeffer und Muskat würzen.

d Die Béchamel 15 Minuten köcheln und nochmals gut durchrühren.

Eigelbe unterrühren: wenn das erste ganz eingearbeitet ist, das nächste zufügen.

f Geriebenen Käse mit einem Kochlöffel sorgfältig unter die Masse mischen und schmelzen.

g Den Eischnee mit einem Holzspatel unter die lauwarme Käsemasse heben.

h Die Masse rasch bis 1/3 unter den Rand der Form einfüllen.

Hauptgerichte mit Käse

Pasta, Kartoffeln, Mais und Reis vetragen sich mit Käse besonders gut. Egal, ob in cremigen Käsesaucen zu Tagliatelle oder als perfekte Ergänzung von Schlutzkrapfen, Ravioli und Gnocchi. Risotti geraten mit Käse verrührt noch cremiger. Aber auch Kombinationen von aromatischem Käse mit Fisch, Geflügel oder Fleisch ergeben herrlich würzige Spezialitäten.

Pastasaucen mit Käse

Tagliatelle mit Languste und Käsesauce

Für den Nudelteig:

250 g Mehl, 2 Eier, 1 Eigelb

1/2 TL Salz, 2 EL Pflanzenöl

Für die Sauce:

30 g Schalotten, 30 g Butter, 100 ml Sahne

140 g frisch geriebener Comté, Salz, Pfeffer

Für die Langusten-Gemüse-Mischung:

1 gekochter Langustenschwanz, etwa 400 g

60 g Zuckerschoten, in Rauten, Salz

20 g Butter, 30 g Frühlingszwiebeln, in Ringen

150 g Zucchini (gelb und grün), in Scheiben

200 g Tomatenfruchtfleisch, gewürfelt

gemahlener Pfeffer, 1 EL gehackte Petersilie

1. Aus den angegebenen Zutaten und – bei Bedarf – ein wenig Wasser einen Nudelteig herstellen, in Folie wickeln und 1 Stunde kühl ruhen lassen. Den Teig ausrollen, in 5 mm breite Tagliatelle schneiden und diese kurz antrocknen lassen.

2. Für die Sauce die Schalotten schälen und sehr fein hacken. Butter zerlassen, die Schalottenwürfel darin hell anschwitzen und die Sahne zugießen. Den Comté bei geringer Hitze unter Rühren in der Sauce schmelzen, salzen, pfeffern und warm halten.

3. Langustenschwanz aufbrechen, das Fleisch auslösen, in Scheiben schneiden und kühl stellen. Zuckerschoten in Salzwasser blanchieren, kalt abschrecken. Die Butter zerlassen, Frühlingszwiebeln und Zucchini darin bei geringer Hitze 3 bis 4 Minuten anschwitzen. Zuckerschoten und Tomatenwürfel noch 2 bis 3 Minuten und das Langustenfleisch 1 Minute mitschwitzen, alles mit Salz, Pfeffer und Petersilie würzen.

4. Die Tagliatelle in sprudelnd kochendem Salzwasser al dente garen, abgießen und gut abtropfen lassen. Langusten-Gemüse-Mischung und die Tagliatelle vorsichtig vermengen, mit der Käsesauce übergießen und sofort servieren.

Penne rigate mit scharfer Käsesauce

350 g Penne rigate

Für die Sauce:

10 g Butter, 1 grüne Chilischote, klein gewürfelt

1 kleine Knoblauchzehe, geschält und gehackt

30 g Frühlingszwiebeln, in Ringen

1 TL Thymianblättchen, 300 ml Sahne

100 g frisch geriebener Bel Paese

50 g frisch geriebener Parmesan

Salz, frisch gemahlener Pfeffer

Die Käsesauce mit Bel Paese und Parmesan ist herrlich sämig, würzig und zugleich angenehm scharf.

Mit geriebenem Pecorino, Weißwein und Noilly Prat zubereitet, begleitet diese Käsesauce die grünen Knöpfle aufs Beste. Wer möchte, streut noch 100 g in etwas Butter gebratene Schinkenstreifen darüber.

Butter für die Sauce zerlassen, Chili, Knoblauch und Frühlingszwiebeln darin anschwitzen. Thymian zufügen, die Sahne zugießen und auf 1/3 reduzieren. Beide Käsesorten in der Sauce schmelzen, salzen und pfeffern. Die Penne in Salzwasser al dente garen und abgießen. Mit der Sauce vermischen und sofort servieren.

Basilikumknöpfle mit Pecorinocreme

Für die Basilikum-Spinat-Knöpfle:

800 g Spinat, 400 g Mehl, 7 bis 8 Eier, Salz

Muskatnuss, 30 g Basilikum, in feinen Streifen

Für die Pecorinosauce:

50 g Schalotten, 80 g Butter, 40 ml Weißwein

2 cl Noilly Prat, 1/4 l Geflügelfond, 200 ml Sahne,

100 g fein geriebener Pecorino

Zitronensaft, Salz, frisch gemahlener Pfeffer

1. Spinatmatte herstellen *[siehe a bis c]*. Mehl, Eier, Salz und Muskat zu einem Spätzleteig rühren, Spinatmatte und Basilikum einarbeiten. Mit einem Hobel Knöpfle in kochendes Salzwasser hobeln. Herausheben, sobald sie an die Oberfläche steigen, abschrecken und beiseite stellen.

2. Schalotten schälen, würfeln und in 40 g Butter anschwitzen. Mit Wein und Noilly Prat ablöschen, beides reduzieren. Fond angießen, fast völlig reduzieren. Sahne zugießen, aufkochen lassen, aufmixen und passieren. Pecorino in der heißen Sauce schmelzen, mit Zitronensaft, Salz und Pfeffer würzen. Die Knöpfle in der restlichen zerlassenen Butter schwenken, in vorgewärmten tiefen Tellern anrichten und mit der Käsesauce übergießen.

a **Spinatmatte herstellen:** Geputzten Spinat nach und nach mit 2 bis 3 EL Wasser pürieren.

b Das Spinatpüree in ein Passiertuch füllen. Den Saft durch Zusammendrehen auspressen und auffangen.

c Spinatsaft auf 65 °C erhitzen, das sich zusammenziehende Blattgrün (10 g) mit dem Teesieb abschöpfen.

Gefüllte Pasta & Spezialitäten mit Käse

Mit Nussbutter *und Schnittlauchröllchen kommen diese Ravioli-Verwandten auf den Tisch. Durch ihren Roggenmehlanteil schmecken die Schlutzkrapfen angenehm kernig.*

Schlutzkrapfen mit Spinatfüllung

Für den Nudelteig:

je 150 g Roggenmehl und Weizenmehl

1 Ei, 4 Eigelbe, Salz, 1 EL Öl

etwas lauwarmes Wasser

Für die Füllung:

600 g Blattspinat, Salz, 3 EL gehackte Petersilie

15 g Mehl, 30 g Butter, 1/4 l Milch, 60 g Zwiebel

weißer Pfeffer, frisch geriebene Muskatnuss

70 g frisch geriebener Parmesan

Außerdem:

1 Eiweiß, 60 g gebräunte Butter, Schnittlauch

1. Aus den angegebenen Zutaten einen geschmeidigen Nudelteig kneten und bei Bedarf etwas lauwarmes Wasser einarbeiten. Den Teig in Folie wickeln und mindestens 1/2 Stunde ruhen lassen.

2. Inzwischen den Spinat für die Füllung waschen, putzen und in Salzwasser 2 Minuten blanchieren. Den Spinat in Eiswasser abschrecken, sehr gut ausdrücken und fein hacken, eventuell pürieren. Gehackte Petersilie untermischen. Mehl in 10 g Butter farblos anschwitzen, die Milch unter Rühren zugießen, aufkochen und alles etwa 20 Minuten köcheln. Die Zwiebel schälen, fein würfeln und in der restlichen Butter anschwitzen. Spinatmasse 2 bis 3 Minuten mitschwitzen. Die sämige Béchamelsauce einrühren und alles mit Salz, Pfeffer und Muskat würzen. 20 g Parmesan einrühren und die Masse auskühlen lassen.

3. Nudelteig dünn ausrollen und Teigkreise von etwa 6 cm Ø ausstechen. Jeweils 1 TL Spinatmasse in die Mitte setzen, Ränder mit Eiweiß bestreichen und die Kreise bündig zu Halbmonden zusammenklappen, die Ränder gut festdrücken. Schlutzkrapfen in kochendem Salzwasser bei reduzierter Hitze etwa 5 Minuten ziehen lassen, herausheben und gut abtropfen lassen. Auf vorgewärmten Tellern anrichten, mit dem restlichen Parmesan bestreuen, mit gebräunter Butter übergießen und mit Schnittlauchröllchen bestreut servieren.

Parmesanravioli

Für den Nudelteig:

50 g Weizendunst, 250 g Hartweizengrieß

1 Ei, 6 Eigelbe, Salz

frisch geriebene Muskatnuss, 2 EL Olivenöl

Für die Füllung:

20 g schwarze Oliven, entsteint

20 g getrocknete Tomaten, in Öl eingelegt

80 g frisch geriebener Parmesan, 100 g Mehl

70 g gemahlene Pinienkerne, 220 g Quark

Delikates Innenleben: Parmesan, Quark, Oliven, getrocknete Tomaten und Pinienkerne verbinden sich in den Ravioli zu einer äußerst leckeren Füllung.

In Südtirol | *haben diese Nocken eine große Tradition. Dort bereitet man sie gerne mit würzigem Graukäse zu – diese Variante hier sieht stattdessen gereiften Emmentaler oder Bergkäse vor.*

8 Eigelbe, Salz, Pfeffer, geriebene Muskatnuss

1 Knoblauchzehe, 1 EL Basilikum, gehackt

Für die Garnitur:

40 g Butter, 30 g schwarze Oliven

100 g getrocknete Tomaten, in Streifen

40 g Pinienkerne, geröstet, 12 Basilikumblätter

1. Aus den angegebenen Zutaten sowie 2 EL Wasser einen Nudelteig kneten, in Folie wickeln und 1 Stunde ruhen lassen.

2. Die Oliven und Tomaten für die Füllung fein hacken und mit Parmesan, Mehl, gemahlenen Pinienkernen, gut ausgedrücktem Quark und Eigelben vermengen. Mit Salz, Pfeffer, Muskat, gehacktem Knoblauch und Basilikum würzen und die Masse 1 Stunde ruhen lassen.

3. Nudelteig zu zwei Bahnen ausrollen, auf einer Quadrate markieren, jeweils etwas Füllung in die Mitte setzen. Die Zwischenräume mit Wasser bestreichen, die zweite Teigbahn auflegen, festdrücken und quadratische Ravioli ausradeln. In Salzwasser garen und die Ravioli in zerlassener Butter mit den Oliven, Tomatenstreifen und Pinienkernen schwenken. Mit Basilikum garniert servieren.

Kasnocken

250 g Semmeln vom Vortag oder Knödelbrot

200 ml lauwarme Milch, 60 g Zwiebel, geschält

10 g Butter, 250 g Emmentaler oder Bergkäse

15 g Mehl, 2 Eier, 1 Eigelb

je 1 EL gehackte Petersilie und Schnittlauch

Salz, Pfeffer, frisch geriebene Muskatnuss

50 g geriebener Parmesan, 80 g Nussbutter

1. Semmeln in dünne Scheiben schneiden, mit lauwarmer Milch übergießen und gut durchziehen lassen. Zwiebel fein würfeln und in der zerlassenen Butter goldgelb schwitzen. Käse klein würfeln und mit Zwiebel, Mehl, Eiern und Eigelb unter das Brot arbeiten. Die gehackten Kräuter untermischen, alles mit Salz, Pfeffer und Muskat würzen.

2. Die Masse mit Hilfe eines Esslöffels in der nassen Hand zu Nocken formen. In kochendes Salzwasser einlegen und die Kasnocken bei reduzierter Hitze 12 bis 15 Minuten ziehen lassen. Herausheben, abtropfen lassen, anrichten, mit Parmesan bestreuen, mit Nussbutter überziehen und servieren.

Allgäuer Kässpätzle

350 g Mehl, 6 Eier, Salz

150 g grob geriebener Allgäuer Emmentaler

150 g Zwiebeln, in Ringen, 60 g Butter

Aus Mehl, Eiern, Salz und 40 ml Wasser einen Teig rühren. Spätzle mit dem Hobel in kochendes Salzwasser hobeln. Herausheben, sobald sie an die Oberfläche steigen, abtropfen lassen und abwechselnd mit dem Käse in eine Schüssel schichten; warm halten. Zwiebelringe in zerlassener Butter rösten, mit der Butter über den Spätzle verteilen.

Geröstete Zwiebelringe und nach Belieben noch etwas Schnittlauch sind das i-Tüpfelchen auf den herzhaften Kässpätzle.

Maisgrieß oder Kartoffeln
Gnocchi mit Reibkäse

Gnocchiteig aus Kartoffeln gerät besonders gut, wenn dafür eine möglichst trockene Kartoffelmasse verwendet wird. Daher empfiehlt es sich, die Kartoffeln nicht in Salzwasser zu kochen, sondern auf einem Blech im Ofen zu backen. Das Innere der gebackenen Kartoffeln lässt sich dann am einfachsten mit einem Löffel auslösen. Auch bei der Herstellung von Polenta gilt es ein paar Dinge zu beachten – der Grieß muss langsam und unter ständigem Rühren in die kochende Flüssigkeit einrieseln, damit sich keine Klümpchen bilden. Die Hauptarbeit liegt dann, egal wie locker oder fest die Polenta werden soll, im ununterbrochenen Rühren, und das für immerhin mindestens 20 Minuten.

Röllchen mit Aubergine und Mozzarella

Für den Gnocchiteig:

600 g mehlig kochende Kartoffeln, 1 EL Öl

3 Eigelbe, 100 g Mehl

120 g frisch geriebener Parmesan

Salz, Pfeffer, frisch geriebene Muskatnuss

etwas frisch gehackter Thymian

Für die Füllung:

4 Auberginen, Salz, Pfeffer

Olivenöl zum Beträufeln

etwas gehackter Thymian und Rosmarin

1 Knoblauchzehe, gehackt

50 g Ricotta, 200 g Mozzarella, klein gewürfelt

50 g getrocknete Tomaten, fein gewürfelt

60 g Pinienkerne, gehackt

2 Eigelbe, Weißbrotbrösel nach Bedarf

Außerdem:

2 EL Olivenöl, frisch geriebener Parmesan

1. Die Kartoffeln waschen, längs halbieren und auf einem leicht geölten Blech etwa 45 Minuten bei 180 °C backen. Aus dem Ofen nehmen und das Innere mit Hilfe eines Löffels auslösen. Die Kartoffelmasse durch ein Sieb streichen und die Eigelbe

unterarbeiten. Das Mehl mit dem Parmesan mischen und mit den Gewürzen und dem Thymian unter die Kartoffelmasse mengen – dabei den Teig nicht länger als nötig bearbeiten.

2. Die Auberginen für die Füllung längs halbieren, salzen, pfeffern, mit der Schnittseite nach oben auf ein Backblech legen und großzügig mit Olivenöl beträufeln. Mit Thymian, Rosmarin und Knoblauch bestreuen und bei 180 °C im vorgeheizten Ofen weich garen. Herausnehmen, das Fruchtfleisch mit einem Löffel herausschaben, durch ein Sieb streichen und abkühlen lassen.

3. Das Auberginenfruchtfleisch mit der Ricotta, den Mozzarella- und Tomatenwürfeln, den Pinienkernen und den Eigelben vermengen. Sollte die Masse zu weich sein, noch Weißbrotbrösel einrühren. Die Füllung abschmecken und zugedeckt beiseite stellen.

4. Den Gnocchiteig auf einer bemehlten Arbeitsfläche dünn ausrollen und in vier gleich große Rechtecke teilen. Die Auberginenmasse etwa 1/2 cm dick aufstreichen und die Teigplatten von der langen Seite her aufrollen. Die Rollen in ein etwas breiteres Stück Alufolie als die Rollen wickeln und die Enden mit Küchengarn fest zubinden. In leicht siedendem Salzwasser 20 Minuten garen.

5. Die Rollen herausheben, leicht abkühlen lassen, aus der Folie wickeln und in etwa 2 cm dicke Scheiben schneiden. Das Olivenöl in einer Pfanne erhitzen und die Röllchen darin von beiden Seiten braten. Auf Tellern anrichten und nach Belieben mit geriebenem Parmesan bestreut servieren.

Polenta mit Reibkäse und Kräuterbutter

1 TL Salz, 180 g mittelfeiner Maisgrieß

frisch gemahlener Pfeffer

frisch geriebene Muskatnuss, 75 g Butter

je 60 g frisch geriebener Pecorino und Parmesan

Für die Kräuterbutter:

75 g Butter

2 Knoblauchzehen, zerdrückt

2 EL gehackte Kräuter (etwa Basilikum, Petersilie und Salbei)

Außerdem:

Butter für die Form

1. Für die Polenta 600 ml Salzwasser in einem Topf zum Kochen bringen. Den Maisgrieß in einem dünnen Strahl in das Wasser rieseln lassen und gleichzeitig mit einem Holzkochlöffel kräftig stets in dieselbe Richtung rühren, wie in der Bildfolge rechts gezeigt *[siehe a]*. So verhindert man eine Klümpchenbildung. Diese entsteht vor allem dann, wenn die Temperatur des Wassers unter den Siedepunkt fällt. Mit Pfeffer und Muskatnuss würzen und weiterrühren, bis sich die Polenta nach etwa 20 Minuten vom Topf löst *[siehe b]*. Butter und die Hälfte des Reibkäses unterrühren *[siehe c]*, abschmecken und den Maisbrei auf ein nasses Brett schütten. Mit einer Palette 1 cm dick verstreichen und 30 Minuten kühl stellen.

2. Für die Kräuterbutter in einer kleinen Pfanne die Butter zerlassen und den Knoblauch darin kurz anschwitzen. Die gehackten Kräuter einrühren und die Kräuterbutter beiseite stellen.

3. Eine feuerfeste rechteckige Form mit Butter ausstreichen. Aus der Polenta ovale Scheiben (etwa 6,5 cm lang) ausstechen und dachziegelartig in die gefettete Auflaufform schichten. Die Polenta-Ovale mit dem restlichen geriebenen Parmesan bestreuen und die noch flüssige Kräuterbutter gleichmäßig darüber gießen.

4. Die Polenta-Ovale bei 220 °C im vorgeheizten Ofen in etwa 15 Minuten knusprig braun backen. Herausnehmen und servieren.

a **Polenta herstellen:** Den Brei mit dem Kochlöffel fortwährend rühren.

b Wenn der Maisbrei gar ist, löst er sich als dicker Kloß vom Topf.

c Zum Schluss Butter und frisch geriebenen Parmesan unterrühren.

Risotto-Varianten samtig & cremig

Fast schon eine Lebensanschauung ist das richtige Zubereiten eines Risottos für die Italiener. So wird dann auch über die Zubereitung heftig diskutiert: Wie flüssig muss ein Risotto sein und wie viel Biss darf das Korn noch haben? Kocht man ihn im geschlossenen Topf oder doch besser im offenen? Doch ob so oder so: Wichtig für das Aroma ist die Auswahl der Flüssigkeit. Mit einem guten Wein und kräftigen Fond gelingt ein Risotto mühelos. Beim Garen den Reis stets mit Flüssigkeit bedeckt halten und ausdauernd rühren, das macht den Risotto so wie er sein muss, schön sämig.

Kalbskopfrisotto mit Ziegenfrischkäse

30 g Schalotten, 1 Knoblauchzehe
2 EL Olivenöl
200 g Risottoreis, etwa Carnaroli
Salz, 100 ml Weißwein
etwa 700 ml erhitzter Geflügelfond
80 g Butter, in Würfel geschnitten

Außerdem:

200 g Kalbskopf, fein gewürfelt
100 g Ziegenfrischkäse, Salz, weißer Pfeffer
weißer Balsamicoessig nach Belieben
30 g gehackte Petersilie

1. Die Schalotten und den Knoblauch schälen, beides fein würfeln. Das Olivenöl erhitzen und Schalotten, Knoblauch und Reis darin farblos anschwitzen. Leicht salzen, mit dem Weißwein ablöschen und die Flüssigkeit auf die Hälfte reduzieren lassen. Den erhitzten Geflügelfond nach und nach zugießen, jeweils so viel, dass der Reis eben bedeckt ist. Den Risotto im offenen Topf unter Rühren 16 Minuten köcheln. Butterwürfel nach und nach unterrühren und den Reis fertig garen.

2. Den Kalbskopf und Ziegenfrischkäse unter den Risotto rühren und mit Salz, weißem Pfeffer und nach Belieben mit weißem Aceto balsamico abschmecken. Gehackte Petersilie darüber streuen und den Risotto rasch servieren.

Barolo-Risotto

4 EL Olivenöl, 150 g Schalottenwürfel
20 g Zucker, 400 ml Barolo
1 Knoblauchzehe, gehackt
200 g Risottoreis (Carnaroli)
700 ml erhitzter Geflügelfond
80 g Butter, in Würfel geschnitten
80 g frisch geriebener Parmesan

Den Barolo-Schalotten verdankt dieser Risotto sein feines Aroma und die auffällige Farbe. Vor dem Servieren hobelt man noch etwas Parmesan darüber.

Blutwurst und Knoblauch machen diesen Risotto herzhaft und deftig. Aromatischer Majoran rundet das Ganze geschmacklich perfekt ab.

Salz, frisch gemahlener Pfeffer

frisch gehobelter Parmesan für die Garnitur

1. In einem kleinen Topf 2 EL Olivenöl erhitzen, die Schalottenwürfel mit dem Zucker darin goldbraun anbraten und mit dem Barolo ablöschen. Den Wein fast vollständig reduzieren.

2. In einem Topf das restliche Olivenöl erhitzen und den Knoblauch darin glasig schwitzen. Den Reis auf einmal zuschütten und unter Rühren anschwitzen, bis die Körner leicht glasig sind. Die Barolo-Schalotten zufügen und den erhitzten Geflügelfond nach und nach angießen – jeweils nur so viel Fond zugießen, dass der Reis gerade bedeckt ist. Den Risotto bei reduzierter Hitze etwa 16 Minuten im offenen Topf unter Rühren garen.

3. Die Butterwürfel und, wenn der Reis gar ist (nach 17 bis 20 Minuten), den Parmesan unterrühren. Den Risotto salzen und pfeffern, mit gehobeltem Parmesan bestreuen und sofort servieren.

Blutwurstrisotto mit Gaperon

30 g Schalotten

1 Knoblauchzehe

2 EL Olivenöl

200 g Risottoreis (Carnaroli)

Salz, 100 ml Weißwein

700 ml erhitzter Geflügelfond

70 g Butter, in Würfel geschnitten

Außerdem:

70 g grobe Blutwurst

100 g Gaperon

Salz, frisch gemahlener schwarzer Pfeffer

1 TL frisch gehackter Majoran

Majoranblättchen zum Garnieren

1. Die Schalotten und Knoblauch schälen, beides in Würfel schneiden. Das Olivenöl in einem Topf erhitzen und die Schalotten sowie den Knoblauch darin farblos anschwitzen. Den Reis auf einmal zuschütten und ebenfalls glasig anschwitzen. Die Reismischung leicht salzen und mit dem Weißwein ablöschen.

2. Den heißen Geflügelfond nach und nach angießen – immer nur so viel, dass der Reis eben bedeckt ist. Den Risotto etwa 16 Minuten im offenen Topf bei reduzierter Hitze köcheln und dabei regelmäßig rühren. Die Butterwürfel unterrühren und den Reis fertig garen. Die Blutwurst und den Käse in kleineWürfel schneiden.

3. Blutwurst- und Käsewürfel untermengen und den Risotto mit Salz abschmecken und mit Pfeffer sowie gehacktem Majoran würzen. Risotto auf vorgewärmten Tellern anrichten und mit Majoranblättchen garniert servieren.

Italienische Anklänge weist das Poularden-Cordon bleu auf – mit seiner mediterranen Füllung aus Tomaten, Pesto, Oliven und Pinienkerne

Goldgelb und knusprig: so mögen Schnitzelliebhaber ihr Cordon bleu. Das Fleisch bleibt durch die Panade und die Füllung herrlich saftig.

Zartes Cordon bleu klassisch oder italienisch

Cordon bleu ist ein so berühmtes Rezept, dass gleich mehrere Länder beanspruchen, das Ursprungsland dieses Gerichtes zu sein. Ziemlich sicher aber stammt das klassische Rezept – wie so viele delikate Käsegerichte – aus der Schweiz. Der französische Name bedeutet übersetzt »blaues Band« und weist wohl darauf hin, dass das Käseschnitzel, als man es »erfand«, sogleich für besonders auszeichnungswürdig erklärt wurde.

Cordon bleu von der Poulardenbrust

4 Poulardenbrüste, ohne Haut und Knochen

Für die Füllung:

100 g Parmaschinken

4 in Öl eingelegte, getrocknete Tomaten

20 g Pinienkerne

20 g grüne Oliven

80 g frisch geriebener Parmesan

4 TL grünes Pesto

Salz, frisch gemahlener Pfeffer

Für die Panade:

2 Eier, etwas Mehl, Weißbrotbrösel

Außerdem:

4 EL Olivenöl zum Braten

gemischter Salat (etwa Blattsalat, Tomaten, gelbe Paprikaschoten)

4 EL Kräuter-Vinaigrette

Kürbiskerne zum Bestreuen

1. Mit einem scharfen Messer eine Tasche in die Brüste schneiden, dazu diese quer der Länge nach einschneiden, aber nicht durchtrennen.

2. Für die Füllung den Parmaschinken in feine Streifen schneiden. Die Tomaten gut abtropfen lassen und fein hacken. Pinienkerne ebenfalls hacken und die Oliven klein würfeln. Parmaschinkenstreifen, Parmesan, Tomaten, Oliven, Pinienkerne und Pesto in einer Schüssel vermengen und die Poulardenbrüste damit füllen. Die Brüste zusammenklappen, eventuell mit Zahnstochern fxieren und von beiden Seiten mit Salz und Pfeffer würzen.

3. Eier, Mehl und Weißbrotbrösel separat in tiefe Teller füllen. Die Cordon bleus erst durch die leicht verquirlten Eier ziehen, dann in Mehl wenden, dabei das überschüssige Mehl abklopfen und zum Schluss in den Weißbrotbröseln wenden. Die Panade rundum sorgfältig andrücken.

4. Öl in einer Pfanne erhitzen und das Fleisch darin bei reduzierter Hitze unter Wenden 8 bis 10 Minuten braten.

5. Den gemischten Salat auf Teller verteilen, mit Vinaigrette beträufeln und mit Kürbiskernen bestreuen. Cordon bleus dazu anrichten und servieren.

Cordon bleu

4 Kalbsschnitzel aus der Oberschale (am besten schon mit Tasche kaufen)

Salz, Pfeffer, Paprikapulver

4 Scheiben gekochter Schinken

4 Scheiben Emmentaler

1 Ei, leicht verquirlt, Mehl

Weißbrotbrösel, Butter zum Braten

Für die Wirsingfleckerln:

600 g Wirsing, Salz, 80 g Zwiebeln

80 g rote Paprikaschote

60 g mild geräucherter durchwachsener Speck

50 g Butter, 200 ml Kalbsfond

1/2 TL Salz, gemahlener Pfeffer

frisch geriebene Muskatnuss

1. Für die Fleckerln den Wirsing halbieren, den Strunk herausschneiden und die Blätter in kochendem Salzwasser blanchieren. Die Blätter herausheben, leicht abkühlen lassen, die harten Rippen herausschneiden und die Blätter in kleine Quadrate schneiden. Die Zwiebeln schälen und die Paprika putzen, beides würfeln. Den Speck in Würfel schneiden. Die Butter zerlassen und den Speck darin anschwitzen, Zwiebel- und Paprikawürfel kurz mitschwitzen. Die Wirsingfleckerl 2 bis 3 Minuten unter Rühren mitbraten. Kalbsfond angießen, alles mit Salz, Pfeffer und Muskat würzen und bei geringer Hitze 10 bis 20 Minuten garen. Warm halten.

2. Falls die Schnitzel noch keine Tasche haben, beim Abschneiden der Scheiben vom Fleischstück beim ersten Schnitt das Fleisch nicht ganz durchtrennen, sondern erst beim zweiten. Das Fleisch innen und außen mit Salz, Pfeffer und Paprika würzen und mit je 1 Schinken- und Käsescheibe füllen; fest zusammendrücken.

3. Ei, Mehl und Brösel separat in tiefe Teller füllen. Schnitzel durch das Ei ziehen, in Mehl wenden und in den Bröseln wälzen. Die Panade rundum gut andrücken. Butter zerlassen und die Cordon bleus darin auf beiden Seiten in 3 bis 4 Minuten knusprig braun braten; auf Küchenpapier entfetten.

4. Die Wirsingfleckerl auf 4 vorgewärmte Teller verteilen, Cordon bleus darauf anrichten und sofort servieren.

Mit Käse & Ei panieren
Piccata mit Fleisch & Fisch

Soll eine würzige Kruste kulinarisch in Kontrast zum milden Inhalt stehen, beispielsweise zu Geflügelfleisch, empfiehlt sich Panieren mit Käse. Dafür die Semmelbrösel im Verhältnis 1 : 1 mit geriebenem Extrahartkäse mischen und damit wie gewohnt panieren. Etwas anders bei der Piccata: Hier werden Ei und Käse miteinander verquirlt, und Fleisch oder Fisch erhalten einen leichten Überzug aus Käse und Ei, jedoch ohne Brösel.

Piccata alla milanese

8 kleine Kalbsschnitzel, je 40 bis 50 g
Salz, frisch gemahlener Pfeffer
3 Eier, 2 EL Olivenöl
60 g frisch geriebener Parmesan

Für die Tomatensauce:

500 g reife Eiertomaten
30 g Möhre, 50 g Zwiebel
50 g Stangensellerie
Salz, frisch gemahlener Pfeffer
2 EL Olivenöl
200 g gelbes Tomatenfruchtfleisch

Außerdem:

Mehl zum Wenden, 60 g Butter

1. Zunächst die Sauce herstellen. Dafür Eiertomaten von den Stielansätzen befreien und in Würfel schneiden. Möhre und Zwiebel schälen und wie den Stangensellerie klein würfeln. Tomaten-, Möhre-, Zwiebel- und Selleriewürfel bei geringer Hitze 40 Minuten köcheln, durch ein Sieb passieren. Die Sauce salzen, pfeffern, das Öl unterziehen und das gewürfelte gelbe Tomatenfruchtfleisch unterrühren.

2. Die Kalbsschnitzel plattieren, wie unten gezeigt *[siehe a]*, salzen und pfeffern. Eier, Öl und Käse verquirlen *[siehe b und c]* und diese Mischung 15 Minuten stehen lassen. Die Kalbsschnitzelchen in Mehl wenden, überschüssiges Mehl abklopfen, durch die Eimischung ziehen und braten, wie gezeigt *[siehe d bis f]*. Tomatensauce kurz erwärmen und die Piccata damit umgießen. Wer will, reicht dazu al dente gegarte breite Bandnudeln.

a **Piccata alla milanese zubereiten:** Kalbsschnitzelchen plattieren, so dass sie überall gleich stark sind.

b Die Eier in eine Schüssel schlagen, das Olivenöl zugießen und alles mit dem Schneebesen gut verquirlen.

c Geriebenen Käse zufügen, mit dem Schneebesen unterrühren und alles 10 bis 15 Minuten ruhen lassen.

d Mehl auf einen flachen Teller schütten und die Kalbsschnitzelchen darin wenden.

e Das Fleisch durch die Ei-Käse-Mischung ziehen, überschüssiges Ei mit den Fingern abstreifen.

f Butter in einer Pfanne zerlassen und die Schnitzelchen unter mehrmaligem Wenden darin braten.

Piccata vom Seeteufel

12 Seeteufelmedaillons von je etwa 40 g
Salz, frisch gemahlener Pfeffer
3 Eier, 2 EL Olivenöl
60 g frisch geriebener Parmesan
1 EL gehackte Petersilie
Für die Tomaten-Paprika-Sauce:
250 g reife Tomaten
200 g rote Paprikaschoten
80 g weiße Zwiebeln, 2 EL Olivenöl
1 EL Tomatenmark
200 ml Gemüsefond
Salz, frisch gemahlener Pfeffer
Außerdem:
Mehl zum Wenden, 60 g Butter zum Braten
Streifen von unbehandelter Zitronenschale

1. Die Tomaten für die Sauce waschen, Stielansätze entfernen und das Fruchtfleisch klein würfeln. Paprikaschoten halbieren, Stielansatz, Samen und Scheidewände entfernen und das Fruchtfleisch ebenfalls klein würfeln. Die Zwiebeln schälen und fein würfeln. Das Öl in einem Topf erhitzen, Zwiebel-, Paprika- und Tomatenwürfel darin kurz anschwitzen. Das Tomatenmark einrühren, kurz mitschwitzen und den Gemüsefond angießen. Die Sauce mit Salz und Pfeffer würzen und zugedeckt 30 Minuten bei geringer Hitze köcheln lassen. Vom Herd nehmen, die Tomatensauce durch ein Sieb passieren und abschmecken.

2. Seeteufelmedaillons salzen und pfeffern. Die Eier in eine Schüssel aufschlagen, Öl zugießen und alles mit dem Schneebesen verquirlen. Parmesan und Petersilie mit dem Schneebesen unterrühren. Die Eiermischung 10 bis 15 Minuten stehen lassen.

3. Mehl auf einen flachen Teller schütten, Medaillons darin wenden und durch die Ei-Käse-Mischung ziehen, überschüssiges Ei abstreifen. Butter in einer Pfanne zerlassen und die Medaillons darin unter mehrmaligem Wenden goldgelb braten. Auf Tellern anrichten, mit Tomaten-Paprika-Sauce umgießen und mit Zitronenschale garnieren. Nach Belieben Zucchinigemüse dazureichen.

Seeteufel mit zarter Kruste: Durch den feinwürzigen Käse-Ei-Überzug bleibt der Seeteufel herrlich saftig.

Würziger Käse in köstlicher Fleischhülle

Mit Ziegenkäse gefüllte Kalbsbällchen

Für die Fleischbällchen:
450 g Hackfleisch vom Kalb
60 g gegarter Reis
1 Ei, Salz, frisch gemahlener Pfeffer
gemahlener Kreuzkümmel (Cumin)
80 g Sainte-Maure, ohne Asche, in 12 bis 16 Würfel geschnitten
1 EL Öl und 2 EL Butter zum Braten
Für den Estragondip:
150 g Crème fraîche
1 EL gehackter Estragon, Salz, Chilipulver
Saft und Schale von 1 unbehandelten Zitrone
1 Prise Zucker

1. Das Hackfleisch mit dem Reis, Ei und Salz, Pfeffer und Kreuzkümmel in einer Schüssel gut vermengen und kleine Portionen von etwa 50 g abteilen. Die Fleischteigportionen auf angefeuchteten Händen flach drücken, in die Mitte jeweils einen Käsewürfel setzen und Bällchen formen.

Mit Ziegenkäse gefüllte Fleischbällchen sind kalt oder warm gleichermaßen lecker. Dazu schmeckt ein frischer Dip mit Estragon.

2. Für den Estragondip die Crème fraîche mit Estragon, Salz, Chilipulver, Zitronensaft und abgeriebener Schale sowie Zucker glatt rühren.

3. Öl und Butter in einer Pfanne erhitzen, die Fleischbällchen darin bei mittlerer Hitze rundum anbraten und weitere 8 Minuten im vorgeheizten Ofen bei 180 °C bräunen. Mit dem Dip servieren.

Lammrückenröllchen mit Stilton und Coppa

600 g Lammrückenfilet, pariert
frisch gemahlener Pfeffer
2 Rosmarinzweige, 2 EL glatte Petersilie
100 g Weißbrotbrösel, 100 g Stilton
4 Scheiben Coppa, etwas Mehl,
1 verquirltes Ei, 100 ml Olivenöl, 40 g Butter
Außerdem:
Rouladennadeln, Salz

1. Das Lammrückenfilet quer halbieren und beide Teile nochmals waagrecht halbieren. Die so entstandenen Stücke plattieren, pfeffern und beiseite legen. Rosmarin zupfen und zusammen mit der Petersilie hacken. Die Kräuter mit den Weißbrotbröseln sorgfältig vermischen. Falls die Mischung feucht ist, im Ofen bei 70 °C kurz trocknen lassen.

2. Den Stilton in 4 Teile portionieren. Lammrouladen auf eine Arbeitsfläche legen und je 1 Coppascheibe auflegen. Stiltonstücke darauf setzen, das Fleisch aufrollen und mit Rouladennadeln fixieren. Mehl, Ei und Weißbrotbrösel jeweils in separate tiefe Teller schütten. Die Röllchen erst in Mehl wälzen, überschüssiges Mehl abklopfen, dann im verquirlten Ei und zuletzt in der Brösel-Kräuter-Mischung wenden; die Panade gut andrücken.

3. Das Olivenöl erhitzen und die Röllchen darin von allen Seiten 3 bis 4 Minuten anbraten, anschließend 5 bis 6 Minuten im Ofen (70 °C) ruhen lassen. Die Butter zerlassen und die Röllchen darin in 2 bis 3 Minuten fertig braten. Eventuell salzen und schräg halbiert auf Tellern anrichten. Dazu schmeckt weiche Rosmarin-Aprikosen-Polenta.

BY APPOINTMENT
FINEST

Fondue und Raclette

Man weiß nicht, auf welcher Alp und in welchem Jahrhundert in der Schweiz das erste Käsefondue »erfunden« wurde. Fest steht aber, dass die »Älpler« schon lange über die dafür notwendigen Zutaten, wie Milch und Käse, verfügten. Besonders gut gerät ein Käsefondue übrigens, bereitet man es im speziellen Tongeschirr, dem »Caquelon«, zu.

In geselliger Runde: Köstliches Käsefondue

Aus der französischen Schweiz stammt das delikate und rustikale Gemeinschaftsessen Fondue. Es ist heute über alle Grenzen hinaus beliebt und es gibt wahrlich nichts Gemütlicheres, als an einem Winterabend in geselliger Runde ein Fondue zu genießen. Entscheidend für das Gelingen ist der verwendete Käse: er sollte weder zu jung noch zu alt sein. Bei sehr jungem Käse bilden sich gerne Klümpchen und ein sehr alter Käse neigt dazu, Fett abzusondern. Bei Fondue-Fachleuten kommen daher oft bis zu drei verschiedene (von jung bis alt) Käse zum Einsatz. Auch die Qualität des Weines ist von Bedeutung. Am besten eignen sich Weine, die einen gewissen Säuregrad aufweisen, da Säure den Käse bindet – hier tut auch ein Schuss Zitronensaft gute Dienste. Ideales Brot zum Tunken hat viel Kruste, wie beispielsweise halbweißes Bauernbrot oder Baguette. Nicht vergessen: mit dem Brot immer schön dicht am Boden rühren, damit das Fondue nicht anbrennen kann. Und wer sein Brotstückchen verliert, der ...

Käsefondue

je 300 g Emmentaler und Gruyère
1 Knoblauchzehe
300 ml trockener Weißwein
2 TL Speisestärke
40 ml Kirschwasser
frisch gemahlener Pfeffer
frisch geriebene Muskatnuss

Beide Käse in sehr kleine Würfel schneiden, damit sie gut schmelzen *[siehe a]* und weiterverfahren, wie gezeigt *[siehe b bis h]*. Das Fondue auf ein Rechaud setzen und leicht köchelnd auf den Tisch bringen. Brotwürfel dazu servieren.

Waadtländer Fondue

Aus 400 g Gruyère und 200 g Raclette-Käse, 1 Knoblauchzehe, 300 ml Weißwein, 3 TL Speisestärke, 60 ml Kirschwasser und frisch gemahlenem Pfeffer ein Fondue herstellen, wie im ersten Rezept beschrieben. Mit Brotwürfeln servieren.

Fondue moitié-moitié

300 g Gruyère und 300 g Vacherin, 1 Knoblauchzehe, 300 ml spritzigen Weißwein, 3 TL Speisestärke, 60 ml Kirschwasser, Pfeffer und Muskatnuss zu einem Fondue verarbeiten, wie im ersten Rezept gezeigt. Mit Brotwürfeln servieren.

a **Käsefondue zubereiten:** Den Käse in kleine Würfel schneiden.

b Knoblauchzehe halbieren, auf eine Gabel spießen und das Caquelon (Fonduetopf) damit ausreiben.

c Den Weißwein in das sorgfältig mit Knoblauch ausgeriebene Caquelon eingießen.

d Die Gruyèrewürfel zufügen und unter Rühren langsam schmelzen.

Die Emmentalerwürfel zufügen und unter die Gruyèremasse rühren.

f Den Käse bei reduzierter Hitze (Fondue darf nur köcheln) langsam unter Rühren schmelzen.

g Die Stärke mit dem Kirschwasser glatt rühren und zum Binden in die Käsemasse einrühren.

h Das Fondue mit Pfeffer und frisch geriebener Muskatnuss würzen.

Geschmolzener Käse in vielerlei Art und Form

Käsefondue mit Trüffeln & Apfelbrot

Für das Apfelbrot:

900 g Mehl
50 g frische Hefe
450 ml lauwarmes Wasser
2 Äpfel, 50 g Schalotten
etwas Puderzucker zum Glasieren
10 g gehackter Majoran
100 ml Olivenöl
25 g Salz

Für das Fondue:

150 ml Milch
200 g Fontina, klein gewürfelt
3 Eigelbe, schwarzer Pfeffer
50 g Perigord-Trüffel
etwas braune Butter zum Braten
20 ml Portwein (mehrere Jahre alt)
20 ml Madeira

1. Das Mehl in eine Schüssel sieben, in die Mitte eine Mulde drücken, die Hefe hineinbröckeln und mit ein wenig lauwarmem Wasser auflösen. Die Schüssel mit einem sauberen, feuchten Küchentuch bedecken und den Vorteig an einem warmen zugfreien Ort etwa 15 Minuten gehen lassen.

2. Inzwischen Äpfel schälen, Kerngehäuse entfernen und das Fruchtfleisch klein würfeln. Die Schalotten schälen und würfeln. Apfelwürfel und Schalotten mit etwas Puderzucker in einer Pfanne glasieren und den Majoran einstreuen. Apfelmischung, Öl und Salz zum Vorteig geben und alles mit dem restlichen Wasser zu einem geschmeidigen Teig verkneten. Zur Kugel formen und zugedeckt erneut gehen lassen, bis der Teig etwa das doppelte Volumen erreicht hat. Zu einem Laib formen, auf ein Blech legen und im vorgeheizten Ofen bei 185 °C backen. Nach 17 Minuten Backzeit die Temperatur auf 150 °C reduzieren und das Apfelbrot in 13 Minuten fertig backen. Herausnehmen, auskühlen lassen und in Würfel schneiden.

3. Für das Fondue die Milch erwärmen und die Fontinawürfel darin unter Rühren schmelzen. Die Eigelbe und den Pfeffer sorgfältig einrühren. Den Trüffel in kleine Würfel schneiden und in wenig brauner Butter anschwitzen. Mit Portwein und Madeira ablöschen, die Flüssigkeit auf die Hälfte reduzieren und die Mischung in die Käsecreme rühren. Das Fondue mit den Apfelbrotwürfeln sofort servieren.

Ofenkäse

1 KÄSE ERGIBT 2 bis 3 Portionen

1 Ofenkäse
1 Baguette, in Stücke geschnitten

Den Ofen auf 200 °C vorheizen. Ofenkäse aus der Packung nehmen, die Folie entfernen und den Käse in der Holzschachtel in den Ofen stellen (mittlere Schiene) und 10 Minuten backen. Aus dem Ofen nehmen und die Oberfläche des Käses mit einem

Genuss aus dem Ofen: Zum Eintauchen in den Ofenkäse eignen sich auch Trauben oder Birnenwürfel bestens.

Fonduta – eine köstliche Variante des bekannten Schweizer Fondues ist von wunderbar cremiger Konsistenz. Als Krönung hobelt man kurz vor dem Servieren noch weißen Trüffel darüber.

scharfen Messer kreuzförmig einschneiden. Alle vier Ecken nach außen klappen und den Käse weitere 7 bis 10 Minuten backen. Herausnehmen und mit dem Brot sofort servieren.

Fonduta

VORBEREITUNG: Den Käse einige Stunden in der Milch weichen lassen.

300 g Fontina

300 ml Milch, 3 Eigelbe

50 g Butter, zerlassen

frisch gemahlener weißer Pfeffer

1 weißer Trüffel, etwa 40 g

4 bis 8 Scheiben geröstetes italienisches Weißbrot

1. Fontina klein würfeln, in einer Schüssel mit 1/4 l Milch bedecken und einige Stunden weichen lassen.

2. Die Käse-Milch-Mischung bei geringer Hitze – am besten auf einem Wasserbad – schmelzen. Eigelbe mit der restlichen Milch verquirlen und langsam unter die Käsemasse rühren. So lange weiterrühren, bis die Masse leicht andickt. Die zerlassene Butter unterrühren und die Käsemasse mit Pfeffer würzen. Die Fonduta in vorgewärmte tiefe Teller schöpfen und den gereinigten Trüffel hauchdünn darüber hobeln. Die Brotscheiben dazulegen und alles sofort servieren.

Tipp: Den Trüffel erst unmittelbar vor dem Hobeln ganz kurz unter fließend kaltem Wasser abbürsten und sofort trockenreiben: Er darf sich nicht mit Wasser vollsaugen. Unsaubere Vertiefungen mit einem spitzen scharfen Messer sehr sparsam abschneiden.

Raclette klassisch

Die Geschichte vom Käse, der am Feuer geschmolzen, abgestrichen und heiß gegessen wird, ist alt. Seinen Ursprung findet man im Wallis, wo Raclette besonders von Bauern und Sennen traditionell genossen wurde. Und auch heute noch gehört das Raclette-Essen zu den einfachsten Käsegerichten. Das ideale Alter des Käses liegt zwischen 3 und 5 Monaten: Bagnes, Illiez, Simplon, Gomser und andere regionale Käse sind gut geeignet. Ihr Teig schmilzt gut, aber »läuft« nicht zu stark. Traditionell ist auch die Beilage: Pellkartoffeln, Cornichons und Essigzwiebeln. Gut passen aber auch Senffrüchte, eingelegte Artischocken und anderes Sauergemüse.

In der Bildfolge unten *[siehe a bis c]* sind die Arbeitsschritte des »Freiluft-Raclettes« mit Holzkohleglut erklärt. Wichtig ist, dass vor dem Schmelzen die Asche von der Glut geblasen wird, damit sie den Käse nicht verunreinigt. Als Getränk bietet sich ein säurereicher, trockener Weißwein an. Manche mögen auch etwas Warmes (Schwarztee) zum geschmolzenen Käse.

a **Raclette:** Einen halben Käselaib an die entaschte Glut legen.

b Die geschmolzene Käseschicht vorsichtig vom Laib abstreifen.

c Am besten den Käse direkt auf die Teller streifen.

Vielfältig & bunt
Raclette-Schäufelchen

← Mit Rinderfilet und Edelpilzkäse

50 g Schalotten schälen, in feine Ringe schneiden und in 20 g Butter glasig schwitzen. 8 Scheiben Rinderfilet (je etwa 40 g) darin von beiden Seite kurz anbraten. Die Schalotten auf die Pfännchen verteilen, mit je 2 Fleischscheiben belegen und salzen sowie pfeffern. Mit je 80 g Edelpilz- und Raclettekäse in Scheiben belegen. Überbacken und mit Salbei garnieren.

Mit Tomaten, Speck und Fontina →

20 g Butter und 30 g gewürfelten durchwachsenen Räucherspeck in einer Pfanne erhitzen und 100 g Zwiebelringe darin anschwitzen. Die Mischung auf die Pfännchen verteilen, mit 200 g in Scheiben geschnittenen Tomaten belegen, salzen, pfeffern und Basilikumblättchen darauf verteilen. Mit 150 g in Scheiben geschnittenem Fontina belegen und überbacken.

»Ur-Raclette

200 g Raclette-Käse in quadratisch
Scheiben schneiden, auf die Raclett
Pfännchen verteilen und schmelze
Die traditionelle Beilage beste
aus frischen Pellkartoffeln u
Mixed Pickle

Tipp: Bei der Zusammenstellung d
Pfännchen gilt grundsätzlich: alle
was nicht in 2 Minuten gar ist, w
beispielsweise Fleisch, Gemüse u
Zwiebeln, muss vorgegart werde

← Mit Ananas und Parmaschinken

20 g Butter auf die Pfännchen verteilen und zerlassen. 200 g frisches Ananasfruchtfleisch in Stückchen schneiden, in die Pfännchen verteilen und dünsten. Mit Salz und Pfeffer würzen und mit je einer Scheibe Parmaschinken belegen. 150 g Raclette-Käse klein würfeln, auf dem Schinken verteilen und überbacken. Mit Petersilie bestreut servieren.

‹lit Hähnchenbrust ‹nd Orangen

cm lange Stücke von 30 g Stangen-
elleric und 40 g Frühlingszwiebeln
30 g Butter anschwitzen. Filets von
Orangen kurz mitbraten, alles sal-
en, pfeffern und auf die Pfännchen
erteilen. 200 g Hähnchenbrustfilet
dünne Scheiben schneiden und in
) g Butter anbraten, würzen und zum
emüse legen. Mit zerstoßenem ro-
m Pfeffer bestreuen, mit 100 g Ched-
arscheiben belegen, überbacken.

← Mit scharfen Garnelen

50 g Schalottenwürfel, 2 gehackte Knoblauchzehen und 1 in Scheiben geschnittene Chilischote ohne Samen in 30 g Butter glasig schwitzen. 16 mittelgroße geschälte Garnelenschwänze 1 bis 2 Minuten mitbraten, salzen und pfeffern. Auf Pfännchen verteilen und die Garnelen mit Petersilie bestreuen. 80 g halbierte Cocktailtomaten zufügen und mit 120 g Freiburger Vacherin, in Scheiben, belegen, überbacken. Mit Dill garnieren.

Mit allerlei Gemüse →

30 g weiße Zwiebelwürfel in 20 g zerlassener Butter anschwitzen, 100 g Zucchinischeiben, Würfel aus je 50 g Lauch, Möhren und bunten Paprikaschoten etwa 3 Minuten mitdünsten. Mit Salz und Pfeffer würzen und 1 EL fein geschnittene Kräuter (Petersilie, Thymian und Rosmarin) darüber streuen. Gemüse auf die Pfännchen verteilen und mit 150 g in Scheiben geschnittenem Raclette-Käse überbacken.

‹lit Lauch und Gorgonzola

) g weiße Zwiebelringe in 40 g zer-
ssener Butter anschwitzen, 100 g
feine Ringe geschnittenen Lauch
ıfügen und 4 bis 5 Minuten braten,
ılzen und pfeffern. 120 g gekochte
ıd geschälte Kartoffeln in Scheiben
:hneiden, auf die Pfännchen ver-
ilen und salzen sowie pfeffern.
) g gekochten Schinken in Streifen
:hneiden und zusammen mit dem
auch darauf verteilen. Mit 100 g
orgonzolawürfeln überbacken.

← Deftig mit Zwiebeln, Speck und Gruyère

50 g durchwachsenen Räucherspeck in einer Pfanne auslassen und das Fett abgießen. 150 g Zwiebeln schälen, in feine Ringe schneiden, in der Speckpfanne glasig schwitzen und auf die Pfännchen verteilen. Salzen, pfeffern und mit Paprikapulver würzen. 150 g Gruyère in Scheiben schneiden, die Speckmischung damit belegen und überbacken. Mit Schnittlauch garnieren.

Aufläufe & Gratins

Der Duft von Aufläufen und Gratins mit goldbrauner Käsekruste gehört zu den großen Verlockungen der Küche. Neben klassischen Kartoffelgratins und gratiniertem Gemüse lohnt es, auch Spezialitäten zu entdecken: Tartiflette aus Savoyen, spanische Minipaprika mit Manchego oder das deutsche bodenständige Gericht »Himmel und Erde«.

Gemüse aus dem Ofen köstlich gratiniert

Kartoffeln mit Trüffeln und Vacherin Mont d'Or

400 g Kartoffeln (etwa La Ratte), Salz
1 TL Kümmelsamen, 2 Äpfel, geschält
etwas Puderzucker, 40 g Walnusskerne
80 g Perigord-Trüffel, Butter zum Braten
Butter für die Form, 250 g Vacherin Mont d'Or

1. Die Kartoffeln in Salzwasser zusammen mit dem Kümmel garen, abschütten, pellen und in Scheiben schneiden. Die Äpfel vom Kerngehäuse befreien und das Fruchtfleisch ebenfalls in Scheiben schneiden. Die Apfelscheiben mit Puderzucker in einer Pfanne glasieren. Walnüsse hacken und die Trüffel in dünne Scheiben schneiden.

2. In einer Pfanne die Butter zerlassen und die Kartoffelscheiben darin goldbraun braten. Herausnehmen und die Kartoffel- abwechselnd mit den Apfelscheiben in eine feuerfeste gebutterte Form einschichten. Mit den Trüffelscheiben belegen und die gehackten Nüsse darüber streuen. Den Vacherin in Scheiben schneiden und darüber verteilen. Die Form zum Gratinieren unter den vorgeheizten Grill oder Salamander stellen.

Gratin von ligurischem Gemüse

100 g Schalotten, gewürfelt, 2 EL Olivenöl
600 g Kartoffelwürfel
150 ml Geflügelfond, 200 g Zucchiniwürfel
200 g Kirschtomaten, geviertelt
1/4 l Sahne, 1 Knoblauchzehe, gehackt
Salz, gemahlener Pfeffer, gehackter Thymian
100 g Ziegenkäse, gewürfelt
Basilikumblättchen, in Streifen geschnitten
1 Spritzer Balsamico (mehrere Jahre alt)
75 g frisch geriebener Parmesan

1. Schalottenwürfel im erhitzten Olivenöl anschwitzen, Kartoffelwürfel kurz mitschwitzen und mit dem Geflügelfond ablöschen. Kartoffeln darin zugedeckt halb gar dünsten. Zucchiniwürfel und Tomaten zufügen und zugedeckt weich garen. Kurz vor Ende der Garzeit die Sahne, den Knoblauch, Salz, Pfeffer und Thymian einrühren.

2. Ziegenkäsewürfel und Basilikumstreifen unter die Gemüsemischung heben, das Ganze mit Balsamico würzen. Alles in eine feuerfeste Form füllen, mit Parmesan bestreuen und bei 180 °C im vorgeheizten Ofen etwa 20 Minuten überbacken. Mit Thymian und Basilikum garniert sofort servieren.

Fenchel mit Sahne und Parmesan

800 g Fenchelknollen, Salz

60 g Butter, 1/8 l Sahne

frisch gemahlener Pfeffer

100 g frisch geriebener Parmesan

1. Die Fenchelknollen waschen, putzen und wenn nötig, die äußeren harten Rippen entfernen. Die grünen Stiele abschneiden. Die Knollen je nach Größe halbieren oder vierteln, im kochenden Salzwasser etwa 10 Minuten garen, herausheben und gut abtropfen lassen.

2. In einer feuerfesten Form die Butter zerlassen und die Fenchelstücke einlegen. Auf dem Herd kurz anschwitzen. Sahne darüber gießen und mit Salz sowie Pfeffer würzen. Den geriebenen Parmesan darüber streuen und den Fenchel im vorgeheizten Ofen bei 200 °C 20 Minuten überbacken. Der Käse sollte knusprig und hellbraun sein.

Weißer Spargel mit Sauce Mornay

1 kg weißer Spargel, Salz, 30 g Butter

Für die Sauce Mornay:

20 g Butter, 20 g Mehl

3/8 l Milch, 2 Eigelbe, 100 ml Sahne

60 g Fontina, gewürfelt

Salz, frisch gemahlener Pfeffer

Außerdem:

30 g frisch geriebener Parmesan

40 g zerlassene Butter

1. Den Spargel waschen und schälen, die Stangen zu 4 Bündeln zusammenbinden und in sprudelnd kochendes Salzwasser einlegen. Die Hitze reduzieren und den Spargel 15 bis 20 Minuten garen. Herausnehmen, abtropfen lassen und die Stangen in der Mitte durchschneiden.

2. Für die Sauce Mornay die Butter zerlassen, das Mehl darin unter Rühren anschwitzen und weiterarbeiten, wie unten gezeigt *[siehe a und b]*. Die Sauce etwa 20 Minuten köcheln lassen, damit sich der Mehlgeschmack verflüchtigt. Eigelbe mit der Sahne verquirlen und in die Sauce rühren *[siehe c]*. Den gewürfelten Fontina in der Sauce schmelzen. Die Sauce mit Salz und Pfeffer würzen.

3. Die Butter in einer feuerfesten Form zerlassen, die Spargelstangen einlegen, mit der Sauce übergießen und den Parmesan darüber streuen. Den Spargel bei 200 °C im vorgeheizten Ofen 20 Minuten gratinieren. Aus dem Ofen nehmen und mit der zerlassenen Butter beträufelt servieren.

a **Sauce Mornay herstellen:** Mehl in der Butter glatt rühren.

b Die Milch nach und nach unter stetigem Rühren zugießen.

c Die Sauce mit Eigelben und Sahne legieren.

Mit leckerer Haube *und direkt aus dem Ofen schmeckt Spargel einfach wunderbar. Wer möchte, kann auch grünen Spargel verwenden.*

Außerdem:

12 Minipaprikaschoten

2 EL Olivenöl, 100 g Manchego

1. Für den Oktopus Möhre, Sellerie, und Schalotten putzen oder schälen und in der zerlassenen Butter anschwitzen. Mit Wein und Noilly Prat ablöschen, den Oktopus einlegen und Wasser angießen, bis er knapp bedeckt ist. Gewürze, Knoblauch, Kräuter, Zitronensaft und Korken zufügen, aufkochen und den Oktopus bei mittlerer Hitze in etwa 50 Minuten weich kochen. Im Kochsud abkühlen lassen.

2. Den Oktopus in kleine Würfel schneiden, mit den Zutaten der Füllung vermischen, salzen und pfeffern.

3. Mini-Paprika waschen, je einen Deckel abschneiden, Samen und Scheidewände entfernen. Die Gemüse-Oktopus-Mischung einfüllen, die Deckel mit Zahnstochern fixieren. Öl erhitzen und die Paprikschoten darin kräftig anbraten, in eine feuerfeste Form setzen, mit frisch geriebenem Manchego bestreuen und bei 200 °C im vorgeheizten Ofen 15 Minuten backen.

Gemüse & Käse

Minipaprika, Oktopus & Manchego

Für den Oktopus:

je 30 g Möhre, Stangensellerie und Schalotten

20 g Butter

je 1/4 l Weißwein und Noilly Prat

400 g Oktopus, küchenfertig

Salz, 5 Pfefferkörner, Meersalz

2 Knoblauchzehen, zerdrückt

2 Lorbeerblätter, 1 Rosmarinzweig

3 Thymianzweige, Saft von 1 Zitrone

2 Weißweinkorken

Für die Füllung:

200 g Tomatenfruchtfleisch, gewürfelt

80 g Schalotten, gehackt

20 g gehackte, geröstete Pinienkerne

je 30 g blanchierte Stangensellerie- und Möhrenwürfel

abgeriebene Schale und Saft von 1 unbehandelten Zitrone

2 EL gehackte Kräuter (Basilikum, Koriander und Petersilie)

1 Knoblauchzehe, gehackt

2 EL Olivenöl

30 g frisch geriebener Parmesan

Meersalz, gemahlener Pfeffer

Grüner Spargel mit Taleggio

24 Stangen dünner grüner Spargel

Salz, 20 g Butter, Pfeffer

1 EL gehackter Rosmarin und Thymian

4 Scheiben Parmaschinken

Für die Sauce:

1 EL Schalottenwürfel, 10 g Butter

2 cl Noilly Prat, 25 ml Weißwein

80 ml Geflügelbrühe, 60 ml Sahne

Salz, gemahlener weißer Pfeffer

etwas Muskatnuss, 1 TL Estragon

Grüner Spargel in Parmaschinken gehüllt und mit Taleggio gratiniert. Dazu karamellisierte Limettenfilets.

Reifer Gouda und Schalottenschmelze begleiten diese Variante des in Niedersachsen und im Rheinischen heimischen »Himmel und Erde«. Vor dem Servieren noch frischen Majoran und Petersilie darüber streuen.

Außerdem:

60 g Taleggio, 2 TL Zucker

10 g Butter

Filets von 2 Limonen

1. Spargel, die Stangen sollten gleich lang sein, in Salzwasser blanchieren, in Eiswasser abschrecken. Butter leicht bräunen, Spargel darin schwenken und mit Salz, Pfeffer sowie den gehackten Kräutern würzen. Je 6 Spargelstangen in eine Schinkenscheibe wickeln.

2. Die Schalottenwürfel in der zerlassenen Butter anschwitzen, mit Noilly Prat, Wein und Geflügelbrühe ablöschen und fast ganz reduzieren. Die Sahne angießen, alles mit Salz, Pfeffer und Muskat würzen, den Estragon einrühren. Die Sauce kurz aufkochen, mit dem Pürierstab aufmixen, durch ein Sieb passieren. Den Taleggio klein würfeln und 1/3 der Käsewürfel in der Sauce schmelzen.

3. Zucker mit der Butter in einer Pfanne schmelzen, Limonenfilets darin karamellisieren. Den Boden einer feuerfesten Form mit den Filets auslegen, Spargel-Schinken-Röllchen darauf legen, mit der Sauce umgießen und mit dem restlichen Taleggio bestreuen. Den Spargel bei 200 °C im vorgeheizten Ofen 15 Minuten backen.

»Himmel und Erde« mit Gouda

Für die Sauerkrautmasse:

200 g Schalotten, 300 g Sauerkraut

45 g Gänseschmalz, 100 ml Weißwein

50 g fein geriebene Kartoffel

1 Prise Zucker, Salz, Pfeffer

geriebene Muskatnuss, 1 Nelke

3 Wacholderbeeren, 1 Lorbeerblatt

2 Äpfel, geschält und das Fruchtfleisch fein gewürfelt

Für den Kartoffelteig:

600 g mittelgroße mehlig kochende Kartoffeln

4 Eigelbe, 50 g Butter

145 g Mehl

Salz, frisch gemahlener Pfeffer

frisch geriebene Muskatnuss

Für die Schmelze:

300 g Schalotten, in Streifen

15 g Butter, 50 ml Weißwein

1 EL frisch gehackter Majoran

2 EL Dijon Senf

Außerdem:

200 g alter Gouda, frisch gerieben

300 g geräucherte Blutwurstscheiben

1. Für die Sauerkrautmasse Schalotten schälen, in Streifen schneiden und mit dem Kraut in 30 g heißem Schmalz anschwitzen. Mit dem Wein ablöschen, Kartoffel, Zucker, Salz, Pfeffer, Muskat, Nelke, Wacholder und Lorbeer zufügen, alles 40 Minuten zugedeckt köcheln. Restliches Schmalz erhitzen, Apfelwürfel mit Zucker darin anschwitzen und unter das Kraut mischen.

2. Kartoffeln für den Teig bei 200 °C im vorgeheizten Ofen 40 Minuten backen, pellen. Das Innere (mindestens 500 g) mit Eigelben, Butter, Mehl und Gewürzen zu einem Teig verkneten. Mit der Krautmasse vermischen.

3. Für die Schmelze Schalotten in Butter leicht Farbe nehmen lassen, mit Wein ablöschen und reduzieren. Den Majoran und Senf einrühren.

4. Eine feuerfeste Form ausfetten, 1/3 der Sauerkraut-Kartoffel-Masse einfüllen, mit Schmelze bestreichen und mit Käse bestreuen. 100 g Blutwurst auflegen. Weiterschichten, bis alle Zutaten verbraucht sind, mit übrigem Käse bestreuen und bei 200 °C im vorgeheizten Ofen 20 Minuten backen.

Kartoffeln & Käse
Zwei, die gut zusammenpassen

Tartiflette

1 kg Kartoffeln, Salz

100 g Zwiebeln, 2 Knoblauchzehen

150 g roh geräucherter Speck

1 EL Olivenöl

1 Reblochon (1 Laib von etwa 500 g)

Pfeffer, 80 g Crème fraîche

1 EL gehackte Petersilie

1. Kartoffeln in Salzwasser 20 Minuten garen. Abgießen, ausdampfen lassen, schälen und in Scheiben schneiden. Zwiebeln und Knoblauch schälen, beides klein würfeln. Speck ebenfalls klein würfeln. Öl erhitzen, Zwiebeln und Knoblauch darin anschwitzen, Speck kurz mitbraten. Beiseite stellen.

2. Vom Reblochon die Rinde dünn abschaben und den Laib quer halbieren. Auf dem Boden einer entsprechend großen Pfanne 2/3 der Zwiebel-Speck-Mischung verteilen, die Hälfte der Kartoffelscheiben auflegen, salzen und pfeffern. Eine Reblochonhälfte – Rindenseite nach oben – auflegen.

3. Die restlichen Kartoffeln einschichten, salzen, pfeffern. Darauf die 2. Reblochonhälfte setzen, mit dem übrigen Speck-Zwiebel-Gemisch bestreuen und die Tartiflette bei 200 °C im vorgeheizten Ofen etwa 15 Minuten backen. Herausnehmen, die Crème fraîche darauf verteilen und weitere 5 Minuten in den Ofen stellen. Mit Petersilie bestreut servieren.

Eine Spezialität aus Savoyen: Die Tartiflette mit Reblochon und Kartoffeln. Hier in einer herzhaften Variante mit Speck und Zwiebeln.

Kartoffelgratin

1 kg kleine, mehlig kochende Kartoffeln

Salz, frisch gemahlener Pfeffer

frisch geriebene Muskatnuss

40 g Butter, zerlassen

120 g frisch geriebener Hartkäse (etwa Abondance oder Gruyère)

2 Eier, 3/8 l Sahne

40 g Butter, in Flöckchen

Außerdem:

gehackte Petersilie zum Bestreuen

1. Kartoffeln waschen, schälen und in feine Scheiben hobeln. Mit Salz, Pfeffer und Muskat würzen. Eine feuerfeste Form mit flüssiger Butter ausstreichen, Kartoffeln schräg einschichten, dazwischen etwas Käse streuen. Restlichen Käse mit Eiern und Sahne verrühren, über die Kartoffeln gießen.

2. Oberfläche mit Butterflöckchen belegen. Das Gratin bei 200 °C im vorgeheizten Ofen etwa 1 Stunde backen. Mit Petersilie bestreut servieren.

Tessiner Kartoffeln

1 kg mehlig kochende, möglichst gleich große Kartoffeln, geschält

2 EL Pflanzenöl, 30 g Butter

Salz, Butter für die Form

100 g frisch geriebener Parmesan

Die Kartoffeln im Abstand von 1/2 cm 2/3 tief einschneiden. Öl und Butter erhitzen, Kartoffeln damit bepinseln, salzen, in eine gefettete feuerfeste Form setzen und bei 200 °C 30 bis 40 Minuten backen, dabei mit der Öl-Butter-Mischung bepinseln. Kartoffeln aus dem Ofen nehmen, mit Käse bestreuen und weitere 10 bis 15 Minuten garen.

Zucchinigratin

400 g Zucchini, 600 g Kartoffeln

50 g Schalotten, 1 Knoblauchzehe

90 g Butter, 1/4 l Fleischbrühe

Salz, Pfeffer, 1 TL Thymian

1 EL Basilikumblätter, geschnitten

60 g Parmesan, 30 g Semmelbrösel

1. Zucchini in 2 mm dicke Scheiben schneiden. Kartoffeln schälen und ebenfalls in dünne Scheiben schneiden. Schalotten und Knoblauch schälen, beides fein hacken. Schalotten und Knoblauch in 40 g zerlassener Butter anschwitzen. Die Brühe angießen und alles 3 bis 4 Minuten köcheln lassen.

2. Eine Auflaufform mit 10 g Butter fetten, Zucchini und Kartoffeln schräg einschichten, mit Salz, Pfeffer und Kräutern bestreuen und mit der Brühe übergießen. Die restliche Butter in Flöckchen auf das Gratin setzen. Den frisch geriebenen Parmesan mit den Bröseln vermengen, das Gratin damit bestreuen und bei 200 °C im vorgeheizten Ofen 40 bis 45 Minuten backen.

Pikant backen mit Käse

Als Vorspeise oder in geselliger Runde zu einem Glas Bier oder Wein – die Auswahl an leckerem Käsegebäck ist groß: mürbe Käsestangen, Blätterteigtaschen mit allerlei Füllungen, frisch gebackene Käsewaffeln und pikante Muffins. Und nicht zu vergessen: Pizza, Brötchen, pikante Schnecken – hier ist fantasievolles Experimentieren erlaubt.

Mürb und knusprig
Köstliches Gebäck

Pikantes Käsegebäck schmeckt am besten noch warm aus dem Ofen zu einem Glas Wein oder Bier. Außerdem lohnt es, Käsegebäck wie auch die Mürbeteighüllen gleich in größeren Mengen herzustellen: Beide lassen sich einfrieren und bei Bedarf im Handumdrehen aufbacken.

Mürbes Käsegebäck

ERGIBT 75 Stück

150 g weiche Butter
60 g frisch geriebener Sbrinz
120 g frisch geriebener Gruyère
1/2 TL Salz
1 TL edelsüßes Paprikapulver
100 ml Sahne
250 g Mehl
1/2 TL Backpulver

Außerdem:

2 Eigelbe, verquirlt
Mohn, Sesamsamen
gehackte Pistazien, Kümmel
grobes Salz
abgezogene, halbierte Mandeln

1. Für den Teig weiche Butter, Käse, Salz und Paprika in eine Rührschüssel geben und weiterverfahren, wie im ersten Step der Bildfolge unten *[siehe a]* gezeigt. Die Krümel rasch zu einem Teig verkneten und auswellen, wie unten gezeigt *[siehe b bis e]*. Aus dem Teig verschiedene Formen ausstechen *[siehe f]* und auf ein ungefettetes Blech legen.

2. Die Plätzchen mit Eigelb bestreichen und nach Belieben mit Mohn, Sesam, Pistazien, Kümmel oder grobem Salz bestreuen. Einige mit Mandeln belegen. Bei 200 °C im vorgeheizten Ofen 12 bis 15 Minuten backen, herausnehmen und auf dem Kuchengitter auskühlen lassen; servieren.

Mürbeteigschiffchen mit Käsesalat

Für die Mürbeteigschiffchen:

250 g Mehl, 125 g Butter, gewürfelt
1 Eigelb, 1 Prise Salz
Linsen zum Blindbacken

a **Käsegebäck herstellen:** Weiche Butter, Käse, Salz und Paprika mit der Sahne vermengen.

b Das Mehl mit Backpulver mischen, auf eine Arbeitsfläche sieben, mit den Händen unterkneten.

c Das Mehl vollständig unter die Käsemasse arbeiten, dabei die Masse krümelig verreiben.

d Die Krümel möglichst rasch zu einem glatten Teig verkneten. In Folie wickeln, 1 Stunde kühl ruhen lassen.

e Käse-Mürbeteig auf einer leicht bemehlten Arbeitsfläche 4 bis 5 mm dick ausrollen.

f Aus der Teigplatte verschiedene Formen ausstechen und auf ein ungefettetes Blech legen.

Für den Käsesalat (für 10 Schiffchen):

1 EL Essig, 2 EL Öl, Salz, gemahlener Pfeffer

20 g geschälte, fein gehackte Zwiebel

1 EL Schnittlauchröllchen

120 g junger Gouda, in Streifen geschnitten

80 g gewürfeltes Paprikafruchtfleisch (rot, grün und gelb)

1. Für den Mürbeteig das Mehl auf eine Arbeitsfläche sieben, in die Mitte eine Mulde drücken und Butter, Eigelb und Salz hineingeben, wie im ersten Step rechts gezeigt *[siehe a]*. Mit der Palette alles gut vermengen und zu Krümeln hacken. 1 bis 2 EL Wasser zum Teig geben *[siehe b]*, die Krümel rasch zu einem glattenTeig verkneten, in Folie wickeln und 1/2 Stunde kühl ruhen lassen *[siehe c]*.

2. Den Teig etwa 3 mm dick ausrollen, über die aneinander gelegten Förmchen legen, leicht in die Vertiefungen drücken und weiterarbeiten, wie in der Bildfolge gezeigt *[siehe a und b]*. Den Teig mehrmals mit einer Gabel einstechen, damit beim Backen keine Luftblasen entstehen. Überstehende Teigränder mit dem Messer abschneiden *[siehe c]*.

3. Zum Blindbacken die Linsen in die Förmchen einfüllen, wie im ersten Bild der unteren Stepfolge *[siehe a]* gezeigt. Die Förmchen im vorgeheizten Ofen bei 180 °C etwa 10 Minuten backen, herausnehmen und die Linsen wieder entfernen *[siehe b]*. Die Schiffchen vorsichtig aus den Förmchen stürzen *[siehe c]*.

4. Essig, Öl, Salz, Pfeffer, Zwiebelwürfel und Schnittlauch zu einer Vinaigrette rühren. Mit den Käsestreifen und Paprikawürfeln vermengen. Die Schiffchen mit dem Käsesalat füllen, servieren.

a **Mürbeteig herstellen:** Butter, Eigelb und Salz in die Mulde geben.

b 1 bis 2 EL kaltes Wasser auf den Teigkrümeln verteilen.

c Den Mürbeteig in Folie einschlagen.

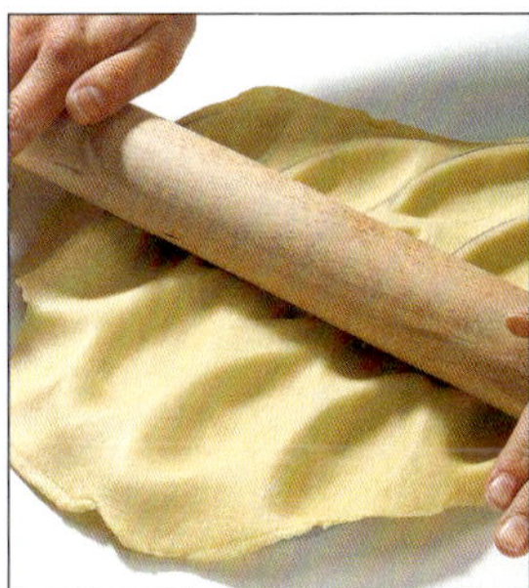

a **Schiffchen formen:** Mit dem Wellholz über die Förmchen rollen.

b Den Teig mit dem Daumen sorgfältig an die Formen drücken.

c Teigränder jeweils abschneiden.

a **Mürbeteig blindbacken:** Förmchen mit Linsen auffüllen.

b Die Linsen mit dem Löffel aus den Förmchen nehmen.

c Mürbeteigförmchen stürzen.

Blätterteig mit Käse
Herrlich knusprig & zart

a **Quarkblätterteig herstellen:** Die Butterstücke, den Quark und das Salz in die Mehlmulde geben.

b Alles mit einer Palette oder einem Messer zu Krümeln hacken. Dabei immer von außen nach innen arbeiten.

c Quarkblätterteig mit dem Rollholz 1 cm dick zu einem etwa 20 x 35 cm großen Rechteck auswellen.

d Die kürzeren Seiten zur Mitte hin übereinander schlagen und den Teig 30 Minuten kühl stellen.

Eine Alternative zum »echten« Blätterteig ist Quarkblätterteig. Bei ihm kommt die Butter gleich von Anfang an mit in den Teig und sollte nicht total untergearbeitet werden. Dann geht er schöner auf, zudem gibt die Säure des Quarks dem Teig noch zusätzlichen Auftrieb und eine frische Note. Quarkblätterteig lässt sich verwenden wie echter Blätterteig.

Blätterteig mit Quark

500 g Mehl, 500 g Butter, in Stücken

500 g Quark, 1 TL Salz

Mehl auf eine Arbeitsfläche sieben, eine Mulde eindrücken und weiterarbeiten, wie links gezeigt. *[siehe a und b]*. Alles mit den Händen rasch zu einem Teig verarbeiten, zugedeckt 30 Minuten kühl ruhen lassen. Ausrollen, weiterarbeiten, wie gezeigt *[siehe c und d]* und diesen Vorgang zweimal wiederholen.

Pikante Käse-Fleisch-Taschen

Für die Füllung:

60 g Zwiebel, 1 Knoblauchzehe

60 g Paprikaschote (rot, grün, gelb)

80 g Bergkäse, 100 g Hackfleisch

1 TL Senf, 1 EL gehackte Petersilie

1/2 TL gehackte grüne Pfefferkörner, Salz

Außerdem:

300 g Blätterteig, 1 verquirltes Eigelb

1. Zwiebel und Knoblauch schälen und beides fein hacken. Das Paprikafruchtfleisch und den Käse klein würfeln. Zwiebel, Knoblauch, Paprika und Käse mit dem Hackfleisch vermengen und die Masse mit Senf, gehackter Petersilie, Pfefferkörnern und Salz würzen.

2. Blätterteig zu einem Quadrat ausrollen, daraus 9 Quadrate (11 cm Kantenläge) schneiden. Jeweils etwas Füllung in die Mitte setzen, Teigränder mit Eigelb bestreichen und die Quadrate zu Dreiecken zusammenklappen. Teigränder mit einer Gabel andrücken. Die gefüllten Teigtaschen auf ein mit kaltem Wasser benetztes Blech setzen und bei 225 °C im vorgeheizten Ofen in 12 bis 15 Minuten goldbraun backen. Herausnehmen und servieren.

Schinken-Käse-Hörnchen

Für die Schinken-Käse-Füllung:

50 g roh geräucherter Schinken, gewürfelt

50 g frisch geriebener Cantal oder Cheddar

20 g Frischkäse, 1 Eigelb, Salz

gemahlener Pfeffer, geriebene Muskatnuss

Außerdem:

300 g Blätterteig, 1 Eigelb, Sesamsamen

1. Für die Füllung Schinken, beide Käsesorten und das Eigelb vermengen. Die Masse mit Salz, Pfeffer und Muskat würzen.

2. Blätterteig rechteckig (45 x 30 cm) ausrollen, längs halbieren und daraus 20 Dreiecke mit einer Grundlinie von etwa 9 cm schneiden. Die Dreiecke einschneiden, wie rechts gezeigt *[siehe a]*. Etwas Füllung darauf setzen und mit Eigelb bestreichen *[siehe b]*. Die eingeschnittene Seite leicht auseinander ziehen und die Füllung einschlagen *[siehe c]*. Die Spitzen festdrücken, die Hörnchen mit Eigelb bestreichen, mit Sesam bestreuen und bei 220 °C im vorgeheizten Ofen 12 bis 15 Minuten backen.

Käsestangen

300 g Blätterteig, 2 Eigelbe

100 g frisch geriebener mittelalter Asiago

grob zerstoßener Pfeffer, Kümmel

Blätterteig zu einem Quadrat von 30 x 30 cm ausrollen. Eigelbe mit etwas Wasser verquirlen und weiterverfahren, wie rechts gezeigt *[siehe a und b]*.

Teigstreifen vorsichtig in sich verdrehen, auf ein mit Wasser benetztes Blech legen, mit Eigelb bestreichen und im vorgeheizten Ofen backen *[siehe c]*.

Sbrinzschleifen

300 g Blätterteig, 1 verquirltes Eigelb

20 g frisch geriebener Sbrinz, Salz, Pfeffer

Blätterteig rechteckig (20 x 30 cm) ausrollen, quer in 3 Teile schneiden. 2 davon mit Eigelb bestreichen und mit Käse, Salz und Pfeffer bestreuen. Die 2. Platte so auflegen, dass der Käse nach oben zeigt. Die 3. Platte darauf setzen *[siehe a]*. Den Teig etwa 11 x 22 cm groß ausrollen, Kanten gerade schneiden und den Teig in 1 cm breite Streifen schneiden. Schleifen formen, wie gezeigt *[siehe b und c]*. Die Käseschleifen bei 200 °C im vorgeheizten Ofen in 10 bis 12 Minuten goldgelb backen. Herausnehmen.

a **Schinken-Käse-Hörnchen formen:** Die Dreiecke in der Mitte der Grundlinie 2 bis 3 cm einschneiden.

b Die Spitze der Dreiecke mit verquirltem Eigelb bepinseln – dabei die Kanten frei lassen.

c Die eingeschnittene Seite über die Füllung legen und mit zwei Umdrehungen in das Teigdreieck schlagen.

a **Käsestangen herstellen:** Den Teig mit Eigelb bestreichen. Zur Hälfte mit Käse und Pfeffer bestreuen.

b Teig zusammenklappen. Mehrmals darüber rollen, mit dem Teigrädchen 1 cm breite Streifen abschneiden.

c Die Käsestangen mit Eigelb bestreichen, mit Kümmel bestreuen und bei 220 °C etwa 10 Minuten backen.

a **Sbrinzschleifen herstellen:** Die dritte Platte mit Eigelb bestreichen und bündig auf die anderen legen.

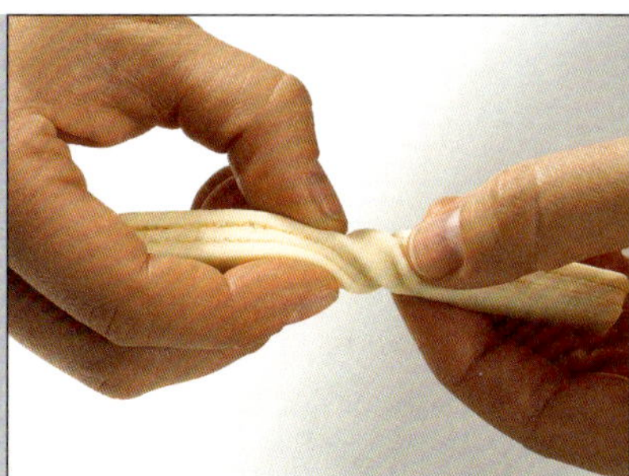

b Streifen in der Mitte anfassen und vorsichtig um 180 ° drehen – dabei nicht drücken oder ziehen.

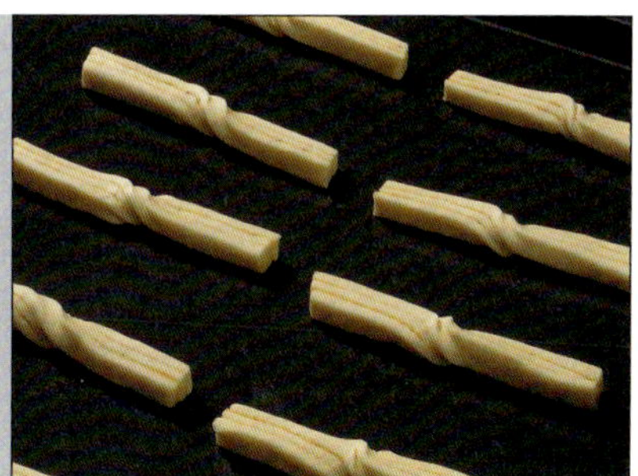

c Schleifen mit der Schnittkante nach unten in ausreichendem Abstand auf ein ungefettetes Blech legen.

Tartelettes Suisse

ERGIBT 15 Stück bei Förmchen von 8 cm Durchmesser

Für den Mürbeteig:

250 g Mehl

125 g Butter, in Stücke geschnitten

1 Ei, 1/4 TL Salz

Für die Füllung:

je 100 ml Sahne und Milch, 3 Eier

200 g frisch geriebener Greyerzer

100 g frisch geriebener Emmentaler

Salz, gemahlener Pfeffer

frisch geriebene Muskatnuss

1. Das Mehl auf eine Arbeitsfläche sieben und in die Mitte eine Mulde drücken. Die Butterstücke, das Ei, 1 bis 2 EL Wasser und das Salz hineingeben und alles rasch zu einem glatten Teig verkneten. Die Teigkugel in Folie wickeln und im Kühlschrank 1 bis 2 Stunden ruhen lassen.

2. Inzwischen Sahne, Milch und Eier verquirlen und den geriebenen Käse unterrühren. Die Mischung mit Salz, Pfeffer und Muskat würzen.

3. Eine Arbeitsfläche mit Mehl bestauben und den Teig dünn auswellen. Die Förmchen mit Teig auslegen, die Käsemasse bis knapp unter den Rand einfüllen und die Törtchen im vorgeheizten Ofen bei 220 °C in etwa 25 Minuten backen. Herausnehmen, etwas abkühlen lassen, aus den Förmchen heben und servieren.

Käsetörtchen mit Coppa

ERGIBT 15 Stück bei Förmchen von 8 cm Durchmesser

Für den Mürbeteig:

250 g Mehl, 125 g Butter, in Stücken

1 Ei, 1/4 TL Salz

1 EL gehackte Petersilie

Für die Füllung:

je 100 ml Sahne und Milch, 3 Eier

100 g Coppa oder Räucherspeck

200 g frisch geriebener Bergkäse

100 g frisch geriebener Pecorino

1 EL gehackte Petersilie

Salz, gemahlener Pfeffer

1. Aus den angegebenen Zutaten sowie 1 bis 2 EL Wasser rasch einen Mürbeteig kneten, wie links beschrieben, in Folie wickeln und 1 Stunde kühl ruhen lassen.

2. In der Zwischenzeit die Sahne mit der Milch und den Eiern verquirlen. Coppa oder Speck in dünne Streifen schneiden und mit dem geriebenen Käse sowie Petersilie unter die Eiermilch rühren. Die Mischung mit Salz und Pfeffer würzen.

3. Eine Arbeitsfläche mit Mehl bestauben und den Teig dünn auswellen. Die Förmchen mit dem Teig auslegen, die Käse-Speck-Masse bis knapp unter den Förmchenrand einfüllen und die Törtchen im vorgeheizten Ofen bei 220 °C in etwa 25 Minuten backen. Herausnehmen und abkühlen lassen.

Käsewaffeln

ERGIBT 24 Stück

Für den Waffelteig:

200 g Butter, 1/2 TL Salz

4 Eier, 200 g Mehl, gesiebt

80 g frisch geriebener Chester

1/2 TL Backpulver

1 TL scharfes Paprikapulver

6 bis 8 EL lauwarme Milch

Außerdem:

Öl zum Fetten des Waffeleisens

1. Butter und Salz mit dem Handrührgerät kräftig schlagen, Eier nacheinander gut unterrühren – dabei nach jedem Ei 1 EL Mehl zufügen, um eine Gerinnung zu vermeiden. Käse, restliches Mehl, Backpulver und Paprikapulver unterrühren. Die Milch zugießen und den Teig glatt rühren.

2. Backflächen des Waffeleisens mit Öl auspinseln und auf 200 °C vorheizen. Etwas Teig mit dem Löffel auf die Backflächen geben, Waffeleisen schließen und die Waffeln 2 Minuten backen. Fertige Waffeln mit einer Palette herausheben und auf einem Kuchengitter leicht auskühlen lassen.

Tipp: Noch lockerer wird der Teig, wenn die Eier getrennt werden. Hierfür die Eigelbe mit der Butter cremig rühren und die Eiweiße steif schlagen. Eischnee und Mehl vorsichtig unter die Buttermasse heben und die restlichen Zutaten unterrühren, wie oben beschrieben.

Watruschki

ERGIBT 12 Stück

Für den Teig:

300 g Mehl, 1/2 TL Backpulver

1/2 TL Salz, 80 g weiche Butter

1 Ei, 125 g saure Sahne

Für die Quarkfüllung:

500 g trockener Magerquark

1 EL saure Sahne, 2 Eier

1/2 TL Salz, Pfeffer, 1 TL Zucker

Außerdem:

1 verquirltes Eigelb

1. Das Mehl mit dem Backpulver mischen und in eine Schüssel sieben. In die Mitte eine Mulde drücken, Salz, und Butter hineingeben und mit etwas Mehl vom Rand vermengen. Das Ei sowie die saure Sahne zufügen und alles mit einem Kochlöffel zu einem glatten Teig verarbeiten; in Folie wickeln und 45 Minuten kühl stellen.

2. Den Quark durch ein Sieb streichen und mit saurer Sahne, Eiern, Salz, Pfeffer sowie Zucker verrühren; ebenso 45 Minuten kühl ruhen lassen.

3. Den Teig 2 bis 3 mm dick ausrollen und je 12 Kreise von 9 und 12 cm ausstechen. In die Mitte der großen Kreise etwas Füllung setzen und mit den kleinen Kreisen bedecken. Die Teigränder mit Eigelb bestreichen, nach oben umschlagen und mit den Fingern zu kleinen Falten zusammendrücken. Die Watruschki mit dem restlichen Eigelb bestreichen und im vorgeheizten Ofen bei 200 °C 20 Minuten backen.

Pikante Muffins mit Cheddar

ERGIBT 12 Stück

200 g Mehl, 1 Päckchen Backpulver

1/2 TL Salz, 50 g kalte Butter

50 g Frühlingszwiebeln

100 g frisch geriebener Cheddar

1 Ei, 4 EL Weißwein, 100 ml Milch

Außerdem:

Butter zum Fetten des Muffinblechs

1 Muffinblech mit 12 Vertiefungen

1. Die Vertiefungen des Muffinblechs mit Butter fetten und den Ofen auf 200 °C vorheizen.

2. Das Mehl in eine Schüssel sieben und mit dem Backpulver sowie Salz vermischen. Die kalte Butter in Stücke schneiden und zufügen. Die Mehlmischung mit der Butter rasch mit den Händen verreiben.

3. Die Frühlingszwiebeln waschen, putzen, in kleine Würfel schneiden und mit dem geriebenen Käse unter den Teig mischen. Das Ei leicht verquirlen und mit dem Wein sowie der Milch sorgfältig unter den Teig arbeiten. Den Muffinteig bis 1/3 unter dem Rand in die Förmchen füllen und 25 bis 30 Minuten backen. Herausnehmen und abkühlen lassen.

Gefüllte Käsefladen

ERGIBT 15 Stück

250 g Weizenvollkornmehl

5 g frische Hefe

1/8 l lauwarmes Wasser

1/2 TL Salz, 60 g Butter, zerlassen

80 g frisch geriebener Kaşar peyniri

Für die Füllung:

50 g getrocknete Tomaten in Öl

500 g Ziegen-Feta, zerdrückt

320 ml Sahne, geschlagen

1 1/2 EL gehackte Petersilie

Außerdem:

1 Eigelb mit 2 EL Milch verquirlt

2 Knoblauchzehen, 1 EL grobes Salz

1 EL grob zerstoßener Pfeffer

2 EL gemischte gehackte Kräuter

schwarze Oliven für die Garnitur

1. In das Mehl eine Mulde drücken, Hefe hineinbröckeln und mit lauwarmem Wasser auflösen. Salz, Butter und Käse unter den Vorteig kneten und diesen 30 bis 60 Minuten ruhen lassen. Teig zu 30 Fladen (10 bis 12 cm Ø) auswellen, auf ein gefettetes Blech legen und mit Eigelb bestreichen. Die Hälfte der Fladen mit einem Mix aus gehacktem Knoblauch, grobem Salz, Pfeffer und Kräutern bestreuen. Bei 220 °C (vorgeheizt) 10 Minuten backen.

2. Die Tomaten klein würfeln, mit Feta, Sahne und Petersilie vermengen. Die Creme zwischen je 1 Boden und Deckel füllen, mit Oliven garnieren.

Pizza und Brot knusprig aus dem Ofen

Pizza Margherita

Für den Hefeteig:

300 g Mehl, 20 g frische Hefe

1/8 l lauwarmes Wasser

1/2 TL Salz, 2 EL Olivenöl

Für den Belag:

1 große Dose (850 g) Pelati (geschälte Tomaten)

2 Kugeln Mozzarella

Salz, frisch gemahlener schwarzer Pfeffer

20 Basilikumblätter, 1/8 l Olivenöl

1. Mehl in eine Schüssel sieben und in die Mitte eine Mulde drücken. Hefe hineinbröckeln und mit dem lauwarmen Wasser auflösen, dabei etwas Mehl vom Rand untermischen. Den Ansatz mit Mehl bestauben und mit einem Tuch abgedeckt etwa 15 Minuten an einem warmen, zugfreien Ort gehen lassen. Salz und Öl zum Vorteig geben und alles zu einem geschmeidigen Teig verkneten. Zur Kugel geformt erneut 30 Minuten gehen lassen, bis der Teig das Doppelte seines Volumens erreicht hat. Auf einer bemehlten Arbeitsfläche zu 2 Fladen ausrollen, je 1 auf ein leicht gefettetes Blech legen und mit einer Gabel mehrmals einstechen.

2. Tomaten abtropfen lassen, grob zerkleinern und die Teigfladen damit belegen. Den Mozzarella in Scheiben schneiden und auf den Tomaten verteilen. Mit Salz und Pfeffer würzen. Mit Basilikumblättchen (nach Belieben gehackt) belegen und mit Olivenöl beträufeln. Die Pizzen 10 bis 15 Minuten gehen lassen. Nacheinander im vorgeheizten Ofen bei 220 °C 18 bis 22 Minuten backen.

Pikante Brötchen

500 g Grahammehl, 1 Würfel frische Hefe (42 g)

je 1/8 l lauwarme Milch und Wasser

1 Ei, 1 TL Salz

Für die Füllung:

120 g durchwachsener roh geräucherter Speck

60 g Zwiebel, fein gewürfelt

160 g Gruyère, fein gewürfelt, Pfeffer

2 EL gehackte Kräuter (Petersilie, Schnittlauch, Thymian)

Außerdem:

1 Eigelb zum Bestreichen

grobes Salz, Sesam, Sonnenblumenkerne und Mohn zum Bestreuen

1. Mehl in eine Schüssel sieben und in die Mitte eine Mulde drücken. Hefe hineinbröckeln und mit dem Gemisch aus Milch und Wasser auflösen. Den Vorteig mit Mehl bestäuben, mit einem Küchentuch abdecken und an einem warmen, zugfreien Ort etwa 15 Minuten gehen lassen, bis die Oberfläche deutliche Risse zeigt. Ei und Salz zufügen und alles kräftig zu einem glatten Teig verkneten. Erneut 30 Minuten gehen lassen, bis der Teig das doppelte seines Volumens erreicht hat.

Mit pikantem Innenleben: Frische Grahambrötchen mit einer Füllung aus würzigem Speck, Käse und Kräutern schmecken zu einem Salat oder auch solo.

Mediterran mit Tomaten, Feta und Olivenöl ist dieses würzige Brot. Durch mehrmaliges »Gehen-Lassen« bekommt es eine wunderbar lockere Krume.

2. Für die Füllung den Speck fein würfeln und zusammen mit den Zwiebelwürfeln in einer Pfanne 2 bis 3 Minuten glasig schwitzen. Vom Herd nehmen, erkalten lassen und mit Käse, Pfeffer und Kräutern vermengen.

3. Den Teig zu einer Rolle formen und in 20 etwa gleich große Portionen teilen. Diese in der Hand zu Kugeln rollen und jeweils zu Fladen von 10 cm Durchmesser flach drücken. In jeden Fladen etwa 1 EL der Käse-Speck-Mischung einrollen und zu Brötchen formen. Mit ausreichend Abstand auf ein Blech setzen und abgedeckt nochmals gehen lassen, bis sich ihr Volumen verdoppelt hat. Die Brötchen mit Eigelb bestreichen und abwechselnd mit Salz, Sesam, Sonnenblumenkernen oder auch mit Mohn bestreuen. Bei 190 °C im vorgeheizten Ofen 15 bis 20 Minuten backen, herausnehmen und am besten noch lauwarm servieren.

Tomaten-Schafkäse-Brot

675 g Mehl, 1 Würfel frische Hefe (42 g)

1/4 l lauwarme Milch

125 g getrocknete Tomaten, in Öl eingelegt

75 ml gutes Olivenöl, 1 Ei, 8 g Salz

25 g Zucker, 120 g Feta, 100 g Zwiebeln

1 EL Olivenöl, 2 EL gehackte Petersilie

1 TL gehackte Thymianblättchen

Außerdem:

Mehl zum Bestauben

grobes Salz

grob geschroteter weißer Pfeffer

1. Das Mehl in eine Schüssel sieben und in die Mitte eine Mulde drücken. Die Hefe hineinbröckeln, mit der lauwarmen Milch auflösen, dabei etwas Mehl vom Mehlrand untermischen. Den Ansatz mit Mehl bestauben und die Schüssel mit einem Küchentuch abdecken. Den Vorteig an einem warmen, zugfreien Ort etwa 20 Minuten gehen lassen, bis die Oberfläche deutliche Risse zeigt.

2. Tomaten aus dem Öl nehmen, gut abtropfen lassen. Olivenöl mit Ei verquirlen und mit Salz und Zucker unter den Vorteig mischen. Alles gut verkneten, bis der Teig glatt und glänzend ist, zu einer Kugel formen und erneut etwa 20 Minuten gehen lassen, bis sich das Volumen verdoppelt hat.

3. Die abgetropften Tomaten sehr fein würfeln, Feta zerbröckeln. Zwiebeln schälen, fein hacken und in 1 EL erhitztem Olivenöl glasig schwitzen; abkühlen lassen. Tomaten, Zwiebeln und Kräuter unter den Teig kneten und diesen 30 Minuten gehen lassen. Zu 2 Laiben formen, auf ein bemehltes Blech legen und erneut 20 Minuten zugedeckt gehen lassen. Mit Wasser bestreichen, mit Salz und Pfeffer bestreuen und die Laibe bei 190 °C im vorgeheizten Ofen 35 bis 40 Minuten backen. Nach 20 bis 25 Minuten mit Backpapier abdecken, damit die Brote nicht zu dunkel werden. Herausnehmen und auf einem Kuchengitter auskühlen lassen.

Fladenbrot mit Ricotta und pikante Schnecken

Die Herstellung der Fladenbrote ist etwas aufwändig, weil man dafür je fünf Fladen benötigt. Darin besteht jedoch gerade der Clou: Zwischen die Schichten kommt nämlich jeweils zerlassene Butter und würziger Parmesan.

Fladenbrot mit Ricotta und Mangold

ERGIBT 2 Fladen von 25 cm Durchmesser

Für den Teig:

750 g Weizenmehl Type 405

75 ml Olivenöl, 1/2 TL Salz, Pfeffer

Für die Füllung:

1 kg Mangold, Salz

80 g weiße Zwiebeln, 25 g Butter, Pfeffer

1 EL fein geschnittener Oregano

400 g Ricotta, 1 Ei

50 g getrocknete Tomaten in Öl, gut abgetropft und fein gewürfelt

40 g fein gewürfelte schwarze Oliven

Außerdem:

80 g zerlassene Butter

100 g frisch geriebener Parmesan

1/2 Eigelb, mit etwas Wasser verquirlt, Öl

1. Für den Teig das Mehl in eine Schüssel sieben und mit Öl, etwa 1/4 l Wasser, Salz und Pfeffer zu einem glatten Teig verkneten. Zugedeckt 20 Minuten ruhen lassen.

2. Mangold für die Füllung putzen und waschen. Stiele abtrennen und klein schneiden, Blätter in 1 cm breite Streifen schneiden. Stiele 3 bis 4 Minuten in Salzwasser blanchieren, Blätter zufügen und alles noch 2 bis 3 Minuten blanchieren. Mangold

herausheben, abtropfen und abkühlen lassen, gut ausdrücken. Zwiebeln schälen und fein hacken. Butter zerlassen, Zwiebelwürfel darin hell anschwitzen und den Mangold 3 bis 4 Minuten mitschwitzen. Mit Salz, Pfeffer und Oregano würzen, Mangold beiseite stellen und abkühlen lassen. Ricotta mit Ei glatt rühren, Mangold, Tomaten und Oliven untermischen, die Füllung abschmecken.

3. Den Teig kurz durchkneten, halbieren und auf einer bemehlten Arbeitsfläche zu 2 Rollen formen. Auf jeder Rolle 6 gleiche Stücke markieren, 4 abtrennen, das 5. und 6. Stück bleiben als doppelte Portion zusammen und alle zu Kugeln formen; die 8 kleinen zu Fladen von je 24 cm Ø, die beiden großen zu Fladen von je 35 cm Ø ausrollen.

4. Einen der kleinen Fladen mit zerlassener Butter bestreichen und mit Parmesan bestreuen. Einen 2. kleinen Fladen genau auf den ersten legen. Die Hälfte der Mangold-Ricotta-Füllung darauf verstreichen. Einen 3. Fladen auflegen, mit Butter bestreichen, mit Parmesan bestreuen und einen 4. Fladen auflegen. Einen der großen Fladen mit Butter bestreichen – dabei einen 3 cm breiten Rand freilassen – und mit Parmesan bestreuen. Den Fladenstapel mittig darauf setzen, den Rand mit Eigelb bestreichen und leicht gefaltet nach innen einschlagen, so dass die Füllung eingeschlossen ist. Ein Blech mit Öl fetten, das Brot mit dem eingeschlagenen Rand nach unten darauf setzen, die Oberfläche mit Butter bestreichen und mit einer Gabel mehrmals einstechen. Das 2. Fladenbrot ebenso herstellen und beide Brote bei 200 °C im vorgeheizten Ofen 20 bis 25 Minuten backen.

Gebackene Schnecken – pikant gefüllt mit einer Mischung aus Paprika, Lauch, Zwiebeln und würzigem Gouda – schmecken als herzhafte Begleitung zu Salat.

Pikante Schnecken

ERGIBT etwa 12 Schnecken

Für den Teig:

500 g Weizenvollkornmehl

1 Würfel frische Hefe (42 g)

je 1/8 l Wasser und Milch, beides lauwarm

1 Ei, 1 TL Salz

Für die Füllung:

10 g Butter, 90 g rote Paprikawürfel

50 g gelbe Paprikawürfel

40 g gewürfelte Möhre, 30 g gewürfelter Lauch

1 kleine rote Chilischote (ohne Samen), gehackt

40 g fein gehackte Zwiebel, Salz, Pfeffer

1 EL Butter, 1 EL fein geschnittene Petersilie

100 g frisch geriebener mittelalter Gouda

60 g frisch geriebener alter Gouda

Außerdem:

80 g Butter für die Form

1. Mehl in eine Schüssel sieben, in die Mitte eine Mulde drücken, Hefe hineinbröckeln und mit der Mischung aus Wasser und Milch auflösen. Mit Mehl bestäuben, zugedeckt 20 Minuten gehen lassen, bis die Oberfläche Risse zeigt. Ei und Salz zufügen, alles zu einem glatten Hefeteig verarbeiten. Durchkneten, in der Schüssel weitere 30 Minuten gehen lassen, bis er sein Volumen verdoppelt hat.

2. Für die Füllung die Butter zerlassen, Gemüse darin unter Rühren bei mittlerer Hitze 4 bis 5 Minuten anschwitzen. Mit Salz, Pfeffer und Petersilie würzen, abkühlen lassen, in eine Schüssel umfüllen, beide Käsesorten untermischen. Hefeteig rechteckig (30 x 36 cm) ausrollen, mit der Füllung bestreichen, dabei an der langen Seite einen Rand freilassen, diesen mit Wasser bestreichen. Teig aufrollen und teilen, wie gezeigt *[siehe a und b]*. In einer Auflaufform die Butter zerlassen, Schnecken mit dem Rand darin wälzen, einschichten *[siehe c]*. In der Form 30 Minuten gehen lassen, bei 220 °C im vorgeheizten Ofen 10 Minuten backen, Hitze auf 200 °C reduzieren, weitere 15 Minuten backen.

a **Schnecken formen:** Den Teig mitsamt der Füllung aufrollen.

b Von der Rolle etwa 3 cm breite Stücke abschneiden.

c Schnecken mit der Schnittfläche nach oben einschichten.

Herzhaft & würzig
Delikate Käsekuchen

Gruyère-Quiche

Für den Teig:

200 g Mehl, 100 g Butter

1 Eigelb, 1/2 TL Salz

Für die Füllung:

80 g roh geräucherter Speck

30 g Butter, 120 g Zwiebelringe

120 g gewürfeltes rotes, grünes und gelbes Paprikafruchtfleisch

2 EL fein geschnittene Petersilie

250 g frisch geraspelter Gruyère

je 1/8 l Milch und Sahne, 30 g Mehl

2 Eigelbe, Salz, Pfeffer, 2 Eiweiße

Außerdem:

1 Quicheform (26 cm Durchmesser)

1. Aus den Teigzutaten sowie 1 EL Wasser einen Mürbeteig kneten, in Folie wickeln und 1 Stunde ruhen lassen.

2. Für die Füllung den Speck klein würfeln. Die Butter zerlassen und die Zwiebelringe darin glasig schwitzen. Speck und Paprikawürfel 5 Minuten mitschwitzen. Petersilie unterrühren und die Masse abkühlen lassen.

3. Den Teig auf einer bemehlten Arbeitsfläche zu einem Kreis ausrollen und die gefettete Form damit auslegen, den Rand gut andrücken. Die Füllung auf dem Teigboden verteilen und mit dem Käse bestreuen.

4. Milch-Sahne-Mischung mit Mehl, Eigelben, Salz und Pfeffer verrühren. Eiweiße steif schlagen und unterheben. Guss über den Belag verteilen und die Quiche bei 200 °C im vorgeheizten Ofen 35 bis 40 Minuten backen.

Obwalder Käsekuchen: Eine Quicheform mit Mürbeteig auslegen und mit je 150 g geriebenem Sbrinz und Emmentaler bestreuen. Je 200 ml Milch und Sahne mit 2 Eigelben verquirlen. Eischnee von 2 Eiweißen unterheben, den Guss würzen und über den Käse gießen. Kuchen bei 200 °C 30 bis 35 Minuten backen.

Käsewähe mit Lachs & Artischocken

Für den Teig:

120 g Butter, 1 Eigelb, 1/2 TL Salz

30 g Pinienkerne, 200 g Mehl

Für die Füllung:

150 g gekochte Artischockenböden

2 EL Olivenöl, 25 g Butter

6 Schalotten, in feinen Streifen

60 g Lauch, in feinen Streifen

100 g Räucherlachs, in feine Streifen geschnitten

1 Knoblauchzehe, gehackt

150 g Beaufort, gewürfelt

abgeriebene Schale und Saft von 1 Limette

2 bis 3 EL gehackte Kräuter

1 Prise Zucker, Salz, Pfeffer

Für den Käse-Guss:

100 g Gruyère, 200 ml Sahne

100 ml Milch, 3 Eigelbe

Muskatnuss, Salz, Pfeffer

Eischnee von 3 Eiweißen

1. Butter schaumig schlagen, Eigelb, 1 bis 2 EL Wasser, Salz und geröstete Pinienkerne unterrühren. Mit dem Mehl verkneten, 1 Stunde ruhen lassen, ausrollen und eine Form damit auslegen.

2. Gewürfelte Artischockenböden in heißem Öl anbraten. Leicht abkühlen lassen, mit der Butter und allen weiteren Zutaten für die Füllung vermengen und auf dem Teig verteilen. Für den Guss geriebenen Käse, Sahne, Milch und Eigelbe verrühren, würzen und den Eischnee unterheben. Über die Füllung gießen, bei 200 °C im vorgeheizten Ofen 30 Minuten backen.

Pecorino-Tarteletts

300 g Mehl, 45 ml Öl, 10 g Salz

Für die Füllung:

1 EL Butter, 2 EL Olivenöl

1 Knoblauchzehe, gehackt

400 g Steinpilze, geputzt, gewürfelt

2 EL Schalottenwürfel, Salz

Pfeffer, 1 TL gehackter Majoran

200 g junger geriebener Pecorino

100 ml Sahne, 3 Eigelbe, Muskatnuss

Eischnee von 2 Eiweißen

1. Mehl, Öl, 160 ml lauwarmes Wasser und Salz verkneten, Teig in Folie wickeln, 1 Stunde ruhen lassen. Ausrollen, Tartelettförmchen damit auslegen.

2. Butter leicht bräunen, Öl zufügen, Knoblauch, Pilze und Schalotten darin anbraten. Mit Salz, Pfeffer und Majoran würzen. Die Masse in die Förmchen verteilen. Käse, Sahne und Eigelbe verrühren, mit Salz, Pfeffer und Muskat würzen, Eischnee unterheben, über der Füllung verteilen. Die Tarteletts bei 200 °C 20 Minuten backen.

Süßes Backen & Desserts

Vielseitig sind die Möglichkeiten, Kuchen und Desserts mit Frischkäse zuzubereiten. Warum nicht einen Käsekuchen mit Ricotta backen oder Strudel mit Quark oder Schichtkäse füllen? Sehr delikat die mit Topfen gratinierten Früchte oder die herrlich lockere Mascarpone-Mousse. Und eine ganz besondere Idee: Frühlingsrollen gefüllt mit Ziegenfrischkäse.

Erfrischend & cremig Süße Käsekuchen

Klassischer Käsekuchen

Für den Mürbeteig:

220 g Mehl, 120 g Butter, 50 g Puderzucker

1 Eigelb, 1 Messerspitze Salz

Für die Quarkmasse:

500 g Schichtkäse, 4 Eigelbe, 160 g Zucker

100 g Butter, 60 g Mehl, 1 Messerspitze Salz

abgeriebene Schale 1 unbehandelten Zitrone

80 g Rosinen, in 20 ml Rum eingeweicht

4 Eiweiße

Außerdem:

Kuchenform (26 cm Durchmesser), Backpapier

Hülsenfrüchte zum Blindbacken, Puderzucker

1. Aus den angegebenen Zutaten rasch einen Mürbeteig kneten und 1 Stunde kühl ruhen lassen. Den Teig ausrollen, die Form damit auslegen und mit einer Gabel mehrmals einstechen. Mit Backpapier auslegen, getrocknete Hülsenfrüchte einfüllen und den Boden bei 180 °C 10 Minuten blindbacken. Hülsenfrüchte wieder entfernen.

2. Für die Quarkmasse den Schichtkäse durch ein Sieb streichen. Eigelbe mit der Hälfte des Zuckers cremig rühren, die Butter zerlassen, klären und langsam einrühren. Das Mehl hineinsieben, Salz sowie Zitronenschale unterrühren und die Rosinen unterziehen. Eiweiße mit restlichem Zucker steif schlagen und unter die Quarkmasse heben.

3. Die Käsemasse auf dem Boden verstreichen und den Kuchen bei 160 °C im vorgeheizten Ofen etwa 45 Minuten backen. Auf ein Drahtgitter stürzen. Den ausgekühlten Kuchen umdrehen und die Oberfläche mit Puderzucker besieben.

Ziegenfrischkäsetorte mit Sauerkirschen

Für den Teig:

160 g Butter, 70 g Puderzucker, 1 Eigelb

abgeriebene Schale 1/2 unbehandelten Zitrone

1 Messerspitze Salz, 250 g Mehl

Für die Füllung:

1 Glas Sauerkirschen (Fruchteinwaage 450 g)

170 g Zucker, 1 Messerspitze Zimt

Verlockend | *Dieser Käsekuchen mit Ricotta schmeckt gleich doppelt erfrischend. Zum einen wird geriebene Zitronenschale in den Mürbeteig geknetet, zum andern verleihen Zitronat und Orangeat der Käsecreme ein wunderbares Zitrusaroma.*

2 TL Speisestärke, 3 Eigelbe

1 Prise Salz, 150 ml Milch

5 Blatt weiße Gelatine, 350 g Ziegenfrischkäse

abgeriebene Schale 1/2 unbehandelten Zitrone

1 EL Zitronensaft, 1/2 l Sahne, geschlagen

Außerdem:

Obstkuchenform, Backpapier, Hülsenfrüchte

Kakaopulver zum Besieben

1. Für den Teig Butter und Zucker verkneten. Eigelb, Zitronenschale, Salz und Mehl rasch unterkneten. Teig in Folie 1 Stunde kühl ruhen lassen. Auswellen, die Form damit auslegen, Rand andrücken und blindbacken, wie rechts gezeigt. Nach 15 Minuten Papier und Hülsenfrüchte entfernen. Boden in 10 bis 15 Minuten hellbraun backen.

2. Für die Füllung Kirschen abtropfen lassen, dabei den Saft auffangen. Kirschsaft mit 30 g Zucker und Zimt aufkochen und mit der in etwas Saft angerührten Speisestärke binden. Kirschen (bis auf 16 für die Garnitur) unterrühren, abkühlen lassen.

3. Eigelbe mit übrigem Zucker, Salz und Milch verrühren, unter Rühren langsam erhitzen, bis die Masse leicht angedickt ist. Eingeweichte und ausgedrückte Gelatine darin auflösen und den passierten Frischkäse unterrühren. Zitronenschale und -saft sowie 2/3 der Sahne unterrühren. Etwas Käsecreme in Ringen auf den Boden spritzen und die Kirschen dazwischen verteilen, die übrige Creme darauf verstreichen. Durchkühlen, mit Kakao besieben und die Torte mit Sahnerosetten und Kirschen verzieren.

Ricotta-Käsekuchen

Für den Teig:

200 g Mehl, je 100 g Butter und Zucker, 1 Eigelb

Salz, 1 unbehandelte Zitrone, gewaschen

Für die Ricotta-Füllung:

500 g Ricotta, 4 Eigelbe, 160 g Zucker, Salz

100 g zerlassene Butter, 60 g Mehl, gesiebt

je 50 g Zitronat und Orangeat, fein gewürfelt

40 g Sultaninen, 50 g Pinienkerne, 4 Eiweiße

Außerdem:

1 Obstkuchenform (26 cm Ø), Backpapier

Hülsenfrüchte zum Blindbacken, Puderzucker

Aus den angegebenen Zutaten einen Mürbeteig herstellen. In Folie wickeln und 1 Stunde kühl ruhen lassen. Auswellen, die Form damit auslegen und den Boden bei 190 °C im vorgeheizten Ofen 15 Minuten blindbacken *[siehe a und b]*. Backpapier samt Hülsenfrüchten wieder entfernen. Für den Belag Ricotta durch ein Sieb streichen und mit Eigelben und 80 g Zucker verrühren. 1 Prise Salz, Butter unterrühren. Mehl darüber sieben, dann Zitronat, Orangeat, Sultaninen und Pinienkerne untermengen. Eiweiße mit übrigem Zucker zu Schnee schlagen. 1/4 des Eischnees unter die Masse rühren, dann den Rest unterheben. Käsemasse auf dem Boden verstreichen, bei 150 bis 160 °C im vorgeheizten Ofen etwa 45 Minuten backen. Abkühlen lassen, mit Puderzucker besieben und verzieren *[siehe c]*.

a | **Blindbacken:** Mürbeteigboden mit der Gabel öfter einstechen.

b | Form mit Backpapier auslegen, getrocknete Linsen einfüllen.

c | **Muster einbrennen:** mit einem glühenden Draht ein Gitter einbrennen.

Käsesahnetorten klassisch und raffiniert

Feine Käsesahnetorte

Für den Mürbeteig:

120 g Butter, 60 g Puderzucker

1 Eigelb, 210 g Mehl

Für die Käsesahnecreme:

4 Eigelbe, 200 g Zucker, 1 Messerspitze Salz

abgeriebene Schale 1 unbehandelten Zitrone

1/4 l Milch, 7 Blatt Gelatine, kalt eingeweicht

500 g trockener Quark, 1/2 l Sahne

Außerdem:

Puderzucker zum Besieben

1. Aus Butter, Zucker, Eigelb und Mehl rasch einen Mürbeteig kneten, in Folie wickeln und 1 Stunde kühl ruhen lassen. Den Mürbeteig zu zwei Böden (26 cm Ø) ausrollen und bei 180 °C im vorgeheizten Ofen nach Sicht hellbraun backen. Die Böden aus dem Ofen nehmen und eine Teigplatte noch warm in die gewünschte Zahl der Tortenstücke zerteilen (12 oder 16). Beiseite stellen.

2. Die Käsescreme herstellen, wie in der Bildfolge unten gezeigt *[siehe a bis f]*. Einen Tortenring um den Boden legen und die Käsecreme einfüllen, wie gezeigt *[siehe g]*. Die Torte kühl stellen, den Tortenring entfernen und den Teigboden auflegen. Die Torte mit Puderzucker besieben und kühl stellen. Nach Belieben kann die Torte zudem noch mit Kirschen oder Aprikosen gefüllt werden *[siehe h]*.

Ziegenkäsesahnetorte mit Gewürztomaten

VORBEREITUNG: Tomaten über Nacht marinieren.

Für den Nussteig:

je 75 g Butter und Puderzucker, 2 Eier

35 g Mehl, 100 g Löffelbiskuit, gerieben

a **Käsecreme herstellen:** Eigelbe, Zucker, Gewürze mit der Milch verrühren.

b Die Milchmischung unter Rühren erhitzen (zur Rose abziehen), bis sie dickflüssig ist – nicht kochen!

c Die Creme vom Herd nehmen, die kalt eingeweichte, gut ausgedrückte Gelatine darin auflösen.

d Den Quark in eine Schüssel passieren und die leicht abgekühlte Creme darüber gießen.

e Quark und Creme sorgfältig zu einer glatten Masse verrühren.

f Die Sahne steif schlagen und mit dem Schneebesen vorsichtig unter die Creme ziehen.

g **Torte fertig stellen:** Die Käsesahnecreme einfüllen und die Oberfläche glatt streichen.

h Nach 2 Stunden im Kühlschrank ist die Torte schnittfest: in Stücke schneiden und servieren.

Mal ganz anders *wird diese Käsesahnetorte mit Ziegenquark und Gewürztomaten zubereitet. Der Clou an dieser interessanten Torte sind die würzigen Tomaten, die ihr Aroma dem Einlegen in allerlei Gewürzen und Vanille verdanken.*

75 g geröstete und gehackte Nüsse (etwa Pinienkerne, Walnüsse, Haselnüsse)

je 1 Messerspitze Salz und Muskatnuss

2 Messerspitzen gemahlener gerösteter Koriander

3 g Pastetengewürz, Mark von 1 Vanilleschote

abgeriebene Schale von je 1 unbehandelten Zitrone und Orange

50 g Aprikosenkonfitüre

Für die Käsesahnecreme:

40 ml fruchtiges Olivenöl

15 g geschälte und frisch geriebene Ingwerwurzel

1/8 l Milch, Mark von 3 Vanilleschoten

1/4 Tonkabohne (in der Apotheke erhältlich)

abgeriebene Schale von je 1 unbehandelten Zitrone und Orange

9 Blatt weiße Gelatine, kalt eingeweicht

150 g Honig, 80 ml Ahornsirup

5 Eigelbe, schaumig geschlagen

500 g trockener Ziegenquark, 100 g Mascarpone

5 Eiweiße, mit Salz und 100 g Zucker steif geschlagen

200 ml Sahne, steif geschlagen

Für die Gewürztomaten:

150 g Zucker, 6 Sternanis, 10 Pfefferkörner

1 Zimtstange, 1 TL geröstete Koriandersamen

Mark von 2 Vanillschoten, 4 Basilikumblätter

9 Flaschentomaten, gehäutet und gewürfelt

Außerdem:

3 Blatt weiße Gelatine, gehackte Pistazien

1. Am Vortag Zucker für die Tomaten mit 230 ml Wasser aufkochen. Die leicht zerstoßenen Gewürze und Kräuter zufügen. Vom Herd nehmen und Tomatenstücke einlegen. Über Nacht kalt stellen.

2. Butter und Puderzucker für den Teig schaumig schlagen, Eier nach und nach unterrühren und alle weiteren Zutaten – bis auf die Konfitüre – unterkneten. 1 Stunde kühl ruhen lassen und den Teig zu 2 dünnen Böden (26 cm Ø) ausrollen, mit Konfitüre bestreichen und bei 170 °C im vorgeheizten Ofen in etwa 20 Minuten hellbraun backen.

3. Für die Käsecreme Öl und Ingwer erhitzen, beiseite stellen. Milch mit Vanille, geriebener Tonkabohne und Zitrusschalen erhitzen, ausgedrückte Gelatine darin auflösen. Honig, Ahornsirup und 1 EL Wasser auf 112 °C erhitzen, die schaumigen Eigelbe unterrühren. Ziegenquark und Mascarpone mit Ingweröl und Milch glatt rühren. Nach und nach Eigelbmasse, Eischnee und Sahne unterheben.

4. Springform mit 1 Boden auslegen, die Hälfte der Käsemasse einfüllen, glatt streichen. 10 Minuten gelieren lassen. 2. Boden einlegen, restliche Käsemasse einfüllen; erneut 10 Minuten anziehen lassen. Tomaten aus dem Sud heben, diesen passieren, erwärmen und die ausgedrückte Gelatine darin auflösen. Die Torte mit den Tomaten belegen, Guss darüber gießen und den Rand mit Pistazien bestreuen. Vor dem Servieren 3 Stunden kühlen.

Süßer Genuss mit Quark und Früchten

Topfengratin mit Erdbeeren

FÜR 4 BIS 8 PORTIONEN

1/2 Vanillestange, 1/4 l Milch
70 g Puderzucker, 1 Prise Salz
2 TL Speisestärke, 2 Eigelbe
200 g trockener Topfen oder Quark (20 %)
2 Eiweiße
1/8 l Sahne, 250 g Erdbeeren

Außerdem:
Puderzucker zum Besieben
geröstete Mandelblättchen

1. Die Vanilleschote aufschlitzen und mit der Milch, der Hälfte des Zuckers und dem Salz in einer Kasserolle zum Kochen bringen. Die Stärke mit etwas kalter Milch anrühren und die kochende Milch damit binden, kräftig durchkochen lassen. Vanilleschote herausnehmen, das Mark herauskratzen und in die Milch zurückstreifen. Hitze abstellen und nacheinander die Eigelbe mit dem Schneebesen unterrühren.

2. Den Topfen durch ein feines Sieb streichen und mit dem Schneebesen unter die Creme ziehen. Die Eiweiße mit dem restlichen Zucker zu schnittfähigem Schnee schlagen und den Eischnee unter die Topfencreme heben. Sahne steif schlagen und ebenfalls unter die Creme ziehen.

3. Erdbeeren waschen, halbieren und auf Teller verteilen. Topfencreme darüber gießen und unter dem vorgeheizten Grill gratinieren, bis die Oberfläche gebräunt ist. Die Teller mit dem Puderzucker besieben und mit Mandelblättchen bestreuen.

Unter der gratinierten Haube aus Quarkcreme verstecken sich frische aromatische Erdbeeren. Geröstete Mandeln vervollkommnen den Genuss.

Strudel mit Quark und Beeren

Für den Strudelteig:
150 g Mehl
Salz, 20 ml Sonnenblumenöl
75 ml lauwarmes Wasser, Mehl
50 g flüssige Butter zum Bestreichen

Für die Quarkfüllung:
2 Eigelbe, 80 g Zucker
250 g trockener Quark
Mark von 1 Vanillestange
1 EL Vanillezucker
20 g Mehl, 1 Prise Salz
abgeriebene Schale von 1 unbehandelten Zitrone
125 g Himbeeren

Außerdem:
Puderzucker zum Besieben
2 Erdbeeren, einige Himbeeren

Außen kross und innen saftig ist dieser Strudel. Eine exotische Variante ergibt sich, wenn man statt der Himbeeren Mango verwendet.

Topfenpalatschinken sind ein Paradebeispiel der berühmten Wiener Mehlspeisenküche. Besonders gut schmecken sie wie hier mit einer Royale überbacken und nur leicht mit Puderzucker besiebt.

1. Für den Teig das Mehl auf eine Arbeitsplatte sieben. In die Mitte eine Mulde drücken, Salz und Öl zufügen, verrühren und nach und nach das Wasser zugießen. In etwa 10 Minuten zu einem geschmeidigen Teig verkneten, diesen zur Kugel formen und in eine geölte Folie wickeln. 1 Stunde an einem warmen Ort ruhen lassen.

2. Inzwischen für die Füllung die Eigelbe mit dem Zucker verrühren. Quark, Vanillemark und -zucker, Mehl, Salz und Zitronenschale zufügen und alles glatt rühren. Die Himbeeren vorsichtig unterziehen.

3. Ein sauberes Küchentuch auf einem Tisch ausbreiten, mit Mehl bestauben und den Teig darauf der Länge und Breite nach so weit wie möglich ausrollen. Unter den Teig greifen und in Etappen von der Mitte nach außen hauchdünn ziehen.

4. Den Teig mit zerlassener Butter einpinseln. Die Füllung auf dem vorderen Drittel der Länge nach verteilen, seitliche Ränder des Teigrechtecks etwa 1 1/2 cm einschlagen. Durch Anheben des Tuchs den Strudel von der gefüllten Seite her langsam aufrollen.

5. Die Oberfläche des Strudels mit zerlassener Butter bestreichen, auf ein Blech legen und bei 200 °C im vorgeheizten Ofen 12 Minuten backen. Den fertigen Strudel mit Puderzucker besieben, einige Zeit ruhen lassen und erst dann in Stücke schneiden. Den Strudel auf eine Platte legen und mit Erdbeeren und Himbeeren garnieren.

Topfenpalatschinken

Für den Teig:

100 g Mehl, 1/8 l Milch

60 ml Sahne, 2 Eier, 1 Prise Salz

1 TL Zucker

1 EL Sonnenblumenöl

Für die Quarkfüllung:

50 g Rosinen, 20 ml brauner Rum

50 g weiche Butter, 100 g Zucker

1/4 TL Salz

abgeriebene Schale von 1 unbehandelten Zitrone

2 Eigelbe, 400 g Quark, 2 Eiweiße

Für die Royale:

1 Ei, 60 ml Sahne, 1 EL Zucker

Außerdem:

Butter zum Ausbacken und Fetten

Butterflöckchen

Puderzucker zum Besieben

1. Das Mehl in eine Schüssel sieben und mit der Milch, Sahne, den Eiern, Salz, Zucker und Öl zu einem glatten Teig verrühren. Mit einem Tuch bedecken und etwa 1 Stunde quellen lassen. Die Rosinen für die Füllung im Rum etwa 1 Stunde einweichen. Den Teig gut durchrühren. In einer Pfanne mit 18 cm Durchmesser etwas Butter zerlassen und darin 8 bis 10 dünne Pfannkuchen goldbraun ausbacken.

2. Für die Füllung die weiche Butter mit der Hälfte des Zuckers, dem Salz und der Zitronenschale schaumig rühren, Eigelbe zufügen und unterrühren. Die Eimasse mit dem Quark und den eingeweichten Rosinen vermengen. Eiweiße mit dem restlichen Zucker zu Schnee schlagen und unter die Quarkmasse heben. In die Mitte jedes Pfannkuchens einen dicken Quarkstrang setzen und die Seiten darüber schlagen.

3. Eine Auflaufform mit Butter ausstreichen und die Palatschinken mit der offenen Seite nach unten einlegen. Für die Royale das Ei mit der Sahne und dem Zucker verquirlen, über die Pfannkuchen gießen und mit Butterflöckchen belegen. Den Topfenpalatschinken im vorgeheizten Ofen bei 200 °C 25 Minuten backen, herausnehmen, mit Puderzucker besieben und sofort servieren.

Ein apartes Dessert: Zu der Mascarpone-Rhabarber-Mousse serviert man frische Erdbeeren und glasierten Spargel. Wem dies allerdings zu gewagt erscheint, lässt den Spargel einfach weg und erhöht stattdessen die Menge an Erdbeeren.

Frühlingsrolle mit Ziegenfrischkäse, Honig und Bananen. Dazu schmeckt ein leichter Salat aus exotischen Früchten.

Wundervolle Desserts mit leichten Käsecremes

Mascarpone-Rhabarber-Mousse mit Erdbeeren

100 g Rhabarber, 100 ml Zuckersirup

5 Eigelbe, 100 g Zucker, 150 g Mascarpone

2 cl Zitronensaft, 4 cl Kaffeelikör (Tia Maria)

5 Blatt weiße Gelatine, kalt eingeweicht

100 ml Sahne, geschlagen, 5 Eiweiße

Außerdem:

250 g Spargel, 60 g Zucker, 15 g Butter

100 g Erdbeeren, gewaschen und geputzt

50 g gehackte Pistazien, Zitronenmelisse

1. Rhabarber waschen, putzen und 1/2 cm groß würfeln. Rhabarber und Zuckersirup aufkochen, 3 bis 4 Minuten köcheln lassen, vom Herd stellen und das Rhababerkompott abkühlen lassen. Die Eigelbe und die Hälfte des Zuckers schaumig rühren, Mascarpone, Zitronensaft, Kaffeelikör und Rhabarberkompott untermischen. Gelatine ausdrücken, in wenig warmem Wasser auflösen und vorsichtig unter die Masse ziehen. Sobald die Masse zu gelieren beginnt, die geschlagene Sahne unterheben. Eiweiße mit dem restlichen Zucker steif schlagen, Eischnee unterheben. Kühl stellen.

2. Spargel schälen und die Stangen schräg in 3 cm lange Stücke schneiden. In einer Kasserolle den Zucker karamellisieren, Butter und 1 EL Wasser zufügen, Spargelstücke einlegen und darin bissfest garen. Erdbeeren in Scheiben schneiden. Auf Tellern je 2 Nocken Mousse mit etwas glasiertem Spargel sowie ein paar Erdbeerscheiben anrichten. Erdbeeren mit ein paar Tropfen Glasur beträufeln, wie den Spargel mit gehackten Pistazien bestreuen und mit Melisse garniert servieren.

Frühlingsrolle mit Honig und Ziegenfrischkäse

120 g Ziegenfrischkäse, 30 g Honig

20 g gehackte Cashewkerne

abgeriebene Schale von je 1/2 unbehandelten Zitrone und Orange

1 Banane, 8 Frühlingsrollenblätter (15 x 15 cm)

1 Eiweiß, Pflanzenöl zum Ausbacken

Außerdem:

300 g exotische Früchte (etwa Ananas, Kiwi, Kumquats, Mango, Litchis)

3 EL Zuckersirup, 1 EL Rum

50 ml Ananassaft, Zitronenmelisseblättchen

1. Ziegenfrischkäse mit dem Honig glatt rühren. Cashewkerne und abgeriebene Zitrusschale unterrühren. Die Banane schälen, klein würfeln und unter die Käsecreme rühren.

2. Die Früchte für den Obstsalat waschen, putzen und in Stücke schneiden. In einer Schüssel mit Zuckersirup, Rum und Ananassaft vermischen.

3. Je 2 Frühlingsrollenblätter übereinander legen, jeweils 1/4 der Käsecreme auf dem vorderen Drittel verteilen, dabei links und rechts einen Rand frei lassen. Die 3 freien Ränder mit Eiweiß bestreichen, die Seiten einschlagen, aufrollen und den Teig festdrücken. Die Frühlingsrollen sofort im 170 °C heißen Öl ausbacken, sie dürfen nicht stehen, sonst weichen sie auf. Herausheben, entfetten und die Ziegenkäsefrühlingsrollen mit Obstsalat anrichten und mit Melisse garniert servieren.

Ricottacreme mit Kakao und Mandarinensauce

500 g Ricotta, 4 cl Cognac, 80 g Zucker

1 EL Orangenblütenhonig, 25 g Kakaopulver

60 g geschälte, grob gehackte Walnusskerne

Außerdem:

1/8 l frisch gepresster Mandarinensaft

60 g Zucker, Filets von 2 Mandarinen

einige Himbeeren, Mandarinensalbeiblättchen

1. Mandarinensaft in eine Kasserolle seihen, mit dem Zucker 5 bis 6 Minuten leicht sirupartig einkochen und die Mandarinensauce abkühlen lassen.

2. Ricotta mit Cognac, Zucker und Honig glatt rühren. Das gesiebte Kakaopulver sowie die Walnüsse unterrühren.

Die Ricottacreme zum Servieren in 4 Dessertschalen füllen, Mandarinenfilets und Himbeeren darauf verteilen, mit Salbei garnieren und mit der Mandarinensauce umgießen.

Keine strengen Regeln beim Kombinieren von Käse & Wein!

Ein guter, optimal gereifter Käse, ein Stück Brot und dazu der passende Wein – das ist eine Kombination, die großen Genuss verspricht. In der Tat gibt es viele Käsesorten, die mit einem speziellen Wein hervorragend harmonieren. Die Ursache für das überzeugende Zusammenspiel kann in der Ähnlichkeit von Geschmack und Aroma liegen, oft ist es jedoch gerade der Kontrast, der die Verbindung interessant macht – beispielsweise salzig-pikanter Käse zu edelsüßem Wein. Und manchmal ergänzen sich beide auch einfach gut. Obwohl es viele Empfehlungen zum Kombinieren von einzelnen Käsesorten mit Wein gibt, sollte man sich davor hüten, diese allzu strikt einzuhalten. Denn erstens kommt es vor allen Dingen auf den eigenen Geschmack und die persönlichen Vorlieben an. Zweitens richtet sich die Wahl des Weines nicht allein nach der Käsesorte, sondern auch nach dem Anlass, zu dem der Käse gereicht wird. So passt beim mittäglichen Snack ein Glas trockener Weißwein zum Ziegenkäse ausgezeichnet. Abends nach dem Hauptgang, zu dem ein opulenter Rotwein getrunken wurde, ist der gleiche Wein hingegen nicht mehr der Richtige.

Bevor im Folgenden nun einige besonders empfehlenswerte Kombinationen vorgestellt werden, zunächst ein paar Grundregeln für das Zusammenstellen von Käse und Wein:

Zu einem milden Käse empfiehlt sich auch ein milder Wein. Eine säuerliche Käsesorte hingegen verlangt nach einem halbtrockenen oder edelsüßen Wein. Hat der Käse einen ausgeprägt pikanten oder gar salzigen Geschmack, passt oft ein edelsüßer Wein, aber auch einer mit kräftiger Säure kann der Passende sein. Grundsätzlich gilt: Der Käse darf den Wein nicht »erschlagen«. Und: Werden auf einem Teller verschiedene Käse serviert, richtet sich die Weinwahl immer nach der Sorte mit dem kräftigsten Geschmack.

Käse und Wein
Was passt zusammen?

Guter Käse allein gilt schon als Delikatesse, die gelungene Kombination mit dem richtigen Wein loben viele als den perfekten Genuss. Doch wie kombinieren? Nach welchen Kriterien Käse und Wein zusammenstellen? Zunächst einmal kommt es auf den Anlass an: Wird Käse nach dem Hauptgang als Bestandteil eines Menüs gereicht, sollte der Wein zum Käse in jedem Fall mehr Fülle mitbringen als der zuvor getrunkene. Auch die Entscheidung für Weiß oder Rot hängt von den zuvor getrunkenen Weinen ab. Solche Fragen lassen sich nicht pauschal beantworten. Als Grundregel beim Käseteller mit verschiedenen Käsesorten gilt: Die Wahl des Weines richtet sich grundsätzlich nach dem kräftigsten und aromatischsten Käse – und der Wein muss zum zuvor getrunkenen passen.

Wer geschmackliches Neuland entdecken will, der sollte jedoch unbedingt einmal verschiedene Kombinationen von Käse und Wein ausprobieren. Hierbei wird man schnell die Erfahrung machen, dass die früher von vielen vertretene Ansicht, zu Käse gehöre unbedingt ein kräftiger Rotwein, so nicht immer stimmt. Vor allen Dingen dann, wenn Käse die Hauptrolle spielt – als Snack, zu Mittag, als Hauptmahlzeit am Abend oder einfach so – kann man feststellen, wie gut auch trockene oder fruchtige, leichte oder edelsüße Weißweine mit Käse harmonieren.

Hartkäse wie Emmentaler, Gruyère, Sbrinz oder Cheddar und Schnittkäse wie Gouda oder Appenzeller, haben oft einen würzigen Geschmack sowie einen relativ hohen Fettgehalt. Als harmonische Partner kommen hier einmal trockene, samtige Rotweine in Betracht – zum Formai de Mut (im Bild links oben) schmeckt beispielsweise ein Burgunder. Zu Hartkäse passen häufig aber auch trockene reife oder süße Weißweine. Trockene Gewächse begleiten den Käse als Hauptgang; Dessertweine empfehlen sich, wenn der Käse nach dem Hauptgang gereicht wird.

Zu Comté, Beaufort oder Gruyère mundet auch ein fruchtiger französischer Rotwein oder Rosé. Italienische Sommeliers empfehlen zu Pecorino romano einen Chianti classico. Zum spanischen Manchego passt ein trockener Rotwein, etwa ein Ribera del Duero Crianza oder ein Rioja Crianza.

Mit Halbfesten Schnittkäsen wie Bel Paese, Taleggio, Reblochon, Tomme de Savoie oder Tête de Moine harmonieren trockene, reife Weißweine oder samtige, jedoch nicht zu herbe Rotweine. Die Palette reicht dabei von der deutschen Riesling-Spätlese über Chablis bis hin zu Sauternes und Vin Santo. Als Rotweine kommen beispielsweise Beaujolais-Villages, Côtes de Baunes-Villages oder solche aus dem Languedoc in Frage, ebenso wie die italienischen Roten Amarone, Dolcetto oder Teroldego. Manchmal kann auch regionale Verwandtschaft von Käse und Wein ein Entscheidungskriterium sein: So passen beispielsweise zu Käsesorten aus Savoyen auch die Weine der Region hervorragend, zu einem Tomme de Savoie reicht man also einen Vin de Savoie, eventuell einen der säurereichen Weißweine (Apremont, Chignin).

Blauschimmelkäse haben meist einen pikanten, oft fast scharfen Geschmack und benötigen einen Begleiter, der sich gegen sie behaupten kann. Zu Roquefort, Fourme d'Ambert oder Gorgonzola piccante empfehlen sich daher in erster Linie Weine mit entsprechender Süße wie deutsche Riesling-, Spät- oder Auslesen, Elsässer Gewürztraminer, Sauternes, Barsac, Banyuls oder Vin Santo.

Mit Blauschimmelkäse harmoniert ein fruchtiger Weißwein oder auch edelsüße Weine. Hier die Kombination von Dorblu und Dessertwein (Kracher).

Typisch französisch: Käse, Wein und Brot. Von Kennern empfohlen wird die Kombination von französischem Rohmilch-Camembert und rotem Bordeaux. Zu einem Brie de Meaux hingegen bevorzugen manche wieder Burgunder.

Weichkäse mit Rotschmiere wie Livarot oder Maroilles vertragen dagegen einen kräftigen französischen Rotwein, zum Beispiel einen Côte du Rhône oder auch einen Chateauneuf-du-Pape. Als Weißweine eignen sich Muscadet (Nantais), Fleurie (Murol) oder Gewürztraminer, Tokayer oder Pinot Gris aus dem Elsass (Munster/Géromé).

Mit spanischen Weichkäsen wie beispielsweise einem De la Serena harmonieren süße Weißweine (Moscatel) oder auch Rotweine (Ribera del Duero Crianza oder Rioja Crianza).

Frischkäse taucht in der Regel als Bestandteil eines Käsewagens nicht auf. Er hat eher als Snack oder für sich allein Bedeutung. Zu den milden Sorten wie Robiola, Mozzarella, Mascarpone, Schichtkäse oder Cottage cheese passen feine frische Weißweine wie Weißburgunder, Sylvaner, Sauvignon blanc oder Vinho verde aus Portugal. Zu Filata-Käsen schmeckt manchmal auch ein Johannisberg (Wallis/CH) oder ein Sancerre aus Frankreich.

Auch Champagner kann Käse ausgezeichnet begleiten: Er harmoniert bestens mit Käsesorten wie Chaource oder Vacherin Mont d'Or.

Ziegenkäse gibt es in großer Zahl und in unterschiedlichen Geschmacksrichtungen: von mild-säuerlich bis kräftig-pikant reicht die Palette. Weißweine scheinen dafür als Begleiter ideal, weil sie, trocken-fruchtig und mit feiner Säure, am besten mit dem charakteristischen »Ziegen«-Geschmack harmonieren. Das kann ein Riesling aus dem Rheingau sein (wie auf der vorigen Seite abgebildet) oder ein anderer deutscher Riesling; ebenfalls geeignet sind Sylvaner, Weißburgunder oder Elsässer Riesling. Zu den französischen Ziegenkäsen aus der Loire-Region trinkt man gerne auch einen Wein der Gegend: einen Sancerre oder einen Pouilly Fumé. Aus italienischer Sicht passt zum Ziegenkäse ein Orvieto classico oder ein Sauvignon blanc. Doch auch hier gilt: Es muss nicht immer Weißwein sein, passt er nach dem Hauptgang nicht mehr, ist ein fruchtiger Rotwein mit nicht zu hohem Gerbstoffgehalt die bessere Entscheidung.

Und natürlich muss es keinesfalls immer Wein sein: Gelegentlich schmeckt zum Käse auch ein Bier, beispielsweise zu Käsen mit Rotflora wie Limburger, Romadur oder Weinkäse.

Kräftige Käsesorten vertragen auch ein Glas Most oder Cidre als Begleitung. Und zu Käsen, deren Rinde mit Tresterbrand (beispielsweise mit Marc de Bourgogne) eingerieben wurde, trinkt man den entsprechenden Brand am besten gleich dazu.

Am besten einfach ausprobieren! Jetzt gilt es, selbst herauszufinden, welches die eigenen Lieblings-Kombinationen von Käse und Wein sind.

Glossar

AEROB oder anaerob (mit oder ohne Sauerstoff) laufen Stoffwechselvorgänge ab, je nachdem, ob die Mikroorganismen, wie Bakterien und Schimmel, Sauerstoff benötigen.

AFFINEUR, KÄSEPFLEGER – übernimmt die Pflege der Käse bis zum gewünschten Reifegrad.

ALBUMINKÄSE wird heute (meist) als Molkeneiweißkäse bezeichnet, er enthält viel wertvolles Milchalbumin aus der Molke.

BAUERNKÄSE, Bouren kaas, Fromage fermier, Farmhouse cheese nennt man auf Bauernhöfen, meist aus Rohmilch hergestellten Käse.

BLANK ist die Oberfläche von Käse mit oder ohne Haut oder Rinde ohne Schimmel, Rotflora, Öl oder Plastiküberzug.

BRUCH, engl. curd, ist die dicke, geronnene Milch, bei der sich die festen Bestandteile bereits von den flüssigen (Molke) trennen.

BRUCHLOCHUNG – siehe Lochung.

CACIO (gesprochen: Katscho, im Dialekt auch Kascho) leitet sich von lat. caseus (= Käse) her, auch Caccio und Cascio, in Verbindungen wie Caciocavallo, Caciotta, Casciotta d'Urbino.

CASEIN, KASEIN – wichtigstes Milcheiweiß bei der Käseherstellung.

CENDRÉ (von cendre = Asche) bedeutet »mit Asche bedeckt«. Wird für Käse, vornehmlich Ziegenkäse, verwendet, der mit pulverisierter Holzkohle bestäubt (charbonné) ist.

DEFINIERTE KÄSE sind solche, für die Eigenschaften und Zusammensetzung gesetzlich festgelegt sind.

DICKLEGEN – die Milch durch Säuerung oder Lab, oder beides, zur Gerinnung bringen.

ENZYME sind in lebenden Zellen gebildete spezielle Eiweißstoffe, so genannte Biokatalysatoren, die biochemische Umsetzungen beschleunigen oder bewirken, in der Käserei etwa bei der Vergärung des Milchzuckers zu Milchsäure. Sie wirken bei der Eiweißgerinnung und tragen durch Eiweiß reifende und Fett reifende Umsetzungen zur Bildung von Aroma- und Geschmacksstoffen bei.

GALLERTE – dickgelegte Milch, auch Koagulum.

GÄRLOCHUNG entsteht durch das bei der Gärung gebildete Gas, meist Kohlendioxyd, das sich an einigen Stellen im Käseteig sammelt und die Gärlöcher bildet.

GÄRUNG (Fermentation) – Vorgang, bei dem durch Mikroorganismen der Zucker anaerob umgewandelt wird. Je nach Gärungsprodukten spricht man von Milchsäure-, Propionsäure-, Buttersäure-, Alkohol- oder Essigsäuregärung.

GERINNUNG – siehe Dicklegen.

GESCHLOSSENER TEIG – das Innere eines Käses mit sehr wenigen oder keinen Löchern.

KÄSEFLORA – Gesamtheit der Mikroorganismengruppen, die im oder auf dem Käse während Herstellung und Reifung vorhanden sind. Käserotflora, Rotflora oder Gelbflora sind der Hauptteil der nicht säurebildenden Bakterienflora mit den wichtigen Linens-Bakterien an der Oberfläche. Sie gehören, neben verschiedenen Hefen zusammen mit Mikrokokken, zur typischen Flora der Rotschmierekäse, sie rufen die farblichen Veränderungen an der Oberfläche während der Reifung hervor.

KÄSEREIMILCH, KESSELMILCH – für die Käseherstellung vorgesehene Milch, oft mit Milchsäurebakterien vorgereift, roh oder wärmebehandelt und im Fettgehalt eingestellt.

KOAGULUM – Gallerte oder Dickete.

KÖRNERKÄSE, körniger Käse – meist ein Ausdruck für Cottage cheese, früher auch für Grana (»Korn«) verwendet.

LAB – Substanz (Enzym) aus dem Magen von Kälbern, Lämmern, Zicklein oder anderen jungen Säugetieren zum Dicklegen der Milch. Es gibt auch pflanzliche Gerinnungsstoffe (Saft des Feigenbaums, Extrakt von Labkraut oder Distelarten) und mikrobielle Labe.

LOCHUNG – Oberbegriff für Löcher im Käse. Rundlochung entsteht durch das bei Säuerungsvorgängen neben Aromastoffen gebildete Kohlendioxyd (Propionsäuregärung bei Emmentaler). Unregelmäßige Bruchlochung bildet sich, wenn Bruch ohne Molke abgefüllt und Luft eingeschlossen wird. Mischlochung entsteht, wenn neben Bruchlöchern runde Löcher entstanden sind; die flachere Schlitzlochung, wenn der Käse gepresst wird.

MILCHSÄUREBAKTERIEN vergären den Milchzucker zu Milchsäure und teilweise auch zu Aromastoffen.

MILCHSCHIMMEL – siehe Schimmelkulturen.

MOLKE – der flüssige Teil der Milch, der sich nach dem Dicklegen vom Bruch trennt. In der Schweiz auch Sirte genannt.

MOLKENKÄSE – ein Name für zwei völlig verschiedene Erzeugnisse: Molkeneiweißkäse (wie Ricotta und Zieger) und »Brunost« (Braunkäse), aus eingedampfter Molke hergestellt.

NACHWÄRMEN – Erhitzen des Bruch-Molke-Gemischs; fördert das Schrumpfen des Bruchs.

OFFENER TEIG – das Innere eines Käses mit reichlicher Lochbildung.

PASTEURISIEREN – kurzzeitiges Erhitzen der Rohmilch auf 70 bis 72 °C.

PH-WERT – ein Maßstab für die Säuerung, durch eine physikalische Untersuchung bestimmbar.

PROPIONSÄURE – siehe Gärung.

RINDENSCHLUSS wird erzielt, wenn die Bruchkörner an der Käseoberfläche sich so verbinden, dass diese möglichst glatt wird und keine Einbuchtungen zeigt.

ROTFLORA – siehe Käseflora.

RUNDLOCHUNG – siehe Lochung.

SALZBAD – Einlegen der Käse in eine Salzlösung von 15 bis 20 %; sie schwimmen solange darin, bis sie den gewünschten Salzgehalt erreicht haben.

SCHIMMELKULTUREN – allgemeine Bezeichnung für ausgewählte Oberflächen- und Innenschimmel, insbesondere die beiden Pinselschimmel *Penicillium camemberti/candidum* und *Penicillium roqueforti*, sowie *Geotrichum candidum*, allgemein als Milchschimmel bekannt (früher *Oidium/Oospora lactis*).

SCHLITZLOCHUNG – siehe Lochung.

SCHMIERE – siehe Käseflora.

STARTERKULTUREN sind Milchsäurebakterien mit besonders günstigen Säuerungs- und Reifungseigenschaften, die in Milch »kultiviert« werden und sich in der Käsereimilch und im Käse gut entwickeln können.

THERMISIEREN – kurzzeitiges Erhitzen der Rohmilch auf 63 bis 68 °C.

TEIG – das Innere eines Käses. Englisch body, auch curd, französisch pâte, italienisch und spanisch pasta.

Register

Literatur:

Anifantakis, E.M.: Greek Cheeses a tradition of centuries. Athens 1991.

Asociación para la promoción de los quesos de España: Käse aus Spanien. Madrid, Düsseldorf.

Battistotti, B., Bottazzi, V., Piccinardi, A., Volpato, G.: Cheese: A Guide to the world of Cheese and Cheesemaking. New York 1984.

Berto, T., Hoffer, M.: Käse aus Italien. München 1999.

Bielefeld, J.G.: Käse und Wein eine Bayerische Sinfonie. München 2001.

—: der Käse-Kompass. München 2003.

Buch Kristensen, J. M.: Cheese Technology - A Northern European Approach. Aarhus (DK) 1999.

Callec, C.: Geillustreerde Kaas Encyclopedie. Lisse (NL) 2001.

Carr, S.: Guía de los quesos (Pocket Guide to Cheese). Barcelona 1991.

Deutsche Landwirtschafts-Gesellschaft e.V. (DLG): Prüfbestimmungen für die DLG-Qualitätswettbewerbe für Milch und Milchprodukte einschließlich Speiseeis. Frankfurt am Main. 2003.

Eck, A.: Le Fromage. Paris 1986.

Eck, A., Gillin, J.C.: Cheesemaking. 2001.

Gerhardt, U.: Gewürze in der Lebensmittelindustrie. Hamburg 1994.

Haven, M. C. van der, Osterhuis, H.:Bibben- en buitenlandse kazen. Den Haag (NL) 1990.

Jenkins, S.: Cheese Primer. New York 1996.

Kammerlehner, J.: Labkäse-Technologie. Bde I, II und III. Gelsenkirchen 1986, 1988 und 1989.

—: Käse-Technologie. Freising 2003.

KOS, SBI: Brot + Käse Spezialitäten. Beilage Schweizerische Milchzeitung. Nr. 17 2003.

Kosikowski, F. V., Mistry, V. V.: Cheese and Fermented Milk Foods. Vol. I, II Westport (USA) 1997.

Le Jaouen, J.C.: la fabrication du fromage de chevre fermier. Paris 1982

Le Jaouen, J.C., Mouillot, M.: Fromages à partier de lait de chevre. In: luquet, F.M.: Les Produits Laitiers. Teil 2. Paris 1990.

Maier, V.: Käse in Österreich. Wien 1993.

Mair-Waldburg, H.: Handbuch der Käse. Eine Enzyklopädie. Käse der Welt von A-Z. Kempten 1974

Masui, K., Yamada, T.: Französischer Käse. München 2000 (3. Aufl.).

Mills, S.: The World Guide to Cheese. New York 1988.

Natet, B., Rance, P., Botkine, F., Lyon, N., Ribaut, J, L.: Alles Käse! Die besten Sorten der Welt. Köln 1998.

Rance, P.: The great British Cheese Book. London 1988.

Salvadori del Prato, O.: Trattato di Tecnologia Caseria. Bologna 1998.

Slow Food Editore: Formaggi d'Italia. 200 klassische Käsesorten aus Italien. Bern, München 1999.

Sturm, W.: Verpackung Milchwirtschaftlicher Lebensmittel. Kempten 1998.

Täufel, A., Ternes, W., Tunger, L., Zobel, M.: Lebensmittel-Lexikon. Hamburg 1998.

Tetra Pak Processing: Handbuch der Milch- und Molkereitechnik. Gelsenkirchen 2003.

Werner, G.: Käse. Verordnungstexte und amtliche Begründungen/Käse VO 1999; diverse EG-VO. In: Hetzner, E.: Handbuch Milch. Hamburg 2000.

Wir danken:

Dr. R. Arnold, Leitender Regierungsdirektor, Bayerisches Landesamt für Gesundheit und Lebensmittelsicherheit. Erlangen (Gesunder Käse); Dr. G. Kautz, Ressortleiter Forschung & Entwicklung Käserei Champignon – Hofmeister GmbH & Co. KG, Lauben (Allgäu) (Milch, Käse-Herstellung); Dipl.-Chemiker Dr. W. Sturm, ehedem Technischer Direktor Alcan Rorschach AG, Rorschach/Schweiz (Verpacken zum Qualitätserhalt).
Des weiteren danken wir:
I. Adolphs, Spanisches Generalkonsulat, Wirtschafts- und Handelsabteilung, Düsseldorf; Dr. M. Albrecht, Geschäftsführer, Milchwirtschaftlicher Verein Baden-Württemberg e.V., Kirchheim Teck; Dr. M. Carl, Direktor, MUVA Kempten-Qualitäts-und Laborzentrum für Milchprodukte, Lebensmittel, Umwelt, Kempten (Allgäu); Vorsitzender INTERLAB Deutschland; O. Flüeler, Käserei Flüeler, Alpnach Dorf/CH; H. Gottwald, Käse-Geiger, Kempten; B. Gramminger, Bergader Privatkäserei, Waging a. See; M. Hardy, Fromagerie Hardy, Affinieur, Meusnes, Selles-sur-Cher/ Frankreich; Herr Hartmann, Goldsteig Käsereien Bayerwald, Cham; Dipl.-Ing. E. Heilinger, Geschäftsführer, Milchwirtschaftlicher Verein Allgäu-Schwaben e.V. und Süddeutsche Butter- und Käse-Börse e.V. Kempten (Allgäu); J. Hennart, Hennart Frères, Affineur, Sequedin/Frankreich; A. Holzinger, R. Kurzweil, Geschäftsführer, Käserei Zurwies, Zurwies, Wangen im Allgäu; E. Kienle, Emmi Deutschland GmbH, Willstädt-Sand; H. Krug, Gebr. Baldauf GmbH & Co., Lindenberg; Milchindustrie-Verband e.V. Bonn; Herr Niepel, Grünland Allgäuer Käsewerke GmbH, Kempten; Dr. C.-L. Riedel, Direktor, Milchwirtschaftliche Lehr- und Untersuchungsanstalt, Krefeld; G. Scheitz, Andechser Molkerei Scheitz GmbH, Andechs; A. Scholz, Sopexa Deutschland, Düsseldorf; Herr Stemmer, Landesvereinigung der Bayerischen Milchwirtschaft e.V., München; VDM Verband der Deutschen Milchwirtschaft, Bonn; H. Werner, Obstbrände »Von der Teck«, Kirchheim/Teck.

Rezeptnachweis:

Marco Müller: S. 142/143/Sechs verschiedene Canapé-Rezepte; S. 154/Mediterraner Nudelsalat; S. 202/Minipaprika, Oktopus & Manchego, Grüner Spargel mit Taleggio, »Himmel und Erde« mit Gouda; S. 218/Käsewähe mit Lachs & Artischocken, Pecorino-Tartletts; S. 225/Ziegenkäsesahnetorte mit Gewürztomaten

Wolfgang Müller: S. 141/Parmesankugeln, Mascarpone-Konfekt; S. 177/Basilikumknöpfle mit Pecorinocreme; S. 178/Parmesanravioli; S. 180/Röllchen mit Aubergine und Mozzarella; S. 185/Cordon bleu von der Poulardenbrust; S. 194/Käsefondue mit Trüffeln & Apfelbrot; S. 200/Kartoffeln mit Trüffeln und Vacherin Mont d'Or, Gratin von ligurischem Gemüse; S. 226/ Strudel mit Quark und Beeren; 229/Frühlingsrolle mit Honig und Ziegenfrischkäse

Ralf Zacherl: S. 158/Fenchel-Tomaten-Suppe & Manchego; 159/Apfelsüppchen mit Gorgonzola, Parmesancreme & schwarze Nüsse; S. 164/ Crostini mit gegrilltem Gemüse und Feta, Crostini mit Bisonroastbeef; S. 165/2 x Crostini, 3 x Toast; S. 182/Kalbskopfrisotto mit Ziegenfrischkäse, Barolo-Risotto, Blutwurstrisotto mit Gaperon; S. 188/ Mit Ziegenkäse gefüllte Kalbsbäckchen, Lammrückenröllchen mit Stilton und Coppa.

Impressum

WIR DANKEN
den Firmen Rösle und Raclette Suisse für die Bereitstellung verschiedener Küchengeräte sowie der Firma Rungis Express und Manuela Ferling (www.kochende-leidenschaft.de).

VERLAG © 2003 Teubner
Originalausgabe: 3-7742-5803-1
Ladenpreis der Originalausgabe: 49.90 €
Grillparzerstr. 12, D-81675 München
Teubner ist ein Unternehmen des Verlagshauses Gräfe und Unzer, Ganske Verlagsgruppe
Verlagsleitung: Dorothee Seeliger
Teubner-Leserservice@graefe-und-unzer.de

PROJEKTLEITUNG Dr. Maria Haumaier
HERSTELLUNG Susanne Mühldorfer
BERATUNG UND FOODSTYLING Teubner Foodfoto GmbH
TITELBILD Teubner Foodfoto GmbH
PRODUKTION Cookbook Packaging by Teubner Foodfoto GmbH
Frauenbergstr. 40, D-87645 Schwangau
ADMINISTRATION Angelika Mayr
KÜCHE Barbara Mayr, Eftichia Simopoulou
FOTOGRAFIE Andreas Nimptsch, Odette Teubner
FOODSTYLING Odette Teubner
TEXT Heidrun Boikat, Katrin Wittmann
REDAKTION Heidrun Boikat, Mischa Gallé, Katrin Wittmann
LAYOUT/DTP Annegret Rösler, Gabriele Wahl
REPRODUKTION Repromayer GmbH, 72770 Reutlingen-Betzingen
DRUCK & BINDUNG Firmengruppe Appl, Wemding

MARCO MÜLLER: Kochen ist für den »Feinschmecker-Aufsteiger des Jahres 2000« Lebensinhalt mit dem Wertigkeitsstatus »extrem wichtig«. Und so verwöhnt er seine Gäste jeden Tag aufs Neue, besonders gerne mit den würzig-feinen Aromen von Koriander, Basilikum und Knoblauch.
Nach seiner Ausbildung zum Koch war Marco Müller überwiegend in Berlin tätig. Er kochte unter anderem in den Gourmetlokalen »Schlosshotel Gerhus«, »Kempinski Hotel Bristol«, »Intercontinental«, »Altes Zollhaus« und im »Grand Slam«.
Nach einem Jahr im Restaurant »Imperial« in Bühl wurde er mit 29 Jahren Küchenchef im Restaurant »Harlekin« im Grand Hotel Esplanade in Berlin. Neben einem Treppchen beim »Prix Culinaire Taittinger« (1998) erhielt er beim »Bocuse d'or« (1998) den 3. Platz. Seit 2001 serviert Marco Müller als freier Koch und Gastonomieberater seinen Gästen die mit Liebe gekochten kulinarischen Highlights – denn schließlich lässt sich jedes Produkt jeden Tag neu in Szene setzen.

WOLFGANG MÜLLER: Aus allem das Beste machen und dabei das Leben in vollen Zügen genießen – das ist das Motto von Wolfgang Müller und dieses Prinzip setzt er auch in der Küche um. 1 Michelin-Stern sowie 18 Gault-Millau-Punkte für das Restaurant »Imperial« und 15 Gault-Millau-Punkte für das Schloßrestaurant »Bühlerhöhe« sprechen für sich. Wolfgang Müller arbeitete nach seiner Ausbildung zum Metzger und Koch in einigen Gourmetrestaurants, etwa in der »Alten Stadtmühle« in Schopfheim und im »Hotelrestaurant Adler« in Pfullendorf. Nach einem Jahr im Gourmetrestaurant »Imperial« im Schlosshotel Bühler Höhe machte er seine Meisterprüfung an der Hotelfachschule in Heidelberg und ging zurück ins »Imperial«, wo er als Sous-Chef, Küchenchef und später als Executive Chef tätig war. Im Jahr 2000 eröffnete er in Berlin das »Adermann«, ein Gourmetrestaurant, wo er 2001 den Gastro Award »Edelste Küche« und 2002 wieder 1 Michelin-Stern erhielt. Zu den bereits genannten Auszeichnungen kamen im Laufe der Zeit noch mehr hinzu, etwa der deutsche »Prix Culinaires de Taittinger«, der »Five Star Diamond Award« und der »Prix Culinaire des Regiones Européens«. Seit Sommer 2002 ist Wolfgang Müller als freier Koch und Gastronomieberater tätig, immer auf der Suche nach gastronomischen Herausforderungen.

RALF ZACHERL: »Frei übt sich, was ein Meister werden will« sagt Ralf Zacherl und machte sich nach seiner Kochausbildung daran, bei Stefan Marquard in den »3 Stuben« in Meersburg fleißig zu üben. Danach kamen Einsätze in der »Traube Tonbach« in Baiersbronn bei Harald Wohlfahrt sowie bei Egbert Engelhardt im »Grauen Haus« in Oestrich-Winkel, wo er 1997 im 1. Küchenchefjahr mit 1 Michelin-Stern und 16 Gault-Millau-Punkten ausgezeichnet wurde und damals jüngster Sternekoch Deutschlands war. Nach je 1 Jahr als Küchenchef im »Athenee Palace« auf Djerba und im Restaurant »Stil« in Berlin, wurde er Küchenchef in der »Weinbar Rutz« in Berlin. Hier erhielt er den Gastro Award »Bester Newcomer 2001« und wurde im selben Jahr bei den Berliner Meisterköchen »Aufsteiger des Jahres 2001«; im Jahr 2002 »Berliner Meisterkoch«. Seit 2003 kocht er im Fernsehen bei »Zacherl: Einfach kochen!« für ein begeistertes Publikum seine kreative Spontanküche, ganz nach seinem Motto »Der Topf ist rund, damit das Kochen die Richtung ändern kann«.

BILDNACHWEIS
Seite 30/Bild a: Schweizerische Käseunion; Seite 31/Bild M: Schweizerische Käseunion; Seite 39/Bra Duro: Di Gennaro, Stuttgart; Seite 39/Bitto, Monte Veronese: Joachim Heer, München; Seite 43/Mahon: Spanisches Generalkonsulat – Handelsabteilung, Düsseldorf; S.43/ Zamorano: T. Acuna, Spanisches Generalkonsulat – Handelsabteilung, Düsseldorf; Seite 66/ Iberico: Spanisches Generalkonsulat – Handelsabteilung, Düsseldorf; Seite 79/Pikieren: Dirk Rüther; Seite 82/Blue del re: Joachim Heer, München; Seite 117/Murcia al vino: T. Acuna, Spanisches Generalkonsulat – Handelsabteilung, Düsseldorf; Seite 128/3 Bilder Hartkäse halbieren: Landesvereinigung der Bayerischen Milchwirtschaft e.V., München

Auflage: 3 2 1
2005 2004 2003

GRÄFE UND UNZER
Ein Unternehmen der
GANSKE VERLAGSGRUPPE